MW01625368

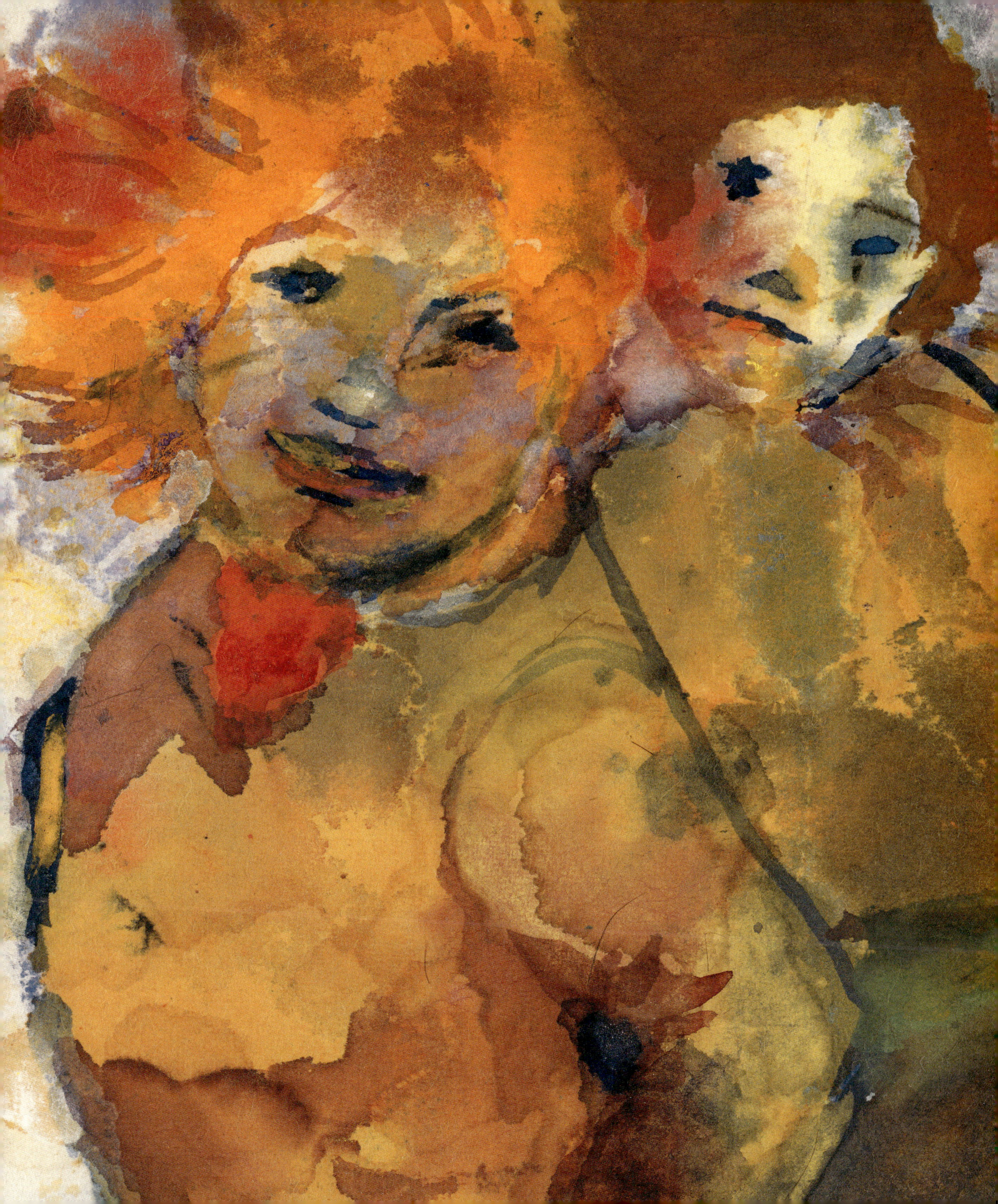

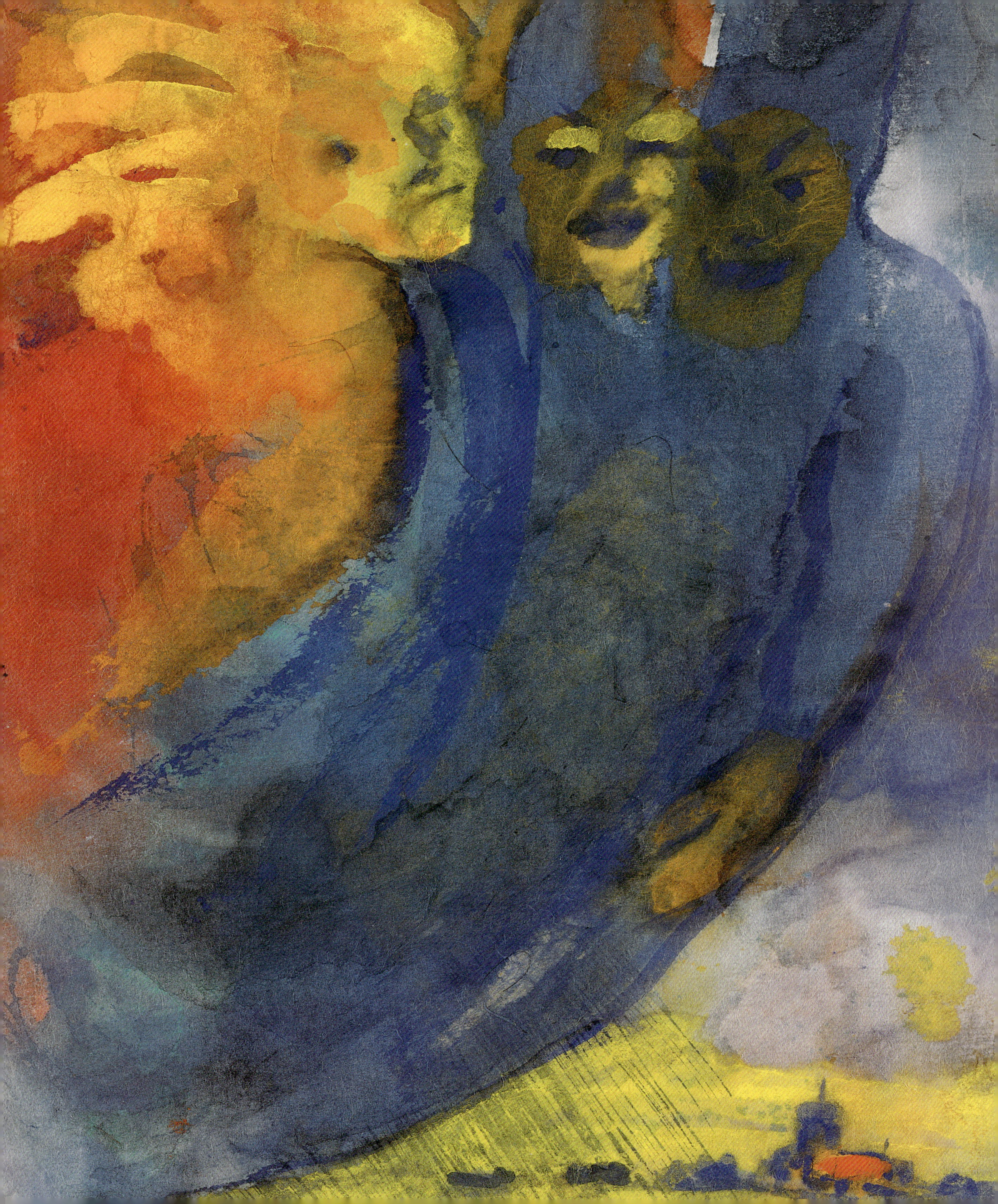

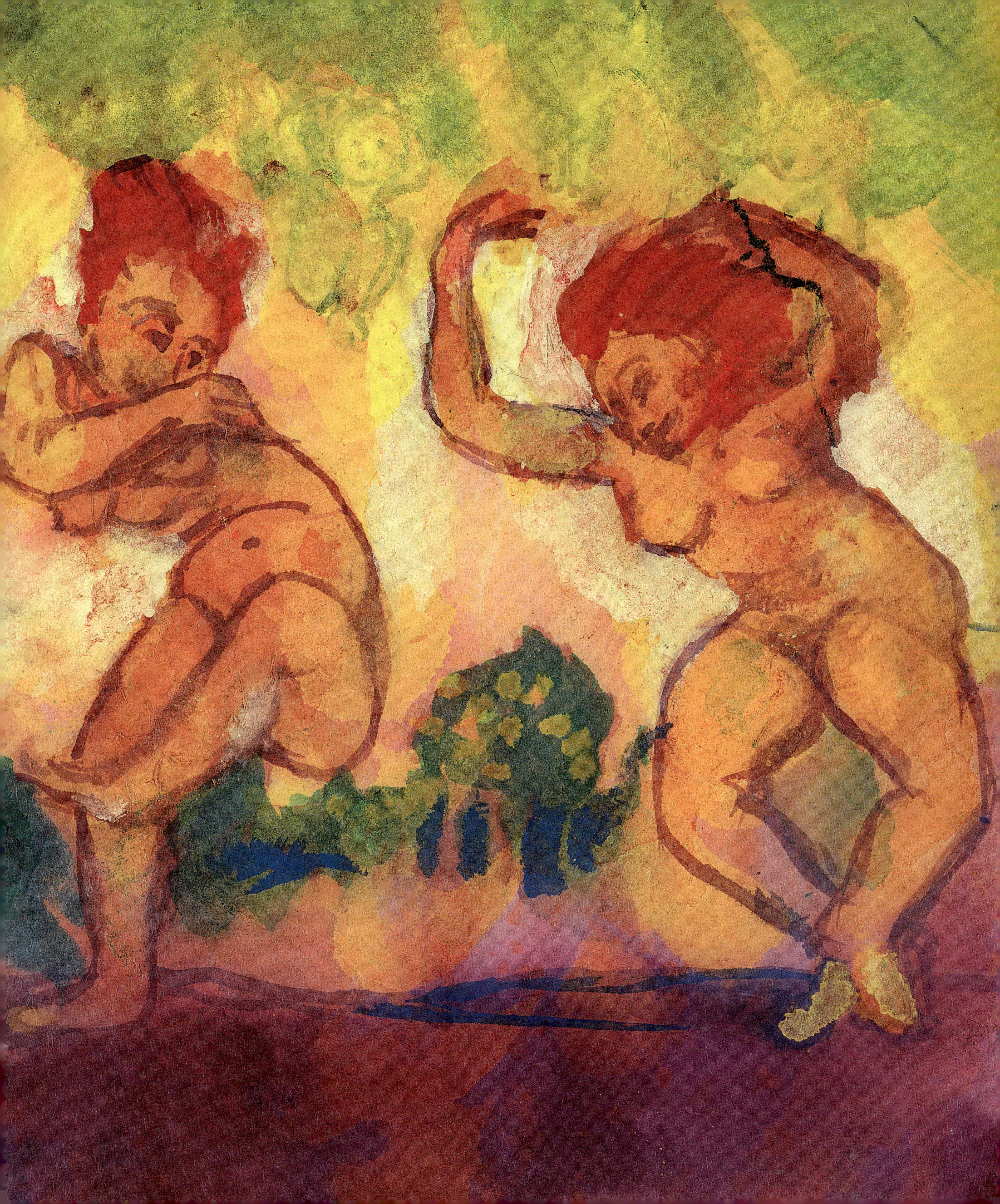

Das Hinschreiben meiner kleinen Lebensbücher erforderte ~~viel~~ manches Denken u. nicht immer gaben sich die richtigen ~~Einfällungen~~ Gedanken zur richtigen Zeit. Ich schrieb deshalb diese hin, wenn sie sich meldeten, schöpfend aus der vielseitigen Erfahrung eines langen Künstlerlebens ~~u.~~ auch ändernd in weiter Zukunft schauend.

Zu meinen ~~mitaufgeführten~~ Wiedergaben von „ungemalten Bildern" ließe sich vieles sagen. Wenn ich garnichts sage, bleibt dem Schauenden viel Spielraum u. ein jeder wird das Seine finden. Es alles sind Entwürfe für Gemälde. ~~An denjenigen die es mir im Großen zu gestalten vergönnt sein wird, sind dann die Farben leuchtend mitredend.~~

Emil Nolde

»Ungemalte Bilder«
“Unpainted Pictures”

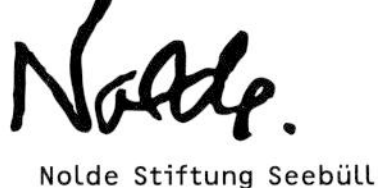

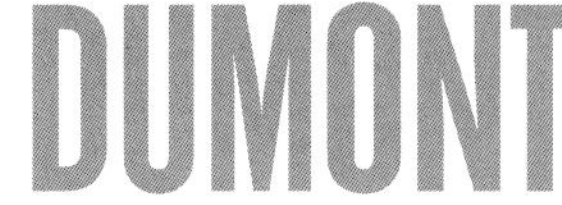

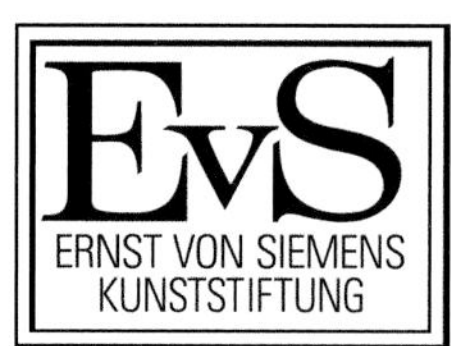

Mit freundlicher Unterstützung der EvSK

Inhalt

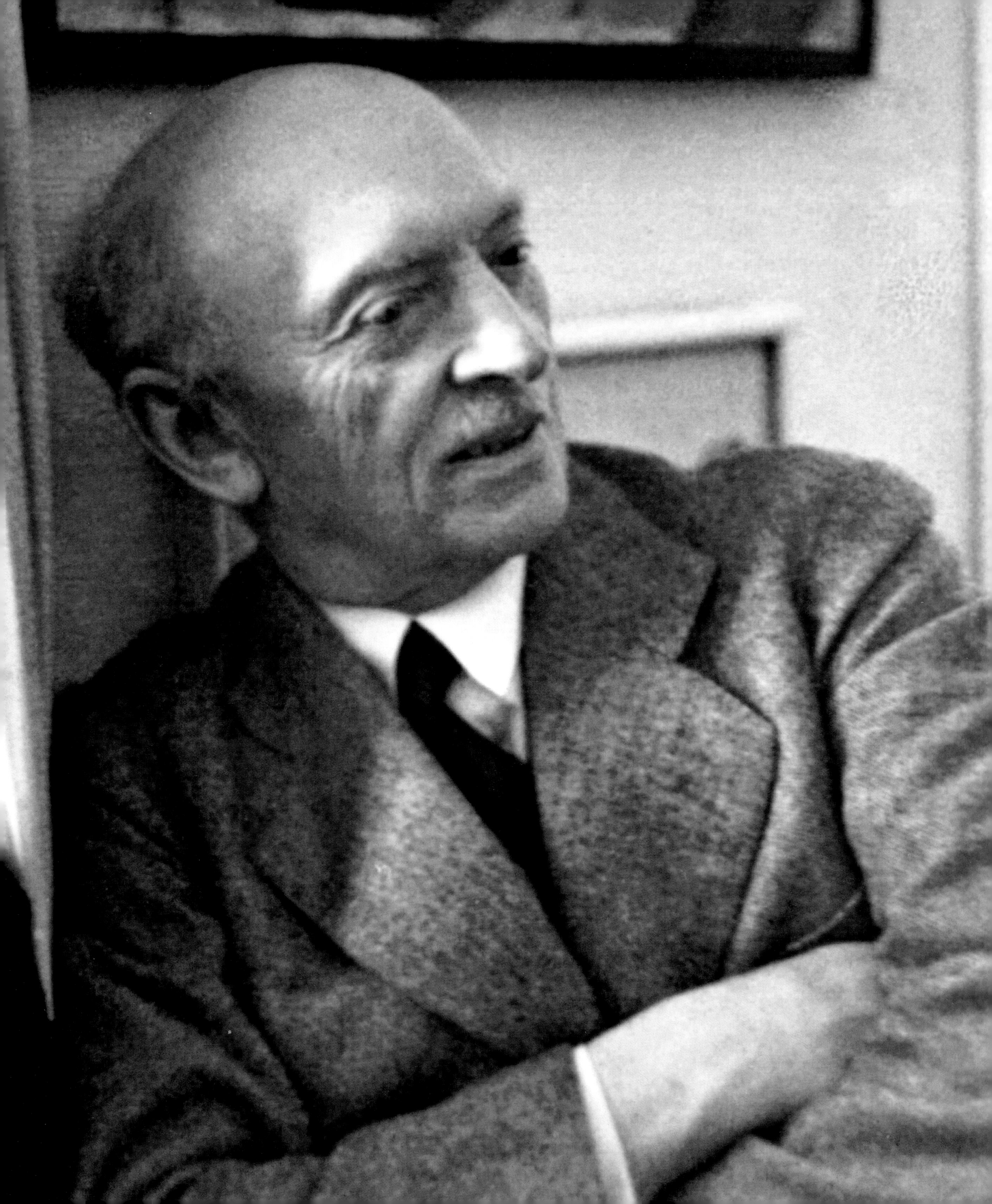

»Unter den dunklen Wolken der Demütigungen«

Fast gleichzeitig mit der Einrichtung in der entlegenen Idylle von Seebüll an der Grenze zu Dänemark und nahe der Nordsee, wo sich Emil Nolde nach eigenen Entwürfen von 1927 bis 1937 sein Wohn- und Atelierhaus errichten ließ, erwächst dem Maler von außen eine existenzielle Bedrohung, als seine Werke im nationalsozialistischen Deutschland als »entartet« gebrandmarkt werden. Solche Diffamierung seines künstlerischen Schaffens bleibt ihm, der sein Werk uneingeschränkt in der Tradition deutscher Kunst begreift, ganz und gar unverständlich. Vorschläge zu emigrieren, in die Schweiz zu Freunden oder zu Verwandten ins benachbarte Dänemark, dessen Staatsbürgerschaft ihm 1920 nach der Volksabstimmung und den Veränderungen im Grenzgebiet zugefallen war, lehnte er grundsätzlich ab. Mit Schreiben, Erklärungen und hilfreichen Verbindungen, auch zweifelhaften Äußerungen und bedenklichen Annäherungen an das Regime wie etwa dem Beitritt in die Nationalsozialistische Arbeitsgemeinschaft Nordschleswig (NSAN) im Herbst 1934, die im Jahr darauf »gleichgeschaltet« wurde und in der neu gegründeten NSDAP-N (Nordschleswig) aufging, suchte der Maler seine verzweifelte Lage zu verbessern, allerdings ohne in seiner künstlerischen Auffassung und Ausdrucksweise irgendwelche Zugeständnisse einzugehen. Diese Jahre sind auffallend durch gesundheitliche Beschwerden, durch Krankenhausaufenthalte, Kuren und Genesungsreisen gekennzeichnet; Ende 1935 musste sich Nolde einer schweren Operation an Magenkrebs unterziehen. »Wir beide Künstlermenschen sind schwache wankende Säulen geworden«, notiert er niedergeschlagen. »Ada ist leidend, und alles bei uns steht unter den dunklen Wolken der Demütigungen.«

In der Aktion gegen die »entartete Kunst« wurden 1937 über tausend Werke Emil Noldes in deutschen Museen beschlagnahmt, darunter das neunteilige Werk »Das Leben Christi« von 1911/12, eine langjährige Leihgabe des Malers an das Museum Folkwang in Essen, die er durch verschiedene Gesuche in Berlin, auch ein anbiederndes Schreiben an Joseph Goebbels 1939, zurückgewinnen konnte. Wer sich mit dem Teufel einlässt, wird davon gezeichnet. Mit Bauabschluss seines Hauses Seebüll durch einen Bildersaal über seinem Atelier erreichte

"Under the dark clouds of humiliation"

Almost simultaneously with his settling in the remote idyll of Seebüll on the border to Denmark near the Baltic Sea, where Emil Nolde built his home and studio after his own plans in the time between 1927 and 1937, the painter was confronted with an existential external danger when his works were defamed as "degenerate" in National Socialist Germany. This defamation was completely incomprehensible for the painter who unqualifiedly understood his work within the tradition of German art. He vehemently rejected suggestions to emigrate to friends in Switzerland or to relatives in neighbouring Denmark, where he had been a citizen since the Schleswig Plebiscite of 1920, after which the border was redrawn. The painter attempted to improve his desperate situation by writing letters, making declarations as well making use of friendly intermediaries who were sympathetic to his situation. But he also made dubious statements and problematical advances to the regime. This included joining the North Schleswig National Socialist Workers Association (NSAN) as early as the fall of 1934. This party was "brought into line" the following year and integrated into the newly founded North Schleswig (Danish) branch of the Nazi Party. He nevertheless made no concessions as regards his artistic approach and means of expression. These years are particularly characterised by medical conditions, hospitals stays, taking the waters, and reconvalescence trips; in late 1935, Nolde had to undergo a serious stomach cancer operation. "We two artists have become frail, unstable columns," he noted despondently. "Ada is ailing and everything that has to do with us stands under the dark clouds of humiliation."

In conjunction with the "degenerate art" action that opposed modern artistic tendencies, more than one thousand works by Emil Nolde were confiscated from German museums in 1937. These included the nine-part "Life of Christ" from 1911/12 which he had given to the Museum Folkwang in Essen as a long-term loan. Nolde tried numerous ways to have this work returned to him, including writing an ingratiating letter to Joseph Goebbels in 1939. When you dance with the Devil, he doesn't change. He changes you. The terrible news about the "Degenerate Art" exhibition in Munich, an exhibition in which more of his works were on display than by any other artist, reached him when the construction of his home Seebüll was being completed with the erection of a painting hall over his studio. He responded on 14 October 1937 to the painter Fritz Harnest, who had written him comprehensively from Munich, by saying that the painter "reflects with strange emotions about his pictures over which he laboured immeasurably, struggling with

Nolde aus München die Schreckensnachricht von der Ausstellung »Entartete Kunst«, in der er von allen Künstlern am stärksten vertreten war. »Mit merkwürdigen Empfindungen denkt man zu seinen Bildern hin, die vielfach unter unendlichen Mühen und Kämpfen mit dem Material und gegen die Welt entstanden sind«, antwortet er am 14. Oktober 1937 dem Maler Fritz Harnest, der ihm ausführlich aus München berichtet hatte. »Das Volk hat nie in eine Kunst hineinspazieren können«, fährt er fort, »wenn es zu den großen Werten der Dichter und Künstler gekommen ist, dann ist dies langsam geschehen unter Hingabe und wohlgesinnter Führung. Und wenn vor vielen Jahren schon von meiner Kunst gesagt wurde, sie sei eine wirkliche, wahre Volkskunst, dann möge das richtig sein, und ich habe den Glauben, dass sie es trotz allem noch einmal werden wird«, ist er fest überzeugt. Eingeschüchtert und verängstigt hatte Nolde im Sommer die Festlichkeiten zu seinem 70. Geburtstag abgesagt und die Einladungen zurückgezogen.

Während der Zeit von Noldes Malverbot, das 1941 mit Ausschluss des Malers aus der »Reichskammer der bildenden Künste« von ihrem Präsidenten Adolf Ziegler »wegen mangelnder Zuverlässigkeit« verhängt wurde, entstand unter starker äußerer Bedrängnis, doch ebenso großer innerer Freiheit in einer hinteren Kammer des Hauses Seebüll heimlich Noldes immenses Spätwerk seiner »Ungemalten Bilder« (1938–1945), wie er die Bildreihe selbst bezeichnet hat. Die reiche Folge vieler hundert kleinformatiger, meist hochrangiger Aquarelle und Gouachen auf Japanpapier, mit denen er schon in den Jahren zuvor begonnen hatte, ist ein außerordentlicher Höhepunkt in Noldes künstlerischem Werk, nur wenige Freunde wussten davon. Unter dem bitteren Diktat hatte sich der Maler in seinem Schaffen von der Außenwelt abgewandt und den persönlichen Rückzug nach innen in sichere, heimatlich vertraute Gefilde gesucht. »Ausflüge ins Traumhafte, ins Visionäre, ins Phantastische stehen jenseits von Regeln und kühlem Wissen. Es sind freie, herrliche Gefilde und Gebiete voll Reiz und Scharm in lichtem und tiefem und leichtem geistigen Erleben«, vermerkt Nolde am 8. Juli 1943 in seinen »Worten am Rande«, jenen kleinen Notizen auf schmalen Zetteln, die fast tagebuchartig die Arbeit an den »Ungemalten Bildern« begleiten, um fortzusetzen: »Wer nicht träumen und schauen kann, kommt nicht mit.«

Auf der dritten »documenta« in Kassel wurde 1964 aus Noldes umfangreichem Nachlass in Seebüll eine konzentrierte Folge dieser kleinen Blätter gezeigt, die damals gleichsam als überraschende Entdeckung großes Aufsehen erregten, zugleich als markantes Dokument eines Dennoch in Zeiten der Gewaltherrschaft und als eindrucksvolles Zeichen untergründiger Kontinuität moderner Kunst in Deutschland in den Jahren ihrer Verfemung verstanden wurden. Eingebracht in das Projekt und ausgewählt hatte die Kollektion der renommierte Kunsthistoriker Werner Haftmann, Mitbegründer der »documenta« und Mitgestalter der ersten Ausstellungen. Bald nach Noldes Tod erschien seine richtungweisende Monographie über den Maler, die über viele Jahre den Blick auf Noldes Werk maßgeblich bestimmen sollte. Bei Aufenthalten in Seebüll war seine Aufmerksamkeit durch Noldes ehemaligen Privatsekretär und ersten Direktor seiner Stiftung Joachim von Lepel auf die bis dahin weitgehend unbekannte Werkgruppe der »Ungemalten Bilder« gelenkt worden, die, in einem einfachen, unauffälligen Schrank sorgsam gestapelt, mehr als 1.300 Blätter umfasste. In erstaunlichem Gegensatz zu

material and against the world." "The people were never able to wander to art," Nolde continued. "And when they arrived at the supreme values of the poets and artists, it was only because of vigilant and devoted well-meaning guidance." And he was convinced that "when it was said about my art many years ago that it is a true, authentic folk art, then that was probably true, and I believe this will be the case again one day, despite everything." Intimidated and frightened, he cancelled the planned festivities to celebrate his approaching seventieth birthday in the summer and withdrew the invitations.

During the time of Nolde's painting ban, which was imposed on him in 1941 when the painter was barred from the "Reichskammer der bildenden Künste" [Reich Chamber of Visual Art] by its president Adolf Ziegler "due to lacking reliability," his monumental late work, the series of "unpainted pictures" (1938–1945) as he himself characterised them, was being secretly produced in one of the backrooms of House Seebüll. The work was accompanied by much external hardships, but also by a just as great internal freedom. The rich suite of works that he had already begun several years earlier and which encompassed many hundreds of small-format, predominantly high-quality watercolours and gouaches on Japan paper, represents an extraordinary highpoint in Nolde's artistic oeuvre. And it was one about which only a few friends knew. Under bitter directives, the painter turned away from the outside world in his art and sought a personal internal withdrawal to a protected familiar realm. His "excursions to the dream-like, the visionary, the fantastic were beyond rules and cool knowledge. They are free, wonderful realms and regions, attractive and charming in bright and deep and light spiritual experience," Nolde noted on 8 July 1943 in his "Worte am Rande" [Words in the Margin], the collection of brief remarks and observations written on narrow strips of paper that accompanied his work on the "unpainted pictures" in a diary-like fashion. And Nolde continued: "Those who cannot dream and see will not come along."

A concentrated selection of Nolde's small artworks on paper from his far-reaching bequest at Seebüll was exhibited at "documenta 3" in Kassel in 1964, and they caused a sensation. They were simultaneously also understood as striking documents of a 'nevertheless' in times of tyranny as well as an impressive indication of a concealed continuity in the history of modern art in Germany during the years in which it was ostracised. The renowned art historian Werner Haftmann, the co-founder of the "documenta" who participated in the organisation of the first exhibitions, arranged for the collection to be shown

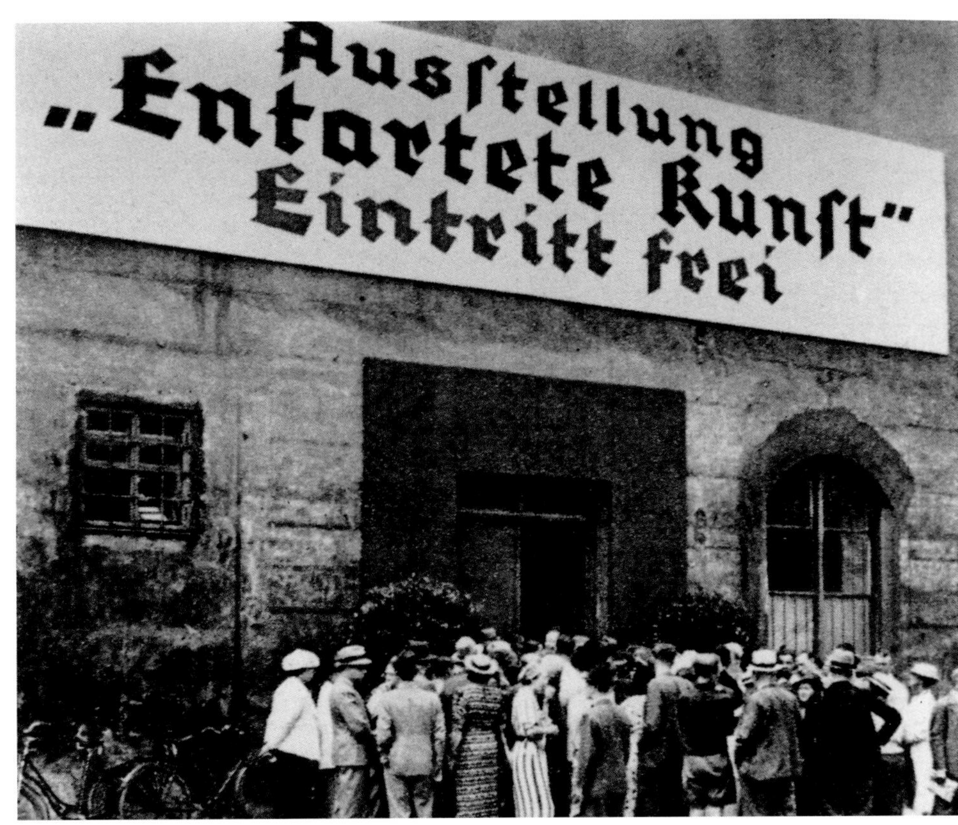

Eingang in die Ausstellung »Entartete Kunst«, München 1937

Entrance to the "Degenerate Art" exhibition, Munich 1937

den apokalyptischen Ereignissen, die auch im abgelegenen Seebüll zu Nolde drangen, von Elend, Verfolgung und Vernichtung, von Krieg und Tod sind es meist positiv gestimmte, frei erfundene Darstellungen mit farbenfreudigen, malerisch überaus reichen Bildwelten wie aus Märchen und Sage sowie persönliche, phantastische Äußerungen voller Leben mit emotional bewegten, zwischenmenschlich dichten Begegnungen, die, losgelöst von den traumatischen Bedrängnissen des Zeitgeschehens, in einem unmittelbaren, konzentrierten Arbeitsprozess als hoffnungsfrohe Gegenwelten entstanden sind. In ihnen suchte der Maler die Zwiesprache mit der Vergangenheit und entrückte in die Geborgenheit seiner inneren Lebensgefilde als unveräußerlichem Fundus. Mit jedem einzelnen gestalteten Werk und der immensen Bildfülle als individuelle Visionen von einer anderen Welt war er bestrebt, sich der unermesslichen Gewalt und dem Chaos sowie seiner persönlichen Bedrohung entgegenzustellen. »Ich bin während Stunden dieser Nacht in einer wunderbaren Landschaft gewandert, einer Landschaft voller Wunder und Herrlichkeiten«, schreibt er am 6. Dezember 1941 in seinen »Worten am Rande«, einer Landschaft, die er in seinen Bildern als utopisches Gebilde konkret aufscheinen lässt. Nolde hat diese gleichsam romantischen »Herzensergießungen« auffallend zurückgehalten und nur wenige davon abgegeben. Zu nachhaltig waren Erinnerung und zu eng seine persönlichen Beziehungen zu fast jedem einzelnen Blatt, als dass er sich leicht davon hätte trennen können. Aus Angst vor der handfesten Bedrohung und vor Kontrollen in den Jahren des Malverbots, vor Beschlagnahme und der Vernichtung seines Werks hatte er sie – wenigstens

and selected the works that would go on display. Haftmann's pioneering monograph on Nolde was published soon after the painter's death, and it would decisively influence the reception of Nolde's oeuvre for many years. During visits to Seebüll, Joachim von Lepel, Nolde's former private secretary and the first director of his foundation, turned Haftmann's attention to the previously largely unknown group of more than 1,300 "unpainted pictures" that were carefully stacked in a simple, inconspicuous cabinet. In an astonishing contrast to the apocalyptic information about misery, persecution and destruction, about war and death which had also gotten through to Nolde in remote Seebüll, most of these "unpainted pictures" make a positive impression indeed. These fictional representations contain colourful, exceedingly rich painted worlds as if from fairy tales and legends. But they also depict lively and individual, fantastic statements with intense emotional personal relationships. They were produced as hopeful alternative worlds free of the time's traumatic hardships in a direct, concentrated process. The painter sought a dialogue with the past and delved into the security of his own inner realms that served him as an indispensable store. With each individually fashioned

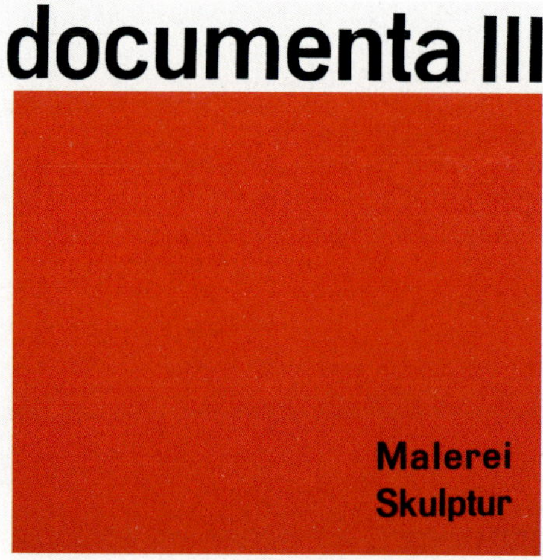

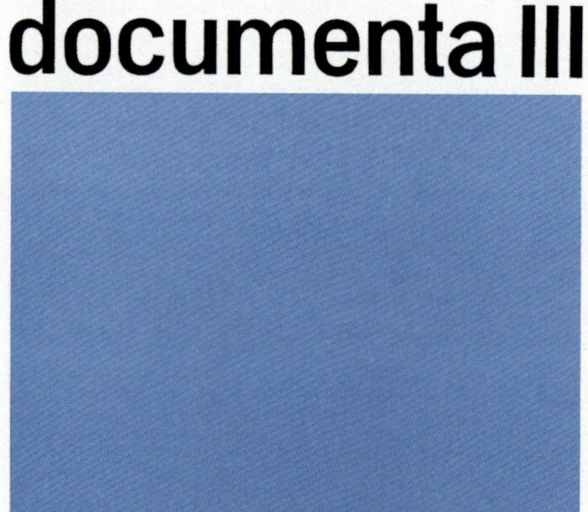

Der zweibändige Katalog der »documenta III«, 1964

The two-volume "documenta III" catalogue, 1964

einzelne Konvolute – »Freunden zur Aufbewahrung gegeben«, wie er berichtet, »sie durften von kunstfernen Augen nicht gesehen werden.« Schon im Jahr vor der »documenta« hatte Werner Haftmann diese »kleinen frei phantastischen Blätter« der Verborgenheit entführt und bereits vorweg der Öffentlichkeit in einer großzügigen Publikation als überraschende Neuigkeit vorgestellt.

Es war mein erster documenta-Besuch mit Günther Dohr, einem jungen Maler von der Kasseler Akademie und Kunstlehrer aus Fulda, der uns erstaunte Gymnasiasten begeisternd und kenntnisreich in die uns kaum bekannte, aktuelle Kunstwelt eingeführt hat. Ich weiß mich noch an Noldes farbkräftige Phantasiewelten zu erinnern, die in einem eigenen Kabinett der Alten Galerie eingereiht waren unter die Werke der namhaftesten Künstler der Moderne. Die winzigen, oftmals nur handflächengroßen Blätter vermochten sich in Ausdrucksstärke und ihrer monumentalen Anlage, die ihnen – wie Nolde selbst schon früh erkannt hat – grundsätzlich eigen ist, in diesem anspruchsvollen, repräsentativen Reigen erstaunlich sicher durchzu-

work and the immense abundance of imagery presented as a personal vision of another world, Nolde aspired to confront the immeasurable violence and chaos as well as the threat he himself faced. "During the nocturnal hours I wandered off to a breathtaking landscape, a landscape full of wonder and splendours," he wrote on December 6, 1941 in his "Worte am Rande," a landscape that he concretely depicted in his pictures as a utopian entity. Nolde was noticeably reserved about these romantic "emotional outpourings," as it were, and gave away only very few of them. The memory or their production was too substantial and his relationship to almost each and every one of these works on paper was too personal for him to be able to part with any of them. Because of his fear of concrete threats as well as spot checks during the years of the painting ban, and his apprehension regarding a confiscation or destruction of his work, he "gave" at least some of them "to friends for safekeeping." As he wrote, "they were not to be seen by people who have nothing to do with art." One year before the "documenta" show, Werner Haftmann abducted these "small, free and fantastic works on paper" from their hiding place and presented them in advance of the exhibition to the public as something unexpectedly new in a lavish publication.

It was my first documenta visit with Günther Dohr, a young painter from the academy in Kassel and art teacher in Fulda, who enthusiastically and knowledgeably introduced us amazed grammar school pupils to the unfamiliar world of contemporary art. I can still recall Nolde's colourful fantastic worlds which were on display in their own cabinet in the "Alte Galerie" among the works of the most prominent modern painters. Amazingly, these often only palm-sized works on paper were able to securely hold their own in terms of their intrinsic expressiveness and monumentality – as Nolde himself had realised early on – in this demanding and representative circle. And they also beat a direct and suggestive path to the works of the young artists, to the representational as well as the non-representational ones. In early fall of 1949, the painter Ernst Wilhelm Nay, who was spectacularly represented in the "documenta" exhibition by a group of paintings as well as the especially arranged, only recently completed "Drei Bilder im Raum" [Three Pictures in Space] series, visited the over 80-year-old Emil Nolde in Seebüll. He thanked the painter for this meeting on 14 September with a few profound lines: "How wonderful the afternoon with you was.... Extraordinary impressions struck us in direct unambiguousness."

Under the somewhat placative title "Ich musste malen" [I had to paint], the news magazine "Der Spiegel"

setzen und schlugen einen unmittelbaren, beziehungsreichen Bogen zu den Werken der jungen, auch nonfigurativen Künstler. Im frühen Herbst 1949 hatte der Maler Ernst Wilhelm Nay, der neben einer Reihe Gemälde mit einer eben vollendeten, besonders angeordneten Folge »Drei Bilder im Raum« spektakulär in der »documenta« vertreten war, den über 80-jährigen Emil Nolde in Seebüll besucht und am 14. September tiefsinnig mit wenigen Zeilen für die Begegnung gedankt: »Wie schön war der Nachmittag bei Ihnen [...] Ausserordentliche Eindrücke trafen uns in direkter Eindeutigkeit.«

Das Nachrichtenmagazin »Der Spiegel« (Jg. 2, Nr. 52, S. 28) hatte Emil Nolde in seiner Weihnachtsausgabe von 1948 unter dem etwas plakativen Titel »Ich musste malen« eine besondere Seite gewidmet, auf der der Maler in einer dichten, geradezu programmatischen Erklärung seine künstlerische Grundhaltung dargelegt hat. Nolde hatte diesen Beitrag aus zwei Passagen des zweiten Bandes seiner Autobiographie »Jahre der Kämpfe« von 1934 zusammengestellt, den er während des Krieges und in den Jahren danach für eine Neuausgabe überarbeitet hatte. Seine Ansichten betreffen auch sein jüngstes Schaffen und kommentieren geradezu die eigenwillige Gestaltungsweise seiner »Ungemalten Bilder«. »Der Künstler, welcher alles kann, was er will, der ist kein wirklicher Künstler, der ist es, der nur kann, was er nicht lassen kann«, ist er überzeugt und fährt fort: »Ich wollte im Malen immer gern, dass die Farben durch mich als Maler auf der Leinwand sich so folgerichtig auswirkten, wie die Natur selbst ihre Gebilde schafft, wie Erz und Kristallisierung sich bilden, wie Moos und Algen wachsen, wie unter den Strahlen der Sonne die Blume sich entfalten oder blühen muss. Ich wollte auch nicht malen, was ich wollte, nur was ich malen musste.« Der Handwerker im Künstler mit seiner engen, ungebrochenen Nähe zum Werkstoff, zu Farbe und Papier, das aufrichtige Streben nach Materialgerechtigkeit, das Einswerden von Mensch und Material im Schaffensvorgang, ohne dass äußere, fremde Einflüsse oder zweckgerichtetes Denken dazwischengeschaltet werden, sind Maxime seiner Kunst. Fast zur gleichen Zeit erklärt der Maler Willi Baumeister, dass der neuzeitliche Künstler allein aus sich heraus »nicht nach der Natur, sondern wie die Natur« bildet. Noldes künstlerisches Denken und die Gestaltungsweise seiner »Ungemalten Bilder« zeichnen sich durch eine besondere Aktualität aus; sie belegen eine auffallende Nähe zu den bildnerischen Auffassungen der jungen Künstlergeneration und den sich entwickelnden Bewegungen wie Tachismus oder Informel mit der gleichzeitigen, damals heftig geführten Auseinandersetzung um gegenständliche oder ungegenständliche Kunst.

Die Farbe ist Noldes eigentliches Ausdruckselement, das er sinnlich emotional erlebt, mit dem er Erfahrenes, Geschautes, Vergangenheit und Gegenwart, seine inneren Bildwelten und Visionen, das ganze theatrum mundi seiner »Ungemalten Bilder« unmittelbar wie unter Zwang umzusetzen vermochte. Aus spontanen Farbaufträgen, aus Unregelmäßigkeiten, Flecken und Verläufen – dem kontrollierten Zufall – wachsen die Bilder eruptiv hervor. Noldes ästhetische Grundeinstellung und sein künstlerischer Impetus lassen sich in wenigen Sätzen umreißen: »Der Maler braucht nicht viel zu wissen«, schreibt er in dem »Spiegel«-Beitrag, »schön ist es, wenn er unter instinktiver Führung so zielsicher malen kann, wie er atmet, wie er geht.«

Manfred Reuther

(vol. 2, no. 52, p. 28) devoted a special page to Emil Nolde in its 1948 Christmas issue. The painter presented his basic artistic attitude here in a dense, almost programmatic declaration. In this text, Nolde assembled two passages from the second volume of his 1934 autobiography "Jahre der Kämpfe" [Years of Struggle], which he had revised during and after the war for a new edition. In this text, Nolde also expressed his views on his own recent works and commented upon the unconventional compositional style of his "unpainted pictures." He was convinced that "the artist who can do anything he wants is not a true artist. That is someone who can only do what he feels that he has to do." And he continued: "My goal as a painter to form the appearance of the colours on the canvas as consequentially as nature itself produces its own forms, the way in which ore and crystals are formed, the way in which moss and algae grow, the way in which flowers open up and have to bloom under the rays of the sun. I also did not paint what I wanted to, but only what I had to paint." His maxims on his art deal with the craftsman in the artist and his close, unbroken proximity to his materials, to paint and paper, the artist's genuine objective of doing justice to his materials, the unity of man and material in the creative process without allowing foreign influences or goal-oriented thoughts to get in the way. At almost the same time, the painter Willi Baumeister declared that the modern artist creates solely from within himself, "not after nature, but like nature." Nolde's artistic views and the compositional style of his "unpainted pictures" are thus characterised by particular topicality. They demonstrate a noticeable affinity to the artistic approach of the younger generation as well as the movements that were developing at that time such as action painting and abstract expressionism in addition to the simultaneous vigorous debate concerning representational and non-representational art.

Colour is Nolde's true expressive element, something that he experienced emotionally and sensually. As if he was forced to do so, Nolde was able to directly convey with the aid of colour what he experienced, what he saw, the past and the present, his own inner pictorial worlds and visions, the complete theatrum mundi of his "unpainted pictures." The pictures erupt from spontaneous applications of paint, from irregularities, from spots and courses of paint, from controlled coincidences. Nolde's basic aesthetic attitude and his artistic impetus can be summarised in only a few sentences: "The painter does not have to know too much," he wrote in his "Spiegel" article, "it is excellent if he can paint as securely and as instinctively as he can breathe and walk."

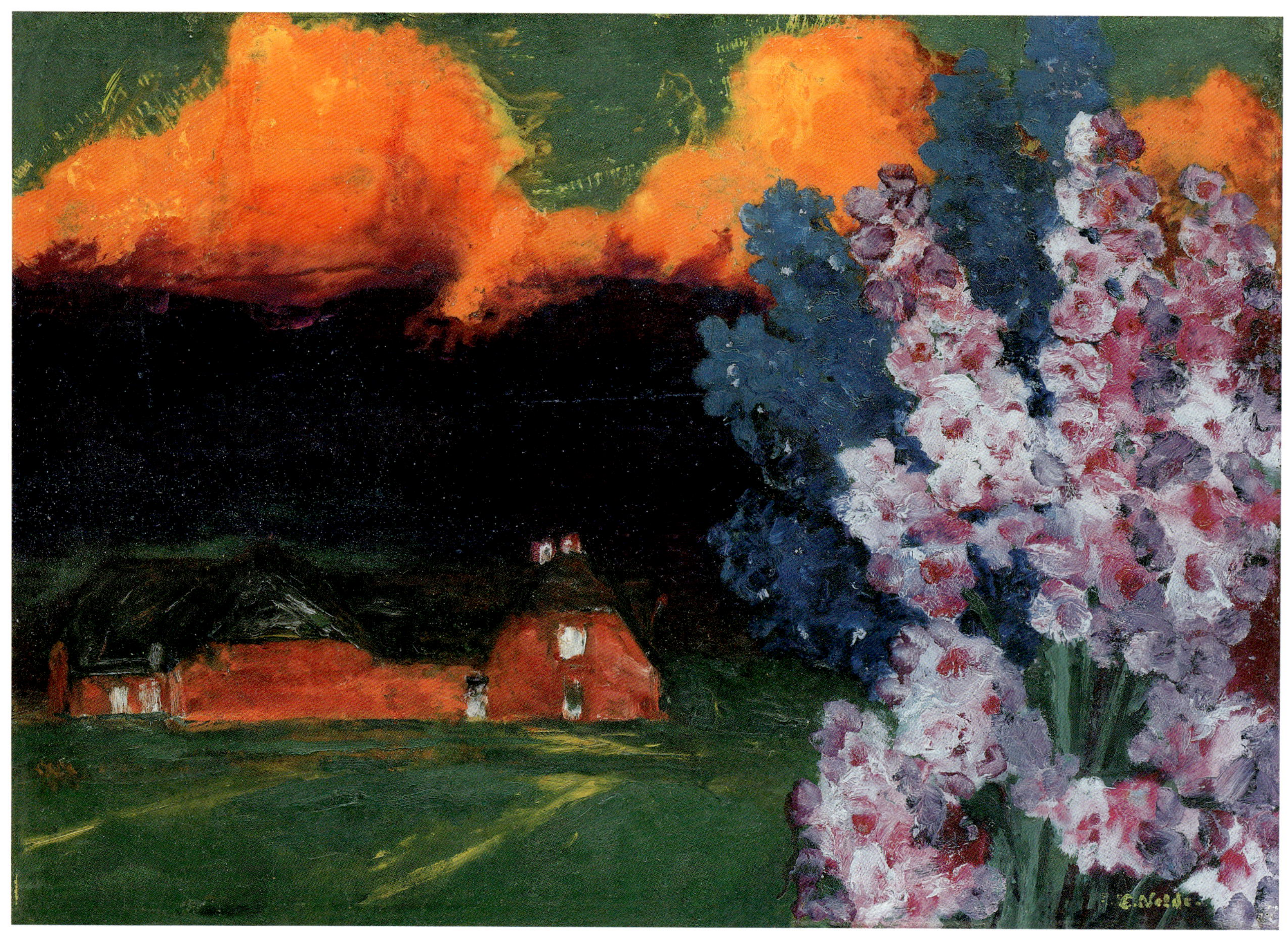

1 | »Schwüler Abend«, 1930
Close Evening

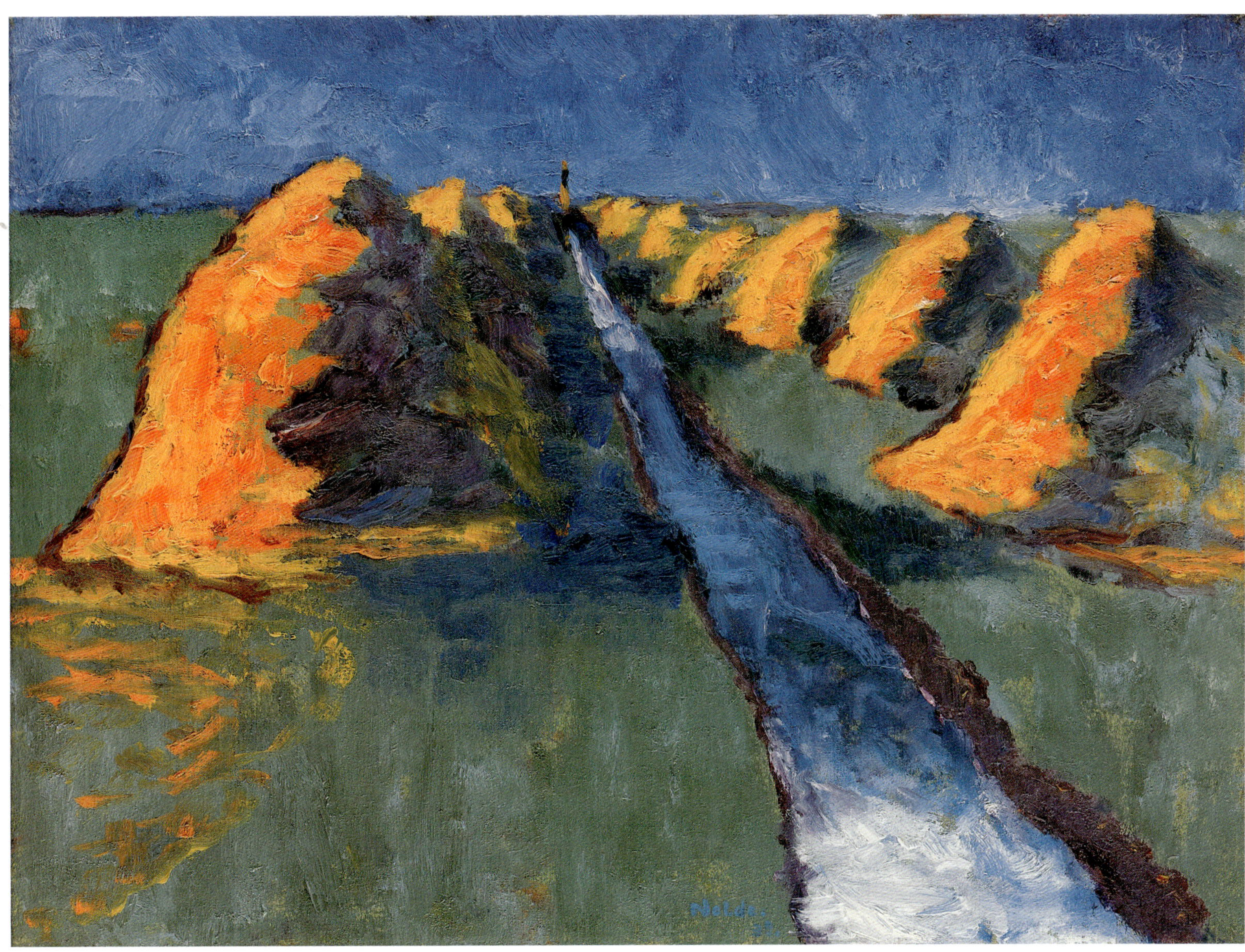

5 | »Heudiemen am Sielzug«, 1939
Hay-Ricks by the Channel

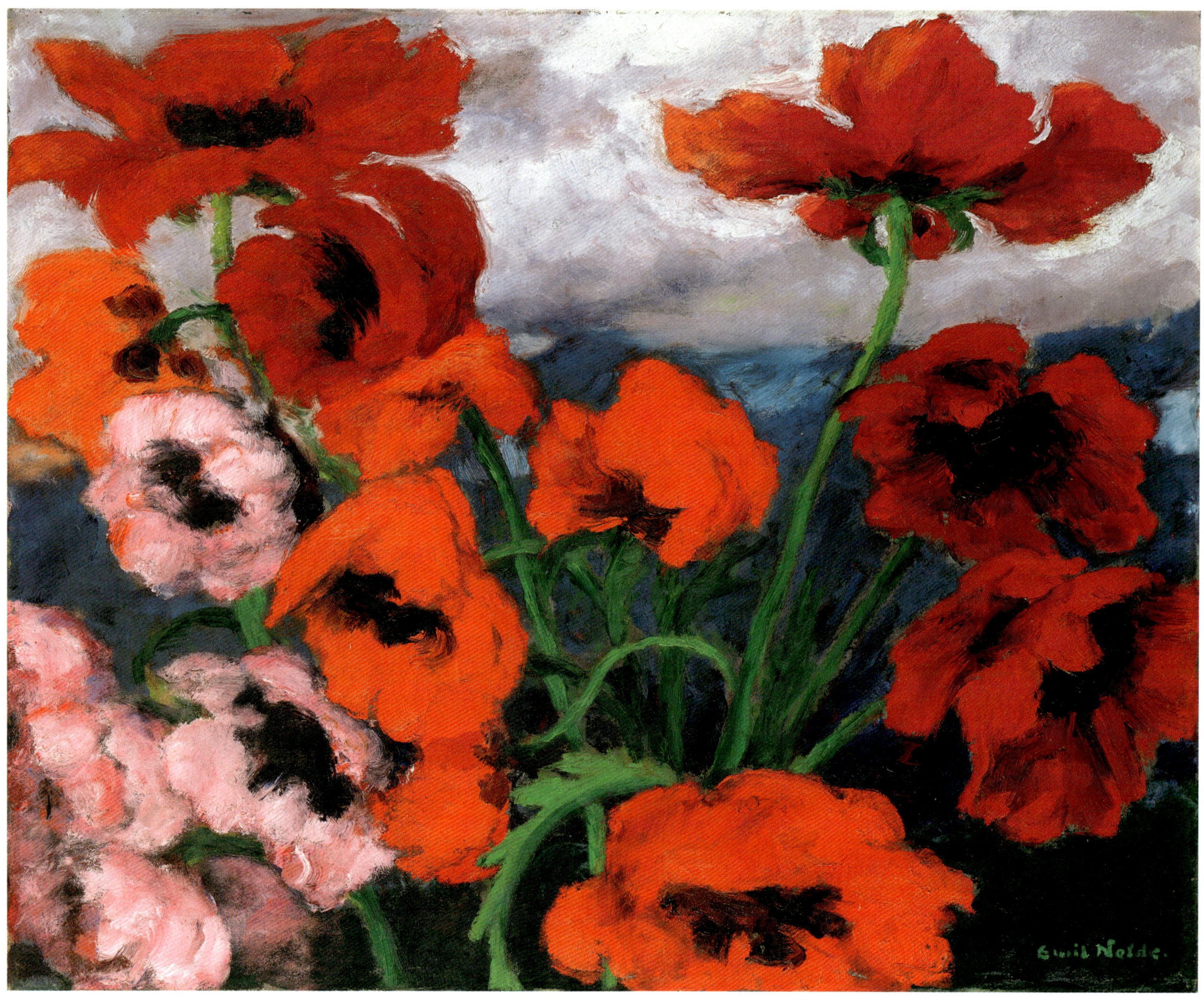

8 | »Großer Mohn (rot, rot, rot)«, 1942
Large Poppies (Red, Red, Red)

»Als dieses Mal- und Verkaufsverbot ankam, stand ich mitten im schönsten, produktiven Malen. Die Pinsel glitten mir aus den Händen. Die Nerven eines Künstlermenschen sind empfindlich, sein Wesen scheu und sensibel. Ich litt seelisch, weil ich glaubte, meine vollreifsten Werke noch malen zu müssen. Mit einem Schwert über dem Kopf hängend, waren mir Bewegung und Freiheit genommen.« (IV, 125)

"I was in the middle of wonderful, productive painting when the painting and sales ban came. The brush slid from my hand. The artist's nerves are susceptible; his being is shy and sensitive. I suffered emotionally because I believed that I still had my most mature paintings still ahead of me. With a sword hanging over my head, all motion and freedom were taken from me." (IV, 125)

»Malverbot« mit Ausschluss Emil Noldes aus der »Reichskammer der bildenden Künste« durch deren Präsidenten Adolf Ziegler, 23. August 1941

"Painting ban" with Emil Nolde's exclusion from the "Reich Chamber of Visual Art" by its president Adolf Ziegler, 23 August 1941

Der Präsident
der Reichskammer der bildenden Künste

Berlin W 35, den 23. August 1941.
Blumeshof 4–6
Fernsprecher: 21 92 71
Postscheck-Konto: Berlin 144430

Aktenzeichen: II B/ M 2603/1236
(In der Antwort anzugeben)

Herrn
Emil Nolde
Berlin-Charlottenburg 9
Bayernallee 10

Einschreiben!
=============

Anlässlich der mir s.Zt. vom Führer aufgetragenen Ausmerzung der Werke entarteter Kunst in den Museen mussten von Ihnen allein 1052 Werke beschlagnahmt werden. Eine Anzahl dieser Ihrer Werke war auf den Ausstellungen "Entartete Kunst" in München, Dortmund und Berlin ausgestellt.
Aus diesen Tatsachen mussten Sie ersehen, dass Ihre Werke nicht den Anforderungen entsprechen, die seit 1933 an das Kunstschaffen aller in Deutschland tätigen bildenden Künstler – einschliesslich den im Reich lebenden Künstlern anderer Nationalitäten oder Volkszugehörigkeit – gestellt sind. Die hierfür geltenden und vom Führer in seinen programmatischen Reden anlässlich der Eröffnung der "Grossen Deutschen Kunstausstellungen" in München seit Jahren wiederholt klar und eindeutig herausgestellten Richtlinien zur künftigen künstlerischen Haltung und Zielsetzung kultureller Förderung in Verantwortung gegenüber Volk und Reich, mussten auch Ihnen bekannt sein.
Wie die Einsichtnahme Ihrer hergereichten Originalwerke der Letztzeit ergab, stehen Sie jedoch auch heute noch diesem kulturellen Gedankengut fern und entsprechen nach wie vor nicht den Voraussetzungen, die für Ihre künstlerische Tätigkeit im Reich und damit für die Mitgliedschaft bei meiner Kammer erforderlich sind.

Auf Grund des § 10 der Ersten Durchführungsverordnung zum Reichskulturkammergesetz vom 1.11.33 (RGBl.I, S.797) schliesse ich Sie wegen mangelnder Zuverlässigkeit aus der Reichskammer der bildenden Künste aus und untersage Ihnen mit sofortiger Wirkung jede berufliche – auch nebenberufliche – Betätigung auf den Gebieten der bildenden Künste.
Das auf Ihren Namen lautende Mitgliedsbuch M 2603 meiner Kammer ist ungültig geworden; Sie wollen es umgehend an mich zurücksenden.

gez. Ziegler

Reichskulturkammer
Reichskammer
der bildenden Künste

Beglaubigt:
Doerling

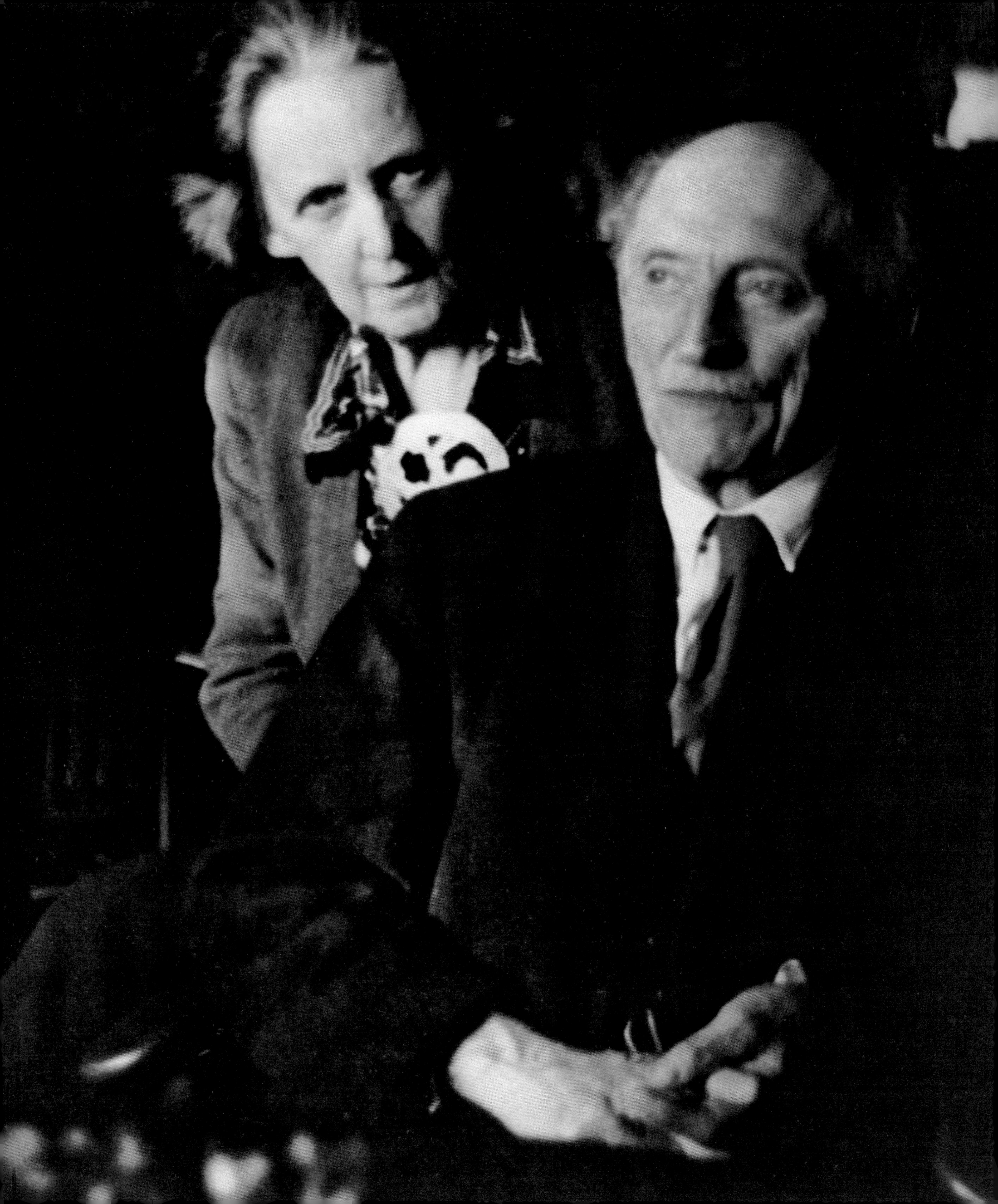

Jörg Garbrecht

Mit »verschnürten Händen« – Die »Ungemalten Bilder«

Wie mag sich wohl Joachim von Lepel, der erste Direktor der Nolde Stiftung Seebüll, gefühlt haben, als er 1956 die bis dahin in vollem Umfang noch unbekannten »Ungemalten Bilder« entdeckte und jedes einzelne von ihnen in die Hand nahm – jedes einzelne dieser insgesamt über 1.300 kleinen »Ungemalten Bilder«?
Umhüllt von einer machtvollen, raumgreifenden Aura leuchten Emil Noldes »Ungemalte Bilder« bis zum heutigen Tag. »Immer so gern wollte ich [...]«, schreibt der Maler, »daß vom Bilde aus ein Hauch geistig-seelischer Schönheit ausgehe, über die Grenzen des Rahmens hinaus, den ganzen Raum füllend.« (II, 201 f.)*
Ein ungeheurer Farb- und Figurenreichtum eröffnet sich. Das voll kräftiger Kontraste und feiner Nuancen sprühende Sinnesfeuerwerk scheint endlos – Aberhunderte dieser kleinen Blätter haben unter Noldes sicheren Händen ihre Vollendung gefunden.
Von Lepel hatte begonnen, alle 1.300 Aquarelle nach Motiven zu sortieren, beschreibend zu betiteln und zu inventarisieren. Auf säurefreien und alterungsbeständigen Klapp-Passepartouts montiert und in Solander-Boxen gelagert, ruhen Noldes »Ungemalte Bilder« seit mehr als einem halben Jahrhundert in konservatorisch vorgeschriebener Dunkelheit. Wann immer die »Ungemalten Bilder« ans Tageslicht geholt werden, verströmen die glühenden Farben die unbändige Schaffensfreude ihres Schöpfers und wecken mit ihren spannungsreichen Motiven Entdeckerlust. Die innere Größe und farbliche Strahlkraft der kleinen Aquarelle locken und betören: Bereitwillig, ehrfürchtig und gespannt lässt man sich in Noldes Welt der Phantasie hinübergleiten.

Das Spätwerk

Die »Ungemalte Bilder« genannten Aquarelle gehören zum Spätwerk Noldes, dessen Beginn etwa mit dem Jahr 1937 anzusetzen ist. Als Nolde zum »entarteten Künstler« erklärt wird, seine Ächtung und Verfolgung beginnen und über eintausend seiner Werke in öffentlichen Sammlungen beschlagnahmt werden, entstehen die ersten »Ungemalten Bilder«. Bedrohlich verschärft sich die Situation für Nolde, als im Jahr 1941 ein Malverbot über ihn verhängt wird. Dennoch arbeitet der Maler im Verborgenen weiter an seinen »Ungemalten Bildern«.

* Römische Ziffern beziehen sich auf die vierbändige Ausgabe der Autobiographie Emil Noldes, 8. Aufl., Köln 2002, gefolgt von der Seitenzahl.

With “tied hands” – “Unpainted Pictures”

One can only imagine how the first director of the Nolde Foundation Seebüll, Joachim von Lepel, felt when he discovered the previously completely unknown “unpainted pictures” in 1956 and examined each and every one of them – each and every one of these over 1,300 small “unpainted pictures”?
Swathed in a powerful, all-embracing aura, Emil Nolde’s “unpainted pictures” still shimmer today. “I always wanted [...],” the painter wrote, “that a picture exudes a spiritual, emotional beauty that exceeds the borders of the room, that fills the entire space” (II, 201 f.).*
A tremendous richness of colours and figures opens up. The sparkling fireworks full of powerful contrasts and subtle nuances seem endless; hundreds upon hundreds of these small pictures were completed under Nolde’s experienced and reliable hands.
Von Lepel had begun sorting all 1,300 watercolours according to motif, giving them descriptive titles and inventorying them. Mounted on acid-free and non-aging foldaway mats and stored in Solander boxes, Nolde’s “unpainted pictures” have rested for more than half a century in the darkness prescribed by the conservators. Whenever the “unpainted pictures” emerge into the daylight, their glowing colours exude the creative pleasure of their painter and awaken the joy of discovery through their stirring motifs. The inner nobility and colourful radiance of the small watercolours entice and infatuate: Willingly, reverent and anxious, the viewer allows himself to be taken in by Nolde’s fantastic world.

The Late Work

The watercolours known as the “unpainted pictures” are works belonging to the late period of Nolde’s career, the beginning of which is to be dated around the year 1937. The first “unpainted pictures” were produced when Nolde was declared a “degenerate artist,” when his ostracization and persecution began and more than one thousand of his works were confiscated from public collections. Nolde’s situation became increasingly perilous when he was banned from painting in 1941. But the painter nevertheless carried on working in secret on his “unpainted pictures.”
Only in retrospect does the painting ban seem like a clearly defined period of time. Seen in perspective, it

* The Roman numerals refer to the four-volume edition of Emil Nolde’s biography, 8th edition, Cologne 2002, followed by the page number.

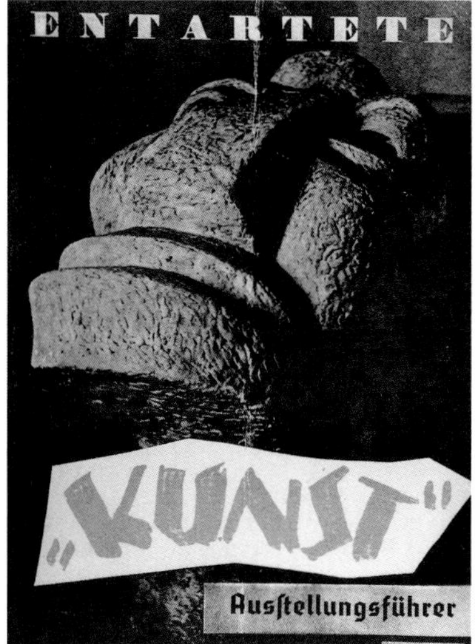

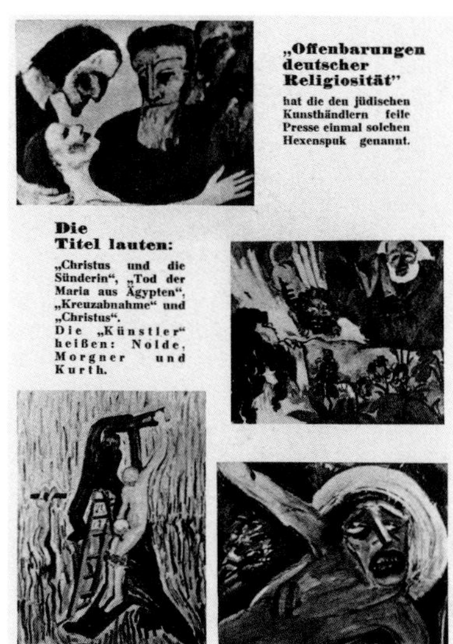
„Offenbarungen deutscher Religiosität“ hat die den jüdischen Kunsthändlern feile Presse einmal solchen Hexenspuk genannt.

Die Titel lauten: „Christus und die Sünderin“, „Tod der Maria aus Ägypten“, „Kreuzabnahme“ und „Christus“. Die „Künstler“ heißen: Nolde, Morgner und Kurth.

Ausstellungsführer »Entartete Kunst«, München 1937, Umschlagvorderseite und eine Seite mit zwei Werken Noldes, »Die Sünderin«, 1926, und »Heilige Maria von Ägypten«, 1912, neben Werken von Wilhelm Morgner und Rolf Kurth

Exhibition guide "Degenerate Art," Munich 1937, front cover and a page with two works by Nolde, "The Sinner," 1926, and "Saint Mary of Egypt," 1912, alongside works by Wilhelm Morgner and Rolf Kurth

Nur im Rückblick erscheint das Mal- und Berufsverbot als ein überschaubarer Zeitabschnitt. Retrospektiv gesehen waren es nur fünf Jahre, in denen Nolde das Malen untersagt war. 1941 aber, als Nolde das Mal- und Berufsverbot erteilt wurde, konnte der Maler diese zeitliche Begrenzung nicht voraussehen. Vielmehr musste Nolde davon ausgehen, dass das gerade ausgesprochene Mal- und Berufsverbot dauerhaft sein würde, dass, in Anlehnung an seine Worte, ihm bis an sein Lebensende »die Hände verschnürt« bleiben würden. Dies war für Nolde nicht nur aus finanzieller Sicht ein existenzbedrohender Einschnitt. So wie »der junge Baum, der wachsen muß, oder der Vogel, der sein Liedchen singt« (Brief, Flensburg, 17. April 1913), war auch für Nolde das Malen ein Naturtrieb. Im Jahr 1941 wird Nolde nun sein Lebenselixier genommen. Es ist bemerkenswert, dass der Maler trotz dieser zutiefst entmutigenden, hoffnungslosen Lage nicht resigniert. Nolde gibt seine Kunst nicht auf: Er malt im Verborgenen weiter, schafft mit seinen »Ungemalten Bildern« Neues und es gelingt ihm so ein herausragendes Spätwerk.

Im Alter von 70 Jahren beginnt Nolde einen Werkzyklus mit erweiterter Ausdrucksform in einem ungewöhnlichen Format. In seinen »Ungemalten Bildern« beschränkt er sich ausschließlich auf ein kleines, manchmal nur handflächengroßes Papierformat. »Material beschaffen jedoch war mir entzogen«, notiert Nolde. Seine Bildgedanken kann er nur »auf ganz kleine Blättchen hinmalen und festhalten« (IV, 126). Neben kleinformatigen Bögen verwendet Nolde auch Papierreste und Randstücke größerer Aquarelle. Zuweilen dreht er auch bereits früher vollendete Aquarelle um und malt auf deren Rückseite. So entsteht »Blonder Knabe und Eltern« (Kat. 99) auf der Rückseite eines frühen, wahrscheinlich 1913 getuschten Selbst-

was only five years in which Nolde was prohibited from working. But in 1941, when Nolde was banned from all professional activities, it was impossible for the painter to anticipate its duration. On the contrary, Nolde had to assume that the ban he had just been placed under would be a permanent one and that his hands would remain tied for the rest of his life. It not only represented an existence-threatening disruption in financial terms. Just like "the young tree that must grow or the bird that sings its song" (letter, Flensburg, 17 April 1913), painting was also a natural drive for Nolde. And the painter's lifeblood was taken from him in 1941. It is remarkable that the painter did not give up all hope despite his deeply discouraging and hopeless situation. But Nolde did not abandon his art. He continued to paint in secret and created a new and extraordinary late work with his "unpainted pictures."

At the age of 70, Nolde took up work on a series of pictures that featured a new form of expression and a new format. He limited himself in the "unpainted pictures" to small, sometimes only palm-sized pieces of paper. "I was not permitted to procure material," Nolde noted. He could only "paint and capture" his pictorial thoughts "on very small sheets of paper" (IV, 126). Aside from small-format paper, Nolde also made use of paper remnants and the margins of larger watercolours. He occasionally also used the reverses of previously completed watercolours. The "Blond Boy and Parents" (cat. 99), for example, was thus made on the reverse of an earlier ink self-portrait that he probably had drawn in 1913. The adverse circumstances leading to the shortage of material forced the artist to absolute concentration, to rigorous reduction and permanent attentiveness. The smallest "unpainted picture" is no larger than 9.1 x 4.2 centimetres, the largest 29.1 x 21 cm (cat. 45). With the exception of his "Phantasien" [Fantasies] suite (1931–1935), the painting technique used by Nolde for these jewels is likewise new. The painter developed an extremely complex, very time-consuming mixing technique. Nolde employed the entire gamut of possibilities offered by working with watercolours for his "unpainted pictures." They range from the wet-on-wet watercolour technique in the abstract backgrounds to the repeated painting of layers of colour encompassing various degrees of density, contouring with diverse outlines and the setting of light reflections with brilliant opaque white up to and including drawing an almost completely dry paint brush across the paper in order to suggest an almost tactile quality to the coarse weave of a dress on the structure of the paper (cat. 82).

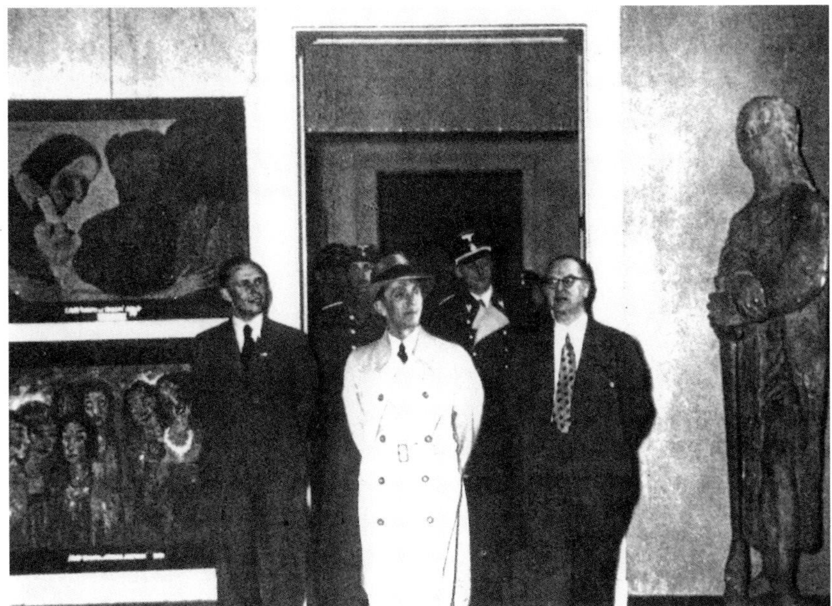

Joseph Goebbels in der Ausstellung »Entartete Kunst«, München 1937, links Noldes Gemälde »Die Sünderin«, 1926, und »Die klugen und die törichten Jungfrauen«, 1910

Joseph Goebbels in the "Degenerate Art" exhibition, Munich 1937, Nolde's painting "The Sinner," 1926, at the left, and "The Wise and Foolish Virgins," 1910

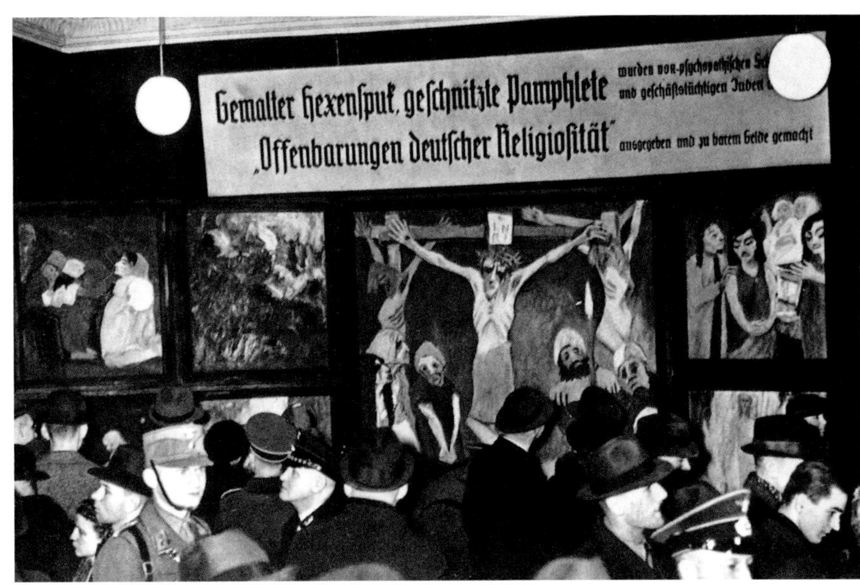

Ausstellung »Entartete Kunst«, Berlin 1938, mit Noldes »Leben Christi« von 1911/12

The "Degenerate Art" exhibition, Berlin 1938, with Nolde's "Life of Christ" from 1911/12

porträts. Der widrige Umstand des Materialmangels zwingt den Maler zu absoluter Sammlung, zur rigorosen Reduktion und zu permanenter Verdichtung. Das kleinste »Ungemalte Bild« misst gerade einmal 9,1 x 4,2 Zentimeter, das größte 29,1 x 21 cm (Kat. 45).

Die Maltechnik, mit der Nolde diese Kleinodien schafft, ist – abgesehen von der Folge seiner »Phantasien« (1931–1935) – ebenfalls neu. Der Maler entwickelt dazu eine hochkomplexe, sehr zeitaufwendige Mischtechnik. Jede Möglichkeit, die das Arbeiten mit Wasserfarben bietet, stellt Nolde in den Dienst seiner »Ungemalten Bilder«. Sie reicht vom Nass-in-Nass-Malen bei den abstrakten Hintergründen über das wiederholte Eintuschen von Farbschichten unterschiedlicher Deckung, dem Konturieren mit verschiedenartigen Umrisslinien und dem Setzen von Lichtreflexen mit leuchtendem Deckweiß bis hin zum Ziehen eines fast trockenen Pinsel

Although this exacting mixing technique demanded much time, about 1,300 "unpainted paintings" from the time between 1937 and 1945 have been preserved. This number testifies to an amazing productivity, particularly when one takes into consideration that there were surely numerous works that did not meet Nolde's high aspirations. "I was my own relentless and most demanding critic," Nolde wrote ("Worte am Rande," 28 January 1945), and "a failed picture led me to grow disconsolate" (II, 108). Peak efficiency and destructive frenzy are closely related to each other as an incident that occurred during Nolde's time on the Baltic Sea island of Als exemplifies:

über das Papier, um mit Hilfe des Farbabriebs auf der Papierstruktur das grobe Gewebe eines Kleides fast greifbar machen zu können (Kat. 82).

Obwohl diese anspruchsvolle Mischtechnik sehr viel Zeit erfordert, sind aus den Jahren 1937 bis 1945 über 1.300 »Ungemalte Bilder« erhalten. Die Anzahl zeugt von einer erstaunlichen Produktivität. Vor allem wenn man bedenkt, dass es darüber hinaus sicherlich zahlreiche Blätter gab, die Noldes hohem Anspruch nicht genügten. »Ich war mir selbst der unerbittlich schärfste Kritiker«, schreibt Nolde (»Worte am Rande«, 28. Januar 1945), und an anderer Stelle: »ein verfehltes Bild gab mir Verzweiflung« (II, 108). Höchstleistung und Zerstörungsrausch liegen stets eng beieinander wie eine Begebenheit aus der Alsener Zeit beispielhaft beschreibt: »Eines Nachmittags in brennendem Schaffenstrieb malte ich ein Bild, Wellen sich brechend gegen Felsen«, erinnert sich der Maler. »Im gleichen Moment, als es fertig war, nahm ich das Palettenmesser und kratzte es ab.« (II, 37) War ein Werk dem Wunsch, es wieder zu zerstören, entgangen, drohte ihm die Verstümmelung. »Zum Zerschneiden hatte ich eine gefährliche, rücksichtslose Neigung«, gibt Nolde zu. »Sowie ein Bild künstlerisch meinen Zweifel erregte, war es verloren [...] und nur kleine Teile zuweilen gnädigst blieben unvernichtet.« (II, 218)

Noldes ungebrochene Schöpfungskraft und seine Produktivität in diesen acht Jahren lassen an den späten Pablo Picasso (1881–1973) denken, der mit manischer Geschwindigkeit allein zwischen seinem 89. und 91. Geburtstag zweihundert große Gemälde in offener, teilweise brutaler Malweise auf die Leinwand donnerte, als wolle er mit diesem Schaffensrausch seine Angst vor dem nahenden Tod vertreiben. Picassos großformatige Ölbilder aus dieser Zeit erinnern an überdimensionierte Skizzen, während Noldes kleine »Ungemalte Bilder« im Gegensatz dazu wie monumentale Bilder in Skizzenblock-Format wirken.

Der Rückzug

Noldes lange Entdeckungsreisen in die Tiefen und Weiten seiner Phantasie stehen in scharfem Gegensatz zu seinem umfassenden Rückzug aus dem alltäglichen Leben. Als seine Ächtung im Jahre 1937 beginnt, zieht Nolde sich immer mehr aus seinen früheren Lebensbereichen zurück. Als 1941 schließlich das Malverbot ausgesprochen wird, verschanzt sich der Maler in seinem abgelegenen Wohn- und Atelierhaus in der »weltfernen Landesecke« (I, 32) in Seebüll. Nolde meidet fortan Berlin und bricht mit seiner vier Jahrzehnte währenden Gewohnheit, die Wintermonate in der Großstadt zu verbringen. Sein Berliner Wohnatelier wird Nolde nicht mehr betreten, bis es durch eine Brandbombe im Februar 1944 zerstört wird.

Noldes Rückzug setzt sich in Seebüll sogar innerhalb der Mauern seines Sommerhauses fort. Sein geräumiges, fast 50 qm großes Atelier lässt der Maler verwaisen, sieht man vom gelegentlichen Arbeiten an den gut zehn großformatigen Blumenbildern ab, die Nolde trotz Verbots zwischen 1941 und 1945 dort malt, darunter »Großer Mohn (rot, rot, rot)« (Kat. 8). Seine »Ungemalten Bilder« entstehen nicht im großen Atelier, sondern in der Nähstube im ersten Stock, einem kleinen Raum, der gerade einmal einem Sofa, einem Schrank und einem Tisch

"I painted a picture one afternoon with a burning creative drive; waves breaking against cliffs," the painter recalled. "As soon as it was finished, I took the palette knife and scraped it off" (II, 37). If a work escaped his desire to destroy it, it was nevertheless threatened with mutilation. "I had a perilous, ruthless tendency to cut things up," Nolde admitted. "A picture was lost as soon as it aroused a sense of doubt ... and mercifully, only a few small parts of it occasionally remained undestroyed" (II, 218).

Nolde's unbroken creative will and his productivity are reminiscent of the late Pablo Picasso (1881–1973), who splashed more than 200 large paintings between his 89th and 91st birthdays onto canvas in an almost manic tempo and in an open, often brutal painting style as if attempting to repel the fear of his own approaching death with this creative delirium. Picasso's large-scale oil paintings from this period recall over-sized sketches, while Nolde's small "unpainted pictures," on the other hand, appear like monumental pictures in sketchbook format instead.

The Withdrawal

Nolde's long journey of discovery into the depths and expanses of his fantasy sharply contrast his all-embracing withdrawal from everyday life. When his ostracism began in 1937, Nolde increasingly withdrew from his previous spheres. When he was finally prohibited from painting in 1941, the painter entrenched himself in his secluded studio and living quarters in the "remote corner of the country" (I, 32) in Seebüll. From then on, Nolde avoided Berlin, thus interrupting his routine of four decades of spending the winter months in the metropolis. Nolde did not see his Berlin living studio again before it was destroyed by a fire bomb in February 1944.

Nolde's withdrawal even continued within the walls of his summer house in Seebüll. Aside from occasionally working on the roughly ten large-format flower pictures he worked on there between 1941 and 1945 despite the ban, among them "Large Poppies (Red, Red, Red)" (cat. 8), Nolde abandoned his spacious, almost 50 square metres large studio. His "unpainted pictures" were not produced in the large studio, but in the sewing room on the first floor instead, a small room that provided just enough space for a sofa, a cabinet and a table. Daylight shone into the room through the two adjoining windows that took up almost the entire width of the wall. The abundance of light enabled Nolde to work with great

Platz bietet. Tageslicht fällt durch zwei dicht nebeneinander liegende Fenster, die fast die gesamte Wandbreite einnehmen. Die Lichtfülle ermöglicht es Nolde, auf kleinstem Format nuancenreich mit zartesten Farbschimmern und starken Farben, mit mächtigen Formen und feinsten Linien zu arbeiten.

Obwohl die Blumenstube direkt unter der Nähstube liegt, wandert Nolde nicht ins Erdgeschoss und wählt einen der üppigen Blumensträuße aus, um ihn mit einem Objekt aus seiner im ganzen Haus verteilten Figurensammlung zu einem Blumenstillleben zu arrangieren. Kein einziges Blumenstillleben findet sich in den »Ungemalten Bildern«. Und obwohl der prächtige Blumengarten direkt vor dem Haus liegt und Nolde in früheren Tagen im Garten sitzend mit schnellen Pinselstrichen unzählige Blumenaquarelle auf Papier bannte, gibt Nolde den Garten als Inspirationsquelle auf – kein Blumenaquarell wird im Reigen der »Ungemalten Bilder« zugelassen. Der Rückzug des Malers ist umfassend. Er hat sich von der realen Welt als Vorbild für sein Kunstschaffen gänzlich losgesagt. Seine »Ungemalten Bilder« entstehen wohl ausschließlich in der kleinen Nähstube. Zum politischen Malverbot kommt also noch der selbst auferlegte Arrest in Seebüll, dann die Beschränkung auf die Nähstube und schließlich die Konzentration auf das Innerste – auf die eigene Phantasie. Der vollständige Rückzug und die Enge der kleinen Nähstube fördern die Konzentration. Um frei aus der Vorstellung arbeiten zu können, ist Nolde diese »absolute Sammlung [...] Vorbedingung« (II, 201). Jetzt kann Nolde in das grenzenlose Universum seiner Phantasie eintauchen und aus ihr die Motivschätze für seine »Ungemalten Bilder« bergen.

Alle Motive der »Ungemalten Bilder« sind malerisch rekonstruierte Phantasievorstellungen. Schon in seinen Lehrjahren versuchte Nolde, sich in seiner Kunst von der Natur zu lösen und »aus dem Nichts [zu] schaffen« (I, 140). Die »Ungemalten Bilder« stehen am Ende dieses Strebens und bilden gleichzeitig dessen Höhepunkt. Zu Beginn seiner Künstlerlaufbahn sind es die gigantischen Felsformationen der Schweizer Alpen, die Noldes Phantasie anregen: »Als im Lötschental die Steine lebendig wurden, die Schnee- und Gletschermassen auch, als mir der Einfall kam, die grotesken Nordabhänge ins Märchenhafte übertragend, als Bergriesen zu zeichnen [...] wurde es mir bewußt, daß ich auf unbetretenen Wegen mich befinde.« (II, 140) Ein knappes Jahrzehnt später genügt bereits die einfache und vertraute Umgebung seines Hauses auf der Ostseeinsel Alsen, um Nolde zum Kunstschaffen zu inspirieren: »[...] wohin ich schaute, die Natur war belebt, der Himmel, die Wolken, auf jedem Stein und zwischen den Zweigen der Bäume, überall regten und lebten in stillem oder wildem lebendigen Leben meine Gestalten, die mich in Begeisterung versetzten und auch plagend nach Verbildlichung riefen.« (II, 14) Wenig später gelingt es Nolde bereits, frei aus der Phantasie zu schaffen, indem er sich auf eine weiße Leinwand konzentriert, »bis Figuren [...] sich zeigten« (II, 34). Vier Jahrzehnte später und ausgestattet mit der reichen Erfahrung eines ganzen Malerlebens gestaltet Nolde souverän und mit sicherer Hand die Phantasiewelten seiner »Ungemalten Bilder«. Sie entstehen »ohne irgendwelches Vorbild oder Modell [...] – ich war zum Kopisten der Vorstellung

subtlety with the most delicate shimmering as well as strong colours, with powerful forms and intricate lines in the smallest formats.

Although the flower room is situated directly beneath the sewing room, Nolde did not wander down to the ground floor and select one of the opulent bouquets there for a floral still combined with one of the many objects from his collection of figures that was distributed throughout the house. Not a single flower still life can be found among his "unpainted pictures." And despite the fact that the magnificent flower garden where Nolde had earlier sat and captured countless flower watercolours on paper with rapid brushstrokes was located directly adjacent to the house, Nolde now abandoned the garden as a source of inspiration – no flower watercolour was left behind in the varied motifs of the "unpainted pictures." The painter's withdrawal was complete. He entirely renounced the real world as the model of his artistic production. His "unpainted pictures" were probably all painted in the small sewing room. The political prohibition from painting was thus accompanied by a self-imposed house arrest in Seebüll, then the total withdrawal to the sewing room and, finally, the concentration on his own inner world, on his own fantasy. The total withdrawal and the narrow confines of the small sewing room promoted the concentration. This "absolute concentration" was a "prerequisite" for Nolde's ability to work freely from his own imagination (II, 201). Nolde was now able to immerse himself in the infinite universe of his fantasy and draw from the treasure of motifs there for his "unpainted pictures."

All the motifs of the "unpainted pictures" are painterly reconstructions of fantastic ideas. Even during his years of schooling, Nolde attempted to free himself from nature and to "create out of nothing" (I, 140). The "unpainted pictures" come at the end of this endeavour and simultaneously form its climax. Early in his artistic career, it was the giant rock formations of the Swiss Alps that stirred Nolde's fantasy: "When the stones came to life in the Lötschental, the snow and glaciers too, when I had the idea to render the grotesques northern slopes in a fairytale-like manner and draw them as mountain giants, ... it became clear to me that I found myself on untrodden paths" (II, 140). Less than a decade later, the simple and familiar surroundings around his house on the island of Als were sufficient to inspire Nolde to artistic production: "...wherever I looked, nature was alive; the

geworden«, notiert Nolde. Angeregt wird er dazu allein von abstrakten Farbflächen, »eine vage Vorstellung nur in Glut und Farbe mir genügte.« (II, 201) »Glut und Farbe« sind die abstrakten Farbflächen, die Grundlage und Ausgangspunkt für jedes »Ungemalte Bild« bilden. Nolde beginnt, entweder mit vollem Pinsel auf einem leeren Blatt zu malen, oder greift auf bereits mit Farbe getränkte Papierfragmente und Papierreste zurück. Im Zuge der erwähnten »absoluten Sammlung«, der Konzentration auf die verschwimmenden Farbfelder, verschmelzen einzelne Teile der changierenden Fläche im Auge des Malers zu Formen und Szenerien. Das künstlerische Potenzial einer abstrakten Farbfläche hat gut viereinhalb Jahrhunderte, bevor sich Nolde zum ersten Mal auf Motivsuche über seine kleinen Blätter beugte, Leonardo da Vinci in seinem »Trattato della Pittura« beschrieben: »Wenn man in der Absicht, sich irgendetwas vorzustellen, eine fleckige Wand anschaut oder eine farbige Steinmauer, dann findet man Ähnlichkeiten mit Landschaften, Bergen, Flüssen, Felsen, Bäumen, Ebenen, weiten Tälern und allen Arten von Hügeln. Oder man kann in ihnen auch Schlachten oder Figuren mit lebensechten Bewegungen, komische Gesichter oder Kleider sehen, einfach eine unendliche Zahl an Dingen, die man sammeln und einer endgültigen Form angleichen könnte.«

Am Anfang des Malprozesses treiben vor Noldes Augen noch unstrukturierte, unverarbeitete Bilder über die abstrakte Farbfläche vor ihm. Dann arbeitet der Maler seine Gedankenbilder aus der form- und konturlosen Farbfläche heraus, gibt seinen Bildvorstellungen mit wohlgesetzten Strichen und einzelnen Farbflächen Gestalt, Gehalt und Konsistenz – ohne dabei den ursprünglichen Farbgrund vollständig zu überdecken. Im vollendeten Blatt sind die detailreichen, oftmals aus vielen Schichten aufgebauten Figuren oder Landschaften ebenso sichtbar wie die anfängliche abstrakte Farbfläche. Diese Darstellung von genau umrissenem, scharf konturiertem Vordergrund und verschwommenem Hintergrund mit nur schemenhaft erkennbaren Formen erzeugt eine große Tiefenwirkung. Die innerbildliche räumliche Staffelung ist dem Betrachter aus seiner eigenen, dreidimensionalen Welt vertraut und so rücken die »Ungemalten Bilder« trotz ihres phantastischen und grotesken Inhalts nahe an die Wirklichkeit heran, erscheinen lebendig und durchaus real. Für Nolde ist die Phantasie eine fast greifbare Welt zwischen Traum und Wirklichkeit: »Während der Stille der Nächte […]«, notiert Nolde 1919 auf der Hallig Hooge, »entstanden viele […] Blätter in magischer Phantastik, den Maler selbst überraschend. Die merkwürdigsten Wesen mit ihren Tollheiten belebten seine Stube und sie gingen mit ihm auf seinen Halliggängen, ihn fast sichtbar umschwirrend.« (IV, 13)

Obwohl Nolde in seinen »Ungemalten Bildern« durch einzelne Schichtungen räumliche Tiefe andeutet, ordnet er die Bildelemente und Farbenspiele nie einer logischen und nahtlosen Raumillusion unter. Die Schichten bleiben sichtbar getrennt, und der Bildraum ist trotz eines dreidimensional-realistischen Eindrucks in verschiedene Ebenen unterteilt. So erzielt Nolde eine lebendige Dynamik und Spannungen, in denen jedes Bildelement versucht, seine Existenz als Figur oder Form in der wirklichkeitsnahen Bildtiefe zu behaupten und nicht in die abstrakte Farbfläche des Hintergrundes zurückzusinken.

sky, the clouds, on every stone and between the branches of the trees – my figures lived and moved everywhere in calm or wild nature; they enthralled me and also entreated me to visualise them" (II, 14). Only a short while later, Nolde had succeeded in creating freely from his fantasy by concentrating on a white canvas "until figures… showed themselves" (II, 34). Four decades later, equipped with the rich painterly experience gathered over a whole lifetime, Nolde confidently produced the fantasy worlds of his "unpainted picture" with a sure hand. They were produced "without any model whatsoever... I became a copyist of the imagination," Nolde noted. He was solely inspired by abstract colour fields, "a vague idea expressed only in radiance and colour was sufficient for me" (II, 201). "Radiance and colours" are the abstract colour fields that form the basis and starting point for every "unpainted picture." Nolde either began to paint with a full brush on a blank piece of paper or turned to fragments and scraps of paper that were already soaked in paint. Along with the above-mentioned "absolute concentration," the concentration on blurred fields of colour, individual parts of the shimmering areas merged into forms and scenes in the painter's eye. In his "Trattato della Pittura" [Treatise on Painting], Leonardo da Vinci had already described the artistic potential of an abstract area of colour about 450 years before Nolde bent over his small sheets of paper in pursuit of motifs for the first time: "This is the case if you cast your glance on any walls dirty with such stains or walls made up of rock formations of different types. If you have to invent some scenes, you will be able to discover them there in diverse forms, in diverse landscapes, adorned with mountains, rivers, rocks, trees, extensive plains, valleys, and hills. You can even see different battle scenes and movements made up of unusual figures, faces with strange expressions, and myriad things which you can transform into a complete and proper form constituting part of similar walls and rocks."

At the beginning of the painting process, still unstructured and unworked pictures drifted before Nolde's eyes over the abstract areas of colour in front of him. The painter then worked out his imaginative images from the formless and shapeless areas of colour, added form, contents and texts to his pictorial ideas with well-placed lines – without completely covering the original colour ground. The detailed figures or landscapes, often constructed from numerous layers, are just as visible in the completed work

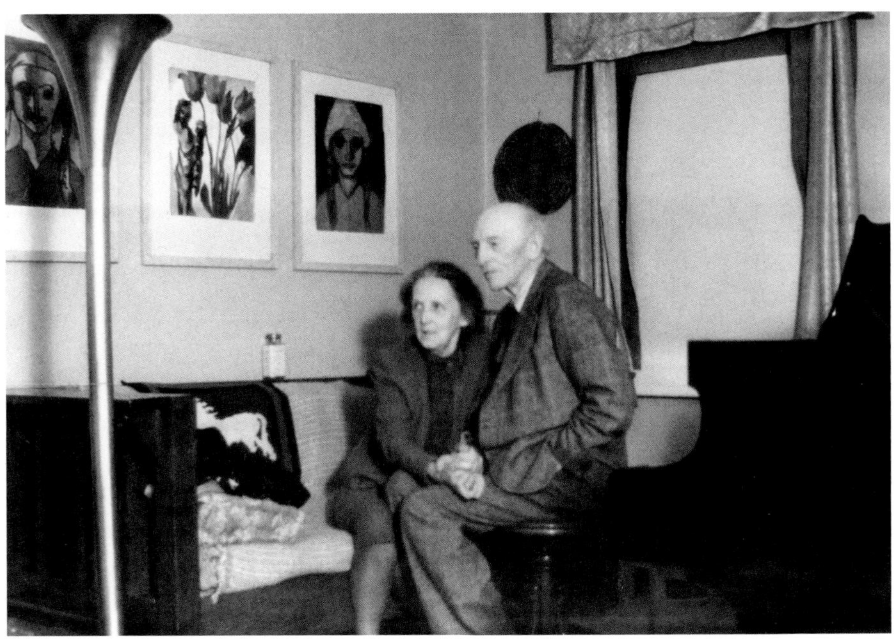

Ada und Emil Nolde in Seebüll, um 1943/44

Ada and Emil Nolde in Seebüll, c. 1943/44

Jegliche Existenz in den »Ungemalten Bildern« ist fragil und flüchtig, wie ein aufschimmernder Gedanke in der endlosen Weite der Phantasie. Das ständige Wechselspiel zwischen den konturierten Umrissen der Formen und dem intensivem Farbspiel in der Fläche hält zudem den erzählerischen, szenischen Inhalt des »Ungemalten Bildes« in spannungsreicher Balance mit der reinen Malerei, ihren Farben, ihrer Materialität und Pinselführung.

Eigentlich ist das zügige Aquarellieren Noldes liebste Maltechnik: »Je schneller mir ein Bild entstehen konnte, um so besser war es«, schreibt Nolde einmal (II, 107). Und obwohl sich die Bildfindung am Anfang eines jeden »Ungemalten Bildes« ebenfalls rasch vollzieht, ist das darauffolgende Herausarbeiten des Motivs ein langwieriger Prozess mit vielen sorgfältig und geduldig ausgeführten kleinen Arbeitsschritten. Sorgsam legt Nolde zahllose Farbaufträge übereinander. Sie reichen von fast transparenten Farbschleiern bis zu deckenden, von leuchtendem Farbpigment gesättigten Schichten. In zeitaufwendiger Detailarbeit färbt und formt Nolde seine Bildwelten. Von der ersten unscharfen Farbfläche bis zum fertigen »Ungemalten Bild« können mit Unterbrechungen Tage, Wochen und manches Mal sogar Jahre vergehen. Er habe, notiert Nolde rückblickend, seine »Ungemalten Bilder« »lange und oft angesehen und fast immer wieder viele Male an jedem einzelnen Blatt gearbeitet, geändert, sie in Farben, Zeichnung und Ausdruck gesteigert, bis dann doch ich sie hinlegte, nicht mehr könnend« (IV, 147).

Der Kosmos Noldes

Die »Ungemalten Bilder« zeigen den Kosmos Noldes, eine Symbiose aus Gedanken und Erfahrungen, aus Leben und Werk, aus den Reisen des Malers und den Einflüssen seiner Mitstreiter aus der Kunstgeschichte.

Die Motive, Themen und Genres der »Ungemalten Bilder« finden sich alle in Noldes früheren Arbeiten. Im Alter von 70 Jahren hatte Nolde sein künstlerisches Schaffensfeld abgesteckt und

on paper as the initial areas of colour. This representation comprising a precisely outlined, sharply contoured foreground and a blurred background with only schematically recognisable forms produced a great sense of depth. The viewer is familiar with such an inner pictorial spatial staggering from his own three-dimensional world, and the "unpainted pictures" nevertheless come close to reality despite their fantastic and grotesque contents; they make a lively and by all means realistic appearance. For Nolde, fantasy represented an almost tangible world between dream and reality: "Many … works," Nolde noted on Hallig Hooge in 1919, "were produced in the stillness of night … on paper in a magical fantasy that surprised the painter himself. The most peculiar beings with their madness enlivened his room and accompanied him on his Hallig walks, buzzing almost invisibly around him" (IV, 13). Although Nolde suggested spatial depth in his "unpainted pictures" by means of individual layers, he never subordinated the pictorial elements and play of colour to a logical or seamless spatial illusionism. The layers remain visibly separate and the pictorial space is subdivided into various planes despite a realistic three-dimensional impression. Nolde attained lively dynamics and tensions in this way in which every pictorial element attempts to assert its existence as a figure or a form within the context of realistic pictorial depths and not to sink back into the abstract field of colour in the background. Every form of existence is fragile and fleeting in the "unpainted pictures," like a thought shimmering in the

mehrmals erfolgreich abgeschritten. Von 1937 bis 1945 wird Nolde seine Möglichkeiten erneut ausloten und dabei neue Ausdrucksmöglichkeiten finden. Nolde gewichtet und wählt mit rigoroser Konsequenz aus. Die »Ungemalten Bilder« zeigen en miniature das Beste in Motiv und Technik aus Noldes künstlerischem Werk. Sie zeigen den Kosmos Noldes in seiner konzentrierten, verfeinerten Form – die »Ungemalten Bilder« sind Nolde in Essenz. Der Maler vertieft nun auch das, was ihm schon immer wichtig war: die frei geschaffenen Figurenbilder.

Von den 1.300 »Ungemalten Bildern« sind über 1.100 Figurenbilder. Sie zeigen das ganze reiche Spektrum des figürlichen Motivs und umfassen alle Lebensstadien von herumtollenden Kleinkindern bis hin zu greisen Großeltern (Kat. 57). Sie zeigen unzählige Variationen von familiären und verwandtschaftlichen Beziehungen über freundschaftliche Begegnungen bis hin zu erotischen Zusammentreffen. Noldes Figurenrepertoire in seinen »Ungemalten Bildern« reicht von Putten bis zu Propheten, von Zwergen mit spitzen Zipfelmützen bis hin zu zyklopenhaften Riesen, von zerlumpten Landstreichern bis zu modischen Großstadtflaneuren, von Wikingern mit gehörnten Lederhelmen bis zu Rittern in Kettenhemden, von wilden, orgiastischen Tänzerinnen bis zu majestätischen Würdenträgern. Mal bevölkern Spukgestalten die Bildwelten, mal sind es aus dem wirklichen Leben gegriffene Charaktere, mal sind die »Ungemalten Bilder« figurenreiche Gruppenbilder, mal dominieren nur ein oder zwei Köpfe die Bildfläche (Kat. 43).

Zu den über 1.100 Figurenbildern kommen rund 110 Landschaften und gut 70 Meerbilder. Auffallend häufig in den Landschaften ist die Bergwelt vertreten. Märchenhafte Burgen und Kapellen krönen Hügelketten und Bergkuppen, abgelegene Almhöfe liegen versprengt in der bergigen Einöde und zwischen tief verschneiten Tannen ragen schneebedeckte Gipfel des Hochgebirges auf. Alle diese Landschaften lassen an Noldes Schweizer Jahre denken, seine siebenjährige Lehrzeit in St. Gallen, seine zahllosen Wanderungen durch die Alpentäler und seine hochalpinen Bergtouren auf das Matterhorn und den Monte Rosa.

Noldes Kosmos ist auch durchdrungen von einem ausgeprägten kunstgeschichtlichen Bildgedächtnis, das Nolde bereits mit zehn Jahren zu entwickeln begann: »An den kleinen bunten Bildern […] hatte ich damals viel Freude. Sie waren meine Kunstgeschichte!« erinnert sich Nolde in seiner Autobiographie. »Mein Lesebuch war mit den sauber geordneten Bildchen ganz voll gefüllt, und ich konnte während der Religionsstunde das Hineinschauen nicht lassen.« (I, 49) Zwanzig Jahre später gehören solche Illustrationen zu Noldes Arbeitsmaterial: »Mit Reproduktionen nach Kunstwerken hantierend« versucht er, »der Wirkung anerkannter Kunstwerke nahezukommen« (I, 183). 1899 fertigt Nolde kleine Kompositionsskizzen nach Werken von Künstlern wie Arnold Böcklin, John Constable, Francisco de Goya, Adolph Menzel, Jean-François Millet, George Frederick Watts und James McNeill Whistler an. Wann immer sich die Gelegenheit bietet, versucht Nolde, von Originalen zu lernen, und besucht auf seinen Reisen Museen, Kunstsammlungen und Sonderausstellungen. Zeit seines Lebens wird sich Nolde an anderen Künstlern orientieren, sich an ihnen weiterbilden und sich mit ihnen

infinite expanse of fantasy. The continuous interplay between the contoured outlines of the forms and the intense play of colour on the surface additionally holds the narrative, scenic content of the "unpainted picture" in a tension-filled balance with the pure paintings, its colours, its materiality and brushstrokes.

The rapid use of watercolour was in fact Nolde's favourite painting technique: "The faster I could produce a picture, the better it was," (II, 107) Nolde once wrote. And although finding the image was likewise carried out quickly at the start of every "unpainted picture," the subsequent working of the motif was a protracted process comprising numerous carefully and patiently executed small steps. Nolde cautiously applied several layers of paint on top of each other. They range from nearly transparent veils of colour to dense coats of radiant pigments. Nolde coloured and formed his pictorial worlds in a time-consuming, detailed procedure. Days, weeks and sometimes even years could pass between the initial unfocussed areas of colour and the completed "unpainted picture". In retrospect, Nolde noted that he "looked long and often" at his "unpainted pictures," and often worked on each and every one of the works on paper, altering them, intensifying them in terms of colour, drawing and expressions until I put them down again, unable to do any more" (IV, 147).

Nolde's Cosmos

The "unpainted pictures" depict Nolde's cosmos, a symbiosis of thoughts and experiences, of life and work, of the painter's travels and the influences of his comrades-in-arms from the history of art.

The motifs, themes and genres of the "unpainted pictures" can be found in all of Nolde's earlier works. At the age of 70, Nolde had already marked off his field of creative activity and paced it numerous times successfully. From 1937 to 1945, Nolde would pace his field of creative activity yet again and discover new means of expression in the process. Nolde weighed and selected his motifs with systematic rigor. The "unpainted pictures" depict en miniature the best of Nolde's artistic endeavours in terms of motif and technique. They depict Nolde's cosmos in its most concentrated and cultivated form – the "unpainted pictures" represent the essential Nolde. The painter now enlarged upon that which was always important to him: freely created figural pictures.

messen. Dem suchenden Auge offenbaren sich in Noldes Malerei viele bewusste und unbewusste Bezüge zu Werken anderer Künstler. Dabei tragen Zeitgenossen zu Noldes Motivschatz ebenso bei wie die Alten Meister. Noldes Bezugnahmen können als kunsthistorische Fixsterne gesehen werden, die ihren festen Platz in seinem umfangreichem Bildgedächtnis haben und gelegentlich bis in die Tiefen seiner Phantasie hineinstrahlen, aus denen er seine »Ungemalten Bilder« birgt. Diese Fixsterne leuchten Nolde vielleicht auch gerade zu der Zeit besonders hell, als um ihn herum alles freie künstlerische Schaffen von ideologisch Gefärbtem erstickt wird und nur parteikonforme Propagandakünsteleien erlaubt sind. »Zwölftausend Impotente, mit aller erdenklichen Gunst und allen Mitteln bedacht, sind losgelassen, um wenige Schaffende zu erdrosseln«, schreibt Nolde im September 1941 in Zusammenhang mit seinem Ausschluss aus der Reichskunstkammer (»Worte am Rande«, 7. September 1941). In dem sich Nolde in seinen »Ungemalten Bildern« mal mehr, mal weniger sichtbar vor den großen Künstlern verneigt, versucht er, seine kleinen Blätter in die große europäische Kunsttradition einzubetten und durch die widrigen Zeiten hinüberzuretten. Durch Referenzen in seinem bildnerischen Werk und Namensnennungen in seiner Autobiographie – rund einhundert Namen großer Künstler nennt Nolde darin – setzt sich Nolde in Beziehung zu anerkannten Künstlergrößen und beansprucht so seinen eigenen Platz in ihren Reihen.

Nach der Befreiung 1945

Am 8. Mai 1945 kapituliert Deutschland. Der Zweite Weltkrieg, die Nazi-Herrschaft und mit ihr Noldes Ächtung und Verfolgung sind beendet, das über ihn verhängte Malverbot ist aufgehoben. Nolde werden »die verschnürten Hände freigegeben« (IV, 175), wie der Maler unendlich erleichtert schreibt – »die Fesseln fielen« (IV, 148).
Nolde verlässt seine frei gewählte Zelle, die kleine Nähstube, die ihm fünf Jahre lang als Arbeitsstätte für seine »Ungemalten Bilder« gedient hat. Seine wiedergewonnene Freiheit genießend bezieht der Maler wieder sein geräumiges Atelier und vollendet dort bereits im Sommer 1945 großformatige Blumengemälde.
Bis Nolde sich Ende Januar 1952 den Oberarm bricht und deshalb das Malen im großen Format aufgeben muss, hat er noch rund hundert Ölbilder vollendet. Als Vorlage für 48 dieser hundert Ölbilder dienen Nolde »Ungemalte Bilder«. An sich ist dieser Gebrauch von Aquarellvorlagen nicht ungewöhnlich. Nolde hat dies bereits in seiner Schaffenszeit vor 1937 getan und auch nach 1945 verwendet Nolde zusätzlich zu den 48 »Ungemalten Bildern« 17 früher fertiggestellte Aquarelle als Vorlagen für Gemälde. Was überrascht, ist der Umstand, dass es eben gerade »Ungemalte Bilder« sind, die Nolde als Vorlage wählt. Im Gegensatz zu den anderen Aquarellvorlagen wirken die »Ungemalten Bilder« doch wie fertige Kunstwerke. Sind sie nicht in unzähligen Arbeitsschritten über lange Zeiträume ausgearbeitet und fertiggestellt worden? Warum wird nun ein solches vollendetes Meisterwerk – sogar fast fünfzig dieser einzigartigen Meisterblätter – zu Gemäldevorlagen degradiert?

Over 1,100 of the 1,300 "unpainted pictures" are figural. They depict the broad and rich spectrum of the figural motif and encompass all phases of life from small playful children to aged grandparents (cat. 57). They portray countless variations of personal and family relationships in addition to convivial meetings as well as erotic encounters. The repertory of figures in Nolde's "unpainted pictures" range from putti to prophets, from dwarves wearing pointy nightcaps to Cyclops-like giants, from ragged hoboes to the modish urban flâneur, from Vikings wearing horned leather helmets to knights in mail armour, from wild, orgiastic dancers to stately dignitaries. Ghostly figures sometimes inhabit these pictorial worlds, at other times it is characters taken from real life; sometimes the "unpainted pictures" comprise group pictures with numerous figures, at other times only one or two heads dictate the pictorial space (cat. 43).
Along with the over 1,100 figural pictures, there are also about 110 landscapes and 70 maritime pictures. The numerous pictures depicting the mountain world among the landscapes are conspicuous. Fairytale-like castles and chapels crown chains of hills and hilltops, remote mountainous farms are scattered over the alpine solitude and the snow-covered peaks of the high mountain region tower above snowy fir trees. All these landscapes bring Nolde's time in Switzerland to mind, the seven years he spent as an apprentice in St. Gallen, his countless hikes through the alpine valley and his alpine mountain tours to the Matterhorn and the Monte Rosa Massif.
Nolde's cosmos is also permeated by a decidedly art historical pictorial memory that he had already begun to develop at the age of ten: "I found much pleasure at that time in the small colourful pictures … They were my art history book!" Nolde recalled in his autobiography. "My primer was completely filled with the neatly organised little pictures, and I could not resist looking at them during religion lessons" (I, 49). Such illustrations belonged twenty years later to Nolde's working material: While "busy with reproductions of artworks," he attempted to "approach the impression made by acknowledged works of art" (I, 183). In 1899, Nolde prepared small composition sketches after works by such artists as Arnold Böcklin, John Constable, Francisco de Goya, Adolph Menzel, Jean-François Millet, George Frederick Watts and James McNeill Whistler. Whenever possible, Nolde attempted to learn from the originals and he visited

In Noldes Autobiographie findet sich die Antwort auf diese Frage: Der Maler hat einige seiner »Ungemalten Bilder« in einem Fachgeschäft unter ein Epidiaskop, einen vergrößernden Aufsicht-Projektor, gelegt. »Wir legten ein Blättchen hinein und nacheinander fünf weitere, die wir mitgebracht hatten«, berichtet Nolde. »Es war uns ganz erstaunlich, diese Blätter in ihrer vielleicht hundertfachen Größe auf der Leinwand hingeworfen zu sehen. Sie wirkten so farbig schön und fast wie bis ins kleinste fertig, so daß wir ganz benommen waren. Ich sah plötzlich sechs große fertige Bilder.« (IV, 147)

Nolde sieht auf diese Weise, dass die kompakt-geschlossenen Kompositionen und die intensive Farbigkeit seiner kleinformatigen »Ungemalten Bilder« auch in Gemäldegröße ihre volle Wirkung entfalten können. Unmittelbar nach diesem Schlüsselerlebnis beginnt er, die kleinen Blätter im heimischen Atelier in großformatige Ölbilder umzusetzen. 48 Vergrößerungen wird Nolde schaffen. Dass es nicht mehr werden, liegt an seinem Unfall im Herbst 1951 und auch an seinem fortgeschrittenen Alter: »Wenn ich sie alle malen soll, müßte meine Lebenszeit mehr als verdoppelt werden«, schreibt Nolde, »das aber gibt es nicht auf unserem naturhaft streng geordneten Planeten.« (IV, 148)

Unbeantwortet bleibt die Frage, nach welchen Kriterien Nolde die Blätter auswählt. Waren Nolde diese ersten 48 Blätter motivisch, farblich, inhaltlich oder formal besonders wichtig? Oder ist er chronologisch, nach ihrer Entstehungszeit, vorgegangen? Eine rein willkürliche Auswahl scheint eher unwahrscheinlich. Nolde hatte in allen früheren Schaffensphasen und Werkgruppen stets seine besonderen Lieblingswerke und benennt nicht wenige von ihnen in seiner Korrespondenz und seiner Autobiographie.

Noldes in Öl transferierte »Ungemalten Bilder« sind maßstabsgetreu vergrößerte, in Motiv und Farbigkeit weitestgehend übereinstimmende Abbilder der Vorlagen, wenn man von kleineren künstlerischen Freiheiten absieht. Mit einem Mal scheint nicht mehr die Schöpfung, die Produktion, im Zentrum zu stehen, sondern die Reproduktion. Im Angesicht des doch gerade erst geleisteten heroischen Schöpfungsaktes von 1.300 Meisteraquarellen der Phantasie will man Noldes plötzliche Kopiertätigkeit nicht anerkennen – auch wenn es keine unbegrenzte Anzahl von Vervielfältigungen ist, sondern »nur« ein einziger Transfer von Klein auf Groß, von Aquarell in Öl. Aber selbst durch diese einmalige Kopie, durch die sich daraus ergebende doppelte Existenz, hat sich die Bedeutung und der Status des originalen, ursprünglichen Blatts deutlich verringert.

Es gilt festzustellen, dass Nolde mit seinen Nachbildungen in Öl die kleinformatigen Bilder nicht entwerten, sondern adeln wollte. Mit ihrer Kunst hatten Nolde und die Maler des Expressionismus etablierte Wertekategorien in der Kunst aufzubrechen versucht, aber die Anerkennung der Aquarellmalerei als selbstständiges, künstlerisches Ausdrucksmittel hatten sie zum damaligen Zeitpunkt noch nicht erreicht. Und so ist Noldes Transformieren seiner kleinformatigen Aquarelle in Ölbilder als ein letzter Schritt im Malprozess der »Ungemalten Bilder« zu sehen, gleichsam als deren krönender Abschluss. Nolde erhebt damit das »Ungemalte

museums, art collection and special exhibitions during his many travels. Throughout his life, Nolde oriented himself on other artists, trained himself on their examples and pitted himself against them. Probing eyes will discover many deliberate as well as unplanned references to works by other artists in Nolde's oeuvre. Contemporary artists as well as the Old Masters contributed to Nolde's store of motifs. Nolde's references can be seen as art historical fixed stars that had their firm place in Nolde's wide-ranging pictorial memory and which occasionally shone into the depths of his fantasy from which he drew his "unpainted pictures." These fixed stars shone perhaps even brighter at this time because all around him every measure of free artistic creativity was suffocated in ideological colours and only propagandistic affectations adhering to the official party line were permitted. "Twelve thousand impotent persons granting all forms of favouritism set off with all the means at their disposal to strangle the few remaining creative persons," Nolde wrote in September 1941 in conjunction with his expulsion from the Reichskunstkammer [Reich Chamber of Art] ("Worte am Rande," 7 September 1941). By showing his sometimes more, sometimes less visible respect to the great artists of the past and present in his "unpainted pictures," Nolde attempted to embed his small works on paper into the larger fabric of the European artistic tradition and to preserve them through the adverse times for a future generation. By means of references in his artistic work and mentions in his autobiography – Nolde named about one hundred great artists in it – he placed himself in the context of the great recognised artists and laid claim to his own place among them.

After Liberation 1945

Germany capitulated on 8 May 1945. The Second World War and the Nazi dictatorship were over. And with it, Nolde's ostracism and persecution had also come to end. With the revocation of his painting ban, Nolde's "tied hands were freed" (IV, 175) as the immensely relieved painter wrote, "the chains fell" (IV, 148).

Nolde left his self-imposed prison cell, the small sewing room that he used for five years as his workplace and where he produced his "unpainted pictures." Enjoying his newly regained freedom, the painter moved back into his spacious studio and had already completed his first large-format flower pictures by the summer of 1945.

Bild« aus der vermeintlich minderwertigen Technik der Aquarellmalerei in die Königsdisziplin der Ölmalerei.
Zwischen den ursprünglichen »Ungemalten Bildern« und ihren vergrößerten Umsetzungen in Öl sind oftmals Veränderungen unterschiedlichen Umfangs zu bemerken. Welche Rückschlüsse können gezogen werden, wenn Nolde Figuren ersetzt (Kat. 7) oder das im Aquarell gesetzte Farbenspektrum durch eine Vielzahl von Zwischentönen im Ölbild erweitert (Kat. 15)? Hat der Maler in seinen »Ungemalten Bildern« Unzulänglichkeiten festgestellt, die er nun in den großen Ölformaten korrigieren will? Auffallend im Vergleich von Vorlage und Ölbild ist, dass Nolde die Leuchtkraft der Farben und die innerbildliche Lichtfülle des Aquarells im Gemälde noch einmal zu intensivieren versucht. Erinnert sei an das Schlüsselerlebnis der Epidiaskop-Projektion, bei der sechs seiner kleinen »Ungemalten Bilder« mit starken Lampen ausgeleuchtet, mit zahlreichen Spiegeln intensiviert und durch Objektive vergrößert auf einer mit mikrofeinen Kristallperlen beschichteten, lichtreflektierenden Leinwand aufleuchteten. Dieser Anblick lässt in Nolde den Wunsch entstehen, die Aquarelle nun in vergrößertem Maßstab in Öl zu malen, um die Lichtfülle und Farbbrillanz einer Lichtprojektion zu erreichen.
Obgleich 48 der »Ungemalten Bilder« als Vorlage für große Gemälde dienen, bleibt ihre Existenz als eigenständiges, vollwertiges, ernstzunehmendes Kunstwerk erhalten. Wie Nolde in seiner Autobiographie schreibt, sind seine »Ungemalten Bilder« weder Skizzen noch Vorzeichnungen oder Fingerübungen für ein Ölgemälde. »Die Kunstfernen sehen sie [die ›Ungemalten Bilder‹] als Späße, Witze oder Grimassen«, schreibt Nolde 1948, »andere wieder leichtfertig durchblättern sie, als ob es Spielkarten seien.« Nur, so fährt Nolde fort, »empfindsame Menschen schauen und schauen vor einzelnen sitzend, sich nicht trennen könnend« (IV, 147).

Erschöpfung

Im Anblick der Meisterschaft der »Ungemalten Bilder« und der Transformationen in Öl erscheinen alle anderen Werke, die Nolde bis zu seinem Tod malt – bis auf wenige Ausnahmen – weniger bedeutend. Dies wirft die Frage auf, welche Wechselbeziehung zwischen den in ihrer Qualität einzigartigen und auch ob ihrer Anzahl erstaunenden »Ungemalten Bildern« und den Bedingungen besteht, die während ihrer Entstehungszeit herrschten? Die Gegebenheiten konnten entmutigender nicht sein: Ab 1937 lastet auf dem 70-jährigen Nolde die psychologisch erdrückende Bürde von Ächtung und Malverbot – ohne Aussicht auf ein Ende dieses Zustands. Darüber hinaus ist die schwere Krankheit seiner Frau Ada eine große Sorge für ihn. »Entsetzlich traurig war es, wenn in den Nächten weinend verzagend sie klagte: ›Ich kann einfach nicht mehr!‹, das schwache, pochende Herz versagte, und der ganze Ansturm des vielen um uns […], es schien ihr unüberwindlich.« (IV, 179) Nolde selbst hatte erst anderthalb Jahre zuvor eine Krebsoperation überstanden. Hinzu kommt die bedrohliche Zeit der Nazi-Herrschaft und die entbehrungsreiche Zeit des Zweiten Weltkriegs. Diesen Widerständen und Widrigkeiten setzt Nolde seine Kunst, seine »Ungemalten Bilder« entgegen. Die ihm

By the time Nolde broke his upper arm in the end of January 1952 with the result that he was forced to give up painting large-format canvases, he had already completed about 100 paintings. Nolde's "unpainted pictures" served as the model for 48 of these 100 oil paintings.
In principle, the use of watercolours as a model is by no means unusual. Nolde had already done this during his creative period prior to 1937. And aside from the 48 "unpainted pictures," Nolde had modelled other paintings after 17 earlier watercolours. The surprising thing here is that it was particularly the "unpainted pictures" that Nolde chose as his models. As opposed to the other watercolours after which Nolde modelled paintings, the "unpainted pictures" appear like completed artworks. Were they not painted and completed in countless steps over a long period of time? Why would such a perfect masterpiece, why did he degrade nearly 50 of these unique masterpieces to the level of preliminary models for oil paintings?
The answer to this question can be found in Nolde's autobiography: In a specialised shop for technical instruments, the painter had placed some of his "unpainted pictures" under an epidiascope, a device used to project opaque materials by shining a bright lamp onto the object from above. "We placed one of the sheets we had brought with us into it and then five others one after the other," Nolde reported. "We were amazed to see these watercolours projected onto the screen enlarged by perhaps 100 percent. They appeared so colourfully beautiful and perfect almost down to the smallest detail that we were taken aback. I suddenly saw six large completed paintings" (IV, 147). Nolde was thus able to see the impact of the compact, cohesive compositions and that the intense colours of his "unpainted pictures" could also unfold in the size of a large painting. Immediately after this key moment, he began to turn these small watercolours in his studio at home into large-format oil paintings. Nolde would produce 48 enlargements. That he did not make more of such works can be attributed to his breaking his forearm in fall of 1951 in addition to his advanced age: "My life span would have to be doubled for me to paint all of them," Nolde wrote, "but that is not possible on our planet that is strictly ordered by nature" (IV, 148).
The questions regarding the criteria employed by Nolde in selecting the 48 watercolours remains unanswered. Were the 48 watercolours Nolde chose important in

auferlegten Beschränkungen, Grenzen und Fesseln überwindet er mit grenzenlos freier und farbintensiver Phantastik.

Wenn Künstler gegen politische oder gesellschaftliche, technische oder stilistische, äußere oder innere Widerstände kämpfen müssen, wenn sie bis aufs Äußerste gefordert sind, diese Widerstände zu überwinden und sich durchzusetzen, dann können sie zu Höchstform gelangen. Widerstand ruft Trotz hervor, Widerstand fordert Mut, Konzentration und Kraft. Widerstand kann Kreativität freisetzen und kann beflügeln. Jedes Ankämpfen gegen Widerstand bedeutet auch eine wohlüberlegte, überprüfende Bereinigung des eigenen Tuns und eine Besinnung auf die eigenen Stärken. Weniger Wichtiges wird vernachlässigt, Kraftraubendes wird abgebaut. So konzentriert sich Nolde auf die kleinsten Dimensionen und die intensivsten Farben. Diese Konzentration entspricht seinem ureigensten Künstlerwesen: »Wenn aus aller Vielfältigkeit mir in konzentrierter Einfachheit einiges zu gestalten gelang, dann war ich glücklich.« (II, 120)

Die äußeren Widrigkeiten beflügeln Nolde zu außergewöhnlichem Schaffen, wie sie es schon einmal früher getan haben: »Als Beginnender war die Welt und alles gegen mich«, schreibt Nolde in einem Brief (Utenwarf, 19. August 1917). »Nach einer Ecke verdrängt als einsamster Mensch, aber dadurch in stärkster Konzentration begann die künstlerische Kraft sich zu entfalten [...] Ich aber liebe so sehr, wenn im Garten treibende Pflanzen müssend die schwere Erde beiseite schieben.« »Diese Freude«, gegen äußere Widerstände ankämpfen zu dürfen, möge – so schreibt Nolde weiter – ihm in seinem Schaffen »lange erhalten« bleiben. Die Früchte seines allen Widerständen trotzenden Schaffens helfen Nolde, diese Widrigkeiten zu ertragen und zu überstehen. »Die schönste Freude bleibt aber doch immer die Stunde, wenn heiß und glücklich ein Bild entstanden war.« (Brief, Utenwarf, 30. Juni 1918)

Noldes einmalige Kraftanstrengung, über mehrere Jahre unter widrigsten Umständen mehr als 1.300 »Ungemalte Bilder« zu schaffen, hat dem fast 80-Jährigen Immenses abverlangt. Ein Nachlassen der schöpferischen Kraft, eine Ermüdung nach 1945, ist nur allzu verständlich. Schon immer folgten in Noldes Leben auf intensive Schaffensperioden Phasen der totalen Erschöpfung. »Ich stand schaffend im schönsten Mannesalter in dem beglückenden Bewußtsein, daß keine geistige Anspannung zuviel werde«, schreibt Nolde über sich als 46-Jährigen. »Wochen und Monate arbeitete ich Tag für Tag, bis Farben, Pinsel, Bild und Maler alles eins zu sein schienen, bis ich mich so müde fühlte, daß es gar nicht weitergehen konnte.« (II, 199)

Nun, in der zweiten Hälfte seines Spätwerks, sind die Spannungen und Entbehrungen, die die Nazi-Diktatur, das Malverbot und der Zweite Weltkrieg mit sich brachten, überstanden. Seine von ihm so geliebte schwerkranke Frau Ada erholt sich noch ein letztes Mal in einem Sanatorium auf der Halbinsel Eiderstedt. Noldes zu diesem Zeitpunkt entstandene Folge von Meeraquarellen in St. Peter ist von herausragender Qualität. Doch dann stirbt Ada überraschend im Herbst in Abwesenheit ihres Mannes. »Mir ist, mit meiner geliebten Gefährtin des Lebens, mein schönstes Lebensglück entschwunden«, schreibt Nolde im letzten Satz seiner Autobio-

terms of motif, colour, content or composition? Or did he select the works chronologically in the order in which they were painted? A purely arbitrary selection seems rather unlikely. In all his earlier phases, Nolde always had his favourites from among his works, and he mentioned many of them in his letters and autobiography.

The "unpainted pictures" that Nolde transferred into oil paintings were enlarged to scale and despite some small artistic liberties taken by the painter, they largely correspond to the models in terms of motif and colour. Suddenly, it was no the creation, the production that played centre stage, but rather the reproduction. In the face of the heroic creative act that had just occurred with the production of 1,300 masterful watercolours deriving from the painter's fantasy, one does not wish to acknowledge Nolde's sudden copying activities – even though there were not an unlimited number of replicas, but "only" a single transfer from small to large, from a watercolour to an oil painting. But even through this singular copy, through the double existence resulting from it, the significance and status of the original watercolour has been considerably reduced.

It can be seen that Nolde did not intend degrading his small-format pictures by duplicating them in oil paints, but to ennoble them. Nolde and the expressionist painters had attempted to break open established categories of value in art, but at that point in time the watercolour had not yet attained recognition as an autonomous, artistic means of expression. Nolde's transformation of his small-format watercolours into oil paintings can thus be seen as a final step in the painting process, as its "crowning conclusion." In this way, Nolde raised the "unpainted picture" from the supposedly inferior technique of watercolour painting to the supreme discipline of oil painting.

A number of different types of alterations can be noticed between the original "unpainted pictures" and the enlarged versions realised in oil paints. What inferences can be read into Nolde's replacement of figures (cat. 7) or when he expands the spectrum of colours in the watercolour with numerous shades in the oil painting (cat. 15)? Did the painter discover shortcomings in his "unpainted pictures" that he now wanted to correct in the larger format of an oil painting? When comparing the model with its counterpart, the viewer notices how Nolde attempted to further intensify the luminosity of the colours and the abundance of light within the watercolour in the

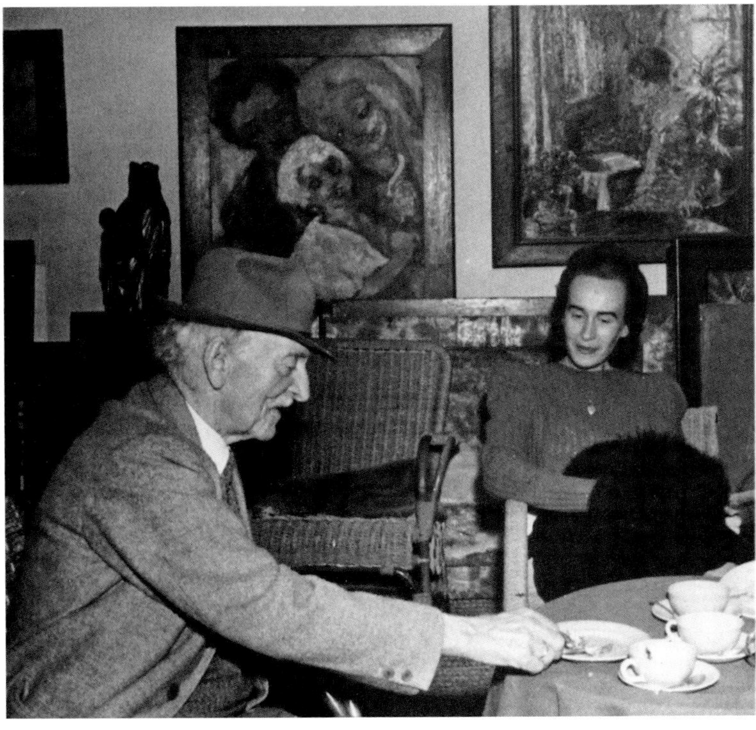

Emil und Jolanthe Nolde im Wohnzimmer in Seebüll, um 1950

Emil and Jolanthe Nolde in the living room in Seebüll, c. 1950

graphie. »Mein Gemüt ist von Trauer umflort, ich stehe und gehe, in unsagbarer tiefer Wehmut befangen, mit bebender Stimme unter Tränen.« Eine traurige Resignation schwingt in Noldes Frage: »In allem bisher Schwersten sagte mir stets eine innere Stimme, daß es um meiner Kunst willen geschehe, nun aber in meinem Alter, soll ich dies auch noch hinnehmen?« (IV, 179)

Aus der Einsamkeit im abgelegenen Seebüll und der Hilflosigkeit des Alleinseins im hohen Alter errettet Nolde eine zweite Heirat mit Jolanthe, der Tochter seines engen Freundes Eduard Erdmann. Auf der zehnwöchigen Hochzeitsreise in die Nolde vertrauten Schweizer Alpen entsteht 1948 eine Serie von Bergaquarellen. Mit reduzierter, teilweise surrealer Farbpalette und mit einer auf wenige Bildelemente beschränkten Ausdrucksform schafft Nolde auf großen, ausgesprochen querformatigen Aquarellbögen ein visuelles Pendant zur majestätischen Würde der ihn umgebenden Berglandschaft.

In den folgenden Jahren wird der vormals geächtete und geschmähte Nolde nach und nach öffentlich rehabilitiert und als Maler geehrt und gefeiert. Doch »eine Fülle von allem Angenehmen mag für den schaffenden Künstler der schwerste Feind werden«, wusste Nolde schon 1917 (Brief, Utenwarf, 19. August 1917). Seinem ureigenen »inneren Betätigungsdrang« folgend, malt Nolde weiter in Öl, bis er 85-jährig Ende Januar 1952 in seinem Garten in Seebüll auf einer zugefrorenen Wasserlache unglücklich ausrutscht und sich den Oberarm bricht. Fortan kann Nolde die langen, schweren Atelierpinsel, die er für das Malen der großformatigen Ölbilder braucht, nicht mehr halten. Sein letztes Aquarell vollendet er in seinem Todesjahr 1956. Nolde scheint schon zu Lebzeiten erkannt zu haben, dass die widrigen Umstände, die in der Zeit von 1937 bis 1945 herrschten, entscheidend für die Entstehung und die hohe Qualität

painting. One should keep the key moment involving the epidiascope projection in mind when six of his small "unpainted pictures" were illuminated with strong lamps, intensified with numerous mirrors, and enlarged by projecting the image by means of a lens onto a screen coated with minute, light-reflecting crystals. This view caused Nolde to now want to paint an enlarged oil version of the watercolour. In his oil paintings, Nolde attempted to attain the abundance of light and the brilliance of colour he saw in the projection.

Although 48 large paintings were modelled after "unpainted pictures," their existence as autonomous, fully-fledged serious artworks remain. As Nolde wrote in his autobiography, his "unpainted pictures" are neither sketches nor preliminary drawings nor finger exercises for an oil painting. "Those who have nothing to do with art see them [the 'unpainted pictures'] as drolleries, jokes or grimaces," Nolde wrote in 1948, "others, on the other hand, browse through them as if they were playing cards." Nolde continued by saying that only "sensitive persons look and remain seated looking at individual works, unable to tear themselves away" (IV, 147).

Exhaustion

In the face of the mastery of the "unpainted pictures" as well as their transformation into oil paintings, all the

seiner »Ungemalten Bilder« waren. Ächtung, Verfolgung und Malverbot könnten die notwendige Voraussetzung gewesen sein, die Nolde diesen einmaligen Werkzyklus schaffen ließ. Seine Erkenntnis kleidet Nolde in einen Vergleich mit dem von ihm so verehrten Rembrandt: »Da im späten Alter die Anerkennung seiner Zeit dem alten Rembrandt versagt war, ist wohl uns Menschen heute ein großes Glück. In seiner Vereinsamung malte er diese unsagbar schönen Bilder, – wäre es geschehen, wenn die Welt mit ihren tausend Armen ihn als Mensch und Künstler hätte haben wollen?« (Brief, Utenwarf, 20. Oktober 1923)

Die Entdeckung

Noch heute umgibt die »Ungemalten Bilder« eine Aura des Geheimnisvollen und Privaten. Der geheimnisvollen Phantasiewelt, dem Kopf des Malers entsprungen, werden sie in aller Stille »in einem verschwiegenen entlegenen Hauswinkel« (IV, 147) zu Papier gebracht. Verborgen vor den Blicken seiner Mitmenschen versteckt Nolde seine »Ungemalten Bilder« an verschiedenen Stellen in seinem Haus Seebüll, in Borden im Speisezimmer und zwischen Laken im Wäscheschrank. Kleine Konvolute vertraut er engsten Freunden zur sorgsamen Aufbewahrung an, einzelne Blätter aus seinem Fundus übergibt Nolde als besondere Geschenke, wie die weite Landschaft mit einsamen Kreuz vor glutrotem Himmel, mit dem er Professor Werner Creutzfeldt bei einem Besuch in Seebüll für seinen ärztlichen Rat dankte. Bis zu seinem Tod dürfen nur wenige Augen Noldes meisterhafte »Ungemalte Bilder« sehen. So umgibt die »Ungemalten Bilder« eine selbstbewusste Würde und Magie, die auf die Meinung des Betrachters, anderer Leute oder gar der Öffentlichkeit zu verzichten scheint. Die »Ungemalten Bilder« sind bis heute der persönlichste Bilderschatz Noldes. »Ich habe«, so notiert Nolde, »immer vorerst meine besten Bilder nur für mich selbst gemalt. […]« (»Worte am Rande«, 28. Januar 1945).

Erstmals öffentlich ausgestellt werden Noldes »Ungemalte Bilder« sieben beziehungsweise acht Jahre nach dem Tod des Malers in New York (1963) und Kassel (1964): Das Museum of Modern Art präsentiert 24 Blätter, auf der »documenta III« werden 30 »Ungemalte Bilder« gezeigt. Im gleichen Jahr erscheint der erste Prachtband über die »Ungemalten Bilder«. »Es ist ein großes Glück«, schreibt dessen Autor Werner Haftmann, »wenn zwei Jahrzehnte nach seiner Entstehung ein großes Werk der Kunst an das Licht des Tages tritt.«

Noldes »Ungemalte Bilder« bilden den Höhepunkt in seinem Spätwerk und stehen ohne Vergleich in der Kunstgeschichte des 20. Jahrhunderts. Ihre Anzahl, ihre nuancenreichen Motivvariationen, ihr leuchtendes Farbfeuerwerk, ihre kompakte Reduktion und ihre monumentale Wirkung im kleinsten Format sind einmalig. Ob in einer Ausstellung oder in einer Publikation, ergriffen schwelgt man in den leuchtenden, schwindelnden Farbschauern und bewundert respektvoll die überwältigende, unerschöpflich scheinende Phantasie des Malers. Zu recht bezeichnet der Kunsthistoriker Walter Koschatzky in seinem Standardwerk über die Aquarellmalerei Noldes »Ungemalte Bilder« als »ein Haupt-Œuvre der Weltkunst im Aquarell«.

other works painted by Nolde until death appear – with a few exceptions – less significant. This poses questions about the possible interrelationship between the unique quality and amazing quantity of the "unpainted pictures" and the conditions under which they were painted. The situation could have not been more demoralising: From 1937 on, the 70-year-old Nolde suffered under the psychologically overwhelming pressure of being ostracised and prohibited from painting – without an end in sight. His wife Ada's serious illness caused him further anguish. "It was terribly sad when she cried out 'I cannot stand it any longer!' at night, her weakly pounding heart and the whole onrush of many around us … it seemed insurmountable to her" (IV, 179). Nolde himself had overcome an operation for cancer only one and a half years earlier. Added to this were the threatening period of the National Socialist dictatorship and the deprivations of the time during the Second World War. Nolde countered these difficulties and adversities with his art, his "unpainted pictures." He overcame the limitations, confines and fetters placed on him with unrestrained and intensely coloured fantasies.

Artists can attain their peak form when they are forced to fight against political or social, technical or stylistic, external or internal difficulties, when they are challenged to the extreme to overcome these difficulties and assert themselves. Difficulty generates defiance; difficulties promote courage, concentration and energy. Difficulties can trigger creativity and can also inspire. Struggling against difficulties also means a prudent, scrutinising cleansing of one's own activities and an examination of one's own strengths. The less important is to be neglected, that which saps one's strength is to be lessened. Nolde thus concentrated on the smallest dimensions and the most intense colours. The concentration corresponds with his own artistic being: "I was pleased when I succeeded in shaping things of concentrated simplicity from the multifariousness" (II, 120).

External difficulties inspired Nolde to extraordinary creativity as they had already in the past: "As a beginner, the world and everything was against me," Nolde wrote in a letter (Utenwarf, 19 August 1917). "Forced into a corner as the loneliest of men, artistic energy began to unfold as a result of intense concentration.… I loved it so very much when budding plants in the garden force their way through the heavy earth." May "the joy" he took in being

able to fight external conflicts, Nolde continued, "long remain" a part of his creative endeavours. The fruit of his creativity that defied all conflicts helped Nolde endure and overcome adversity. "But the greatest joy was always the hot and happy hour when a picture was created" (letter, Utenwarf, 30 June 1918).

The unique strength Nolde exerted to be able to produce more than 1.300 "unpainted pictures" over the course of these many years took much out of the almost 80-year-old painter. It is entirely understandable that Nolde grew tired and that his creative energies waned after 1945. It was often the case with Nolde, that particularly intense creative phases were followed by periods of total exhaustion. "I stood and worked during the prime of my manhood fully aware of the fact that no mental strain could be too much for me," Nolde wrote about himself at the age of 46. "I worked everyday for weeks and months on end until paint, brush, picture and painter seemed to merge into one, until I felt so tired that I could no longer carry on" (II, 199).

Now, during the second half of his late work, the stress and deprivation that accompanied the National Socialist dictatorship, the painting ban and the Second World War, had been overcome. His so beloved, seriously ill wife Ada was recovering for the final time in a sanatorium on the North Frisian peninsula of Eiderstedt. The quality of the suite of maritime watercolours made by Nolde around this time in St. Peter is extraordinary.

But then Ada suddenly died in the fall while her husband was away. "I felt as if the greatest happiest of my life had left me along with my dearest companion," Nolde wrote in the final sentence of his autobiography. "My disposition is wreathed in mourning, I stand and go, crying and with a quavering voice encompassed by an unspeakable deep melancholy." Sad resignation resonates in Nolde's question: "In all of my previous difficulties, an inner voice in me said that I must go on for the sake of my art; but now, at my age, how can I bear it?" (IV, 179).

Nolde escaped the loneliness of his remote home in Seebüll and the helplessness of old age by marrying again, this time to the daughter of his close friend Eduard Erdmann. While on their 10-week honeymoon to the Swiss Alps that Nolde was so familiar with in 1948, he produced a series of mountain watercolours. Employing a reduced, in part surreal colour palette as well as a form of expression that was limited to only a few pictorial elements, Nolde created a visual counterpart to the imposing dignity of the mountainous landscape surrounding him on these large, distinctly horizontal sheets of watercolour paper.

Over the course of the subsequent years, the previously ostracised and vilified artist was gradually publicly rehabilitated, and celebrated and honoured as a painter. Nolde had nevertheless already realised in 1917 that "an abundance of many pleasant things may become the creative artist's worst enemy" (letter, Utenwarf, 19 August 1917). But following his very own "inner drive," Nolde continued to paint in oil until the end of January 1952 when he broke his upper arm. It was no longer possible for Nolde to hold the long, heavy studio brush requited to make large-format oil paintings. He completed his final watercolour in 1956, the year of his death. Nolde himself seems to have already realised that the adverse circumstances he faced between 1937 and 1945 were decisive for the production and high quality of his "unpainted pictures." Ostracism, persecution and the painting ban might have been the necessary prerequisites that enabled Nolde to produce this unique group of works. Nolde put his realisation into words by means of a comparison with Rembrandt, whom he had so greatly revered: "It is extremely fortuitous for us today that Rembrandt was denied the acknowledgement of his time. In his isolation, he painted these unspeakably beautiful pictures, – would this have been the case had the world with its thousand arms wanted him as a human being and artist?" (letter, Utenwarf, 20 October 1923).

The discovery

The "unpainted pictures" are still surrounded today by an aura of the mysterious and the private. The mystifying fantasy world that rose from the painter's mind was secretly set down on paper "in a secluded, remote corner of the house" (IV, 147). Nolde hid his "unpainted pictures" from the sight of his contemporaries in various locations in Seebüll House, on shelves in the dining room and between sheets in the linen closet. He gave some of them to a few of his closest friends for safekeeping, and he also presented several of these works on paper from his store as special gifts, for example the expansive landscape featuring a solitary cross against a glowing red sky with which he expressed his gratitude to Professor Werner Creutzfeldt for his medical advice during a visit in Seebüll. Until his death, probably only very few people laid eyes on Nolde's masterful "unpainted pictures." The "unpainted pictures" are thus encompassed by a self-confident dignity and magic that seems to do without the opinions of the viewer, other people, or even the public at large.

Even today, the "unpainted pictures" remain Nolde's most personal pictorial treasure trove. "For the time being," Nolde noted, "I painted my best pictures only for myself" ("Worte am Rande," 28 January 1945).

Nolde's "unpainted pictures" were shown to the public for the first time six and seven years respectively after the painter's death at exhibitions in New York (1963) and Kassel (1964). The Museum of Modern Art exhibited 24 "unpainted pictures" and 30 were presented at "documenta III". The first luxury edition dealing with his "unpainted pictures" was published the same year. Its author, Werner Haftmann, wrote that it is "a great fortune when a great work of art reaches the light of day two decades after it was produced."

Nolde's "unpainted pictures" form the highpoint of his late work and are unparalleled in the history of twentieth-century art. Their quantity, the finely nuanced variations of their motifs, their radiant fireworks of colour, their compact reduction and monumental impact in the smallest of formats are unique. Whether in an exhibition or a publication, the viewer is moved by the luminous, dizzying shower of colours and he respectfully admires the painter's overwhelming, seemingly inexhaustible fantasy. The art historian Walter Koschatzky accurately described Nolde's "unpainted pictures" in his standard reference book on watercolour painting as a "central oeuvre of world art in the form of watercolours."

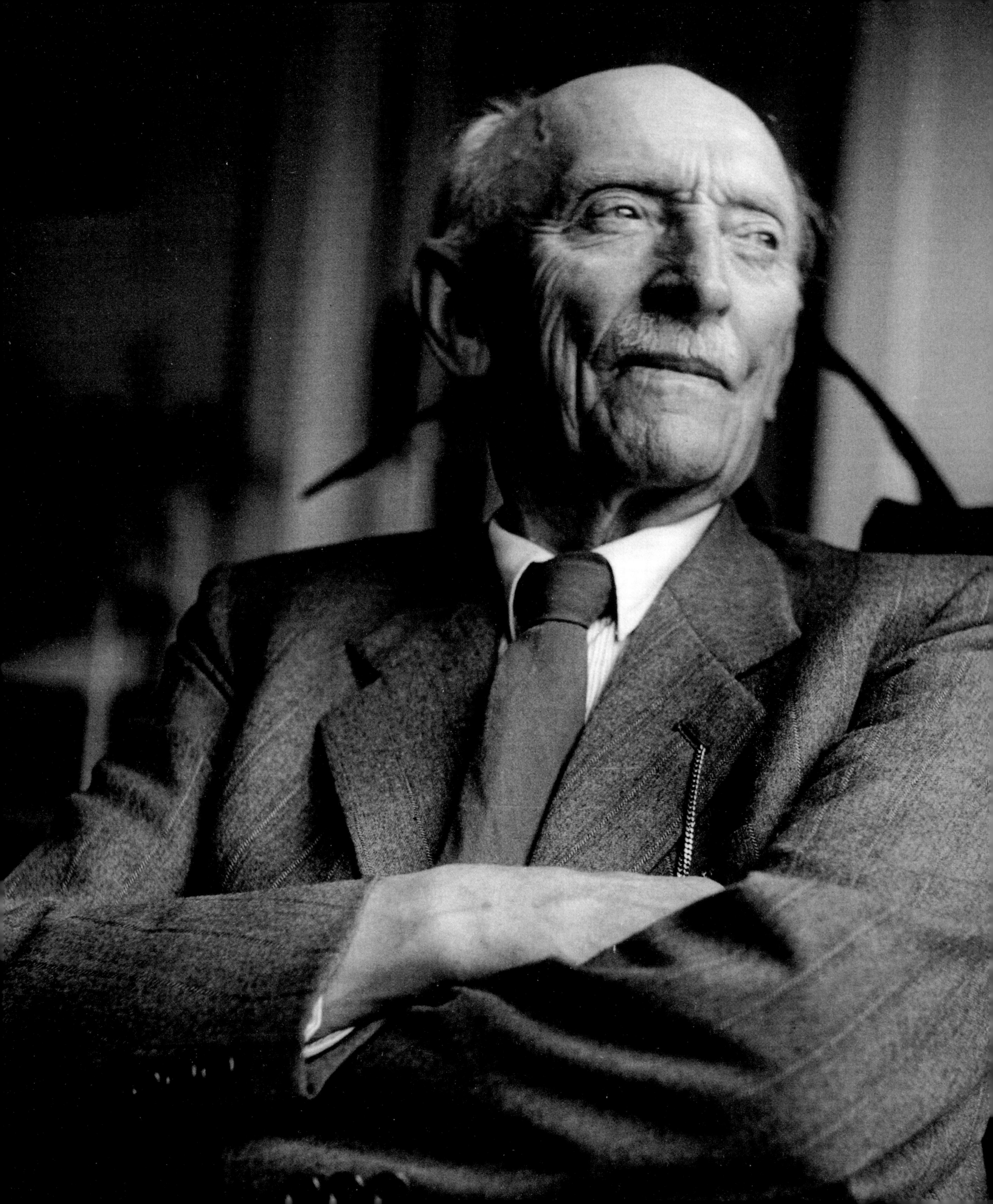

Jörg Garbrecht Bildteil

Bis auf die 48 Blätter, die nach der Befreiung vom Malverbot als Vorlage für Ölgemälde dienten, hat Nolde keinem anderen der 1.300 »Ungemalten Bilder« einen Bildtitel gegeben. Wozu auch? Jedes einzelne Blatt war dem Maler wohl bekannt, und eine Öffentlichkeit, die inhaltliche Erläuterung bei dem Geschauten gebraucht hätte, gab es für diesen geheimen Werkzyklus, der gar nicht existieren durfte, ohnehin nicht. Erst im Zuge der Inventarisierung nach dem Tod des Malers erhielten die kleinen Blätter neutrale, beschreibende Titel. Ob diese posthum gesetzten Titel mit Noldes ursprünglich intendiertem Inhalt tatsächlich übereinstimmen, sei dahingestellt, denn schon Nolde hatte Schwierigkeiten, die 48 Vorlagen für seine Ölbilder zu betiteln: »Für die bisweilen recht seltsamen Gestaltungen haben wir uns bemüht, annährend richtige Bezeichnungen zu finden. Es war bisweilen recht schwer«, gesteht Nolde in seiner Autobiographie (IV, 176).

Am Anfang seiner Künstlerlaufbahn schrieb Nolde Titel als Bildgedanken auf, weil er noch keine adäquate bildnerische Ausdrucksform gefunden hatte: »Ich lebte in Bildern und Vorstellungen, und wenn ich nicht schnell genug zum Hinzeichnen kam, dann notierte ich ihre Bezeichnungen: Wetterleuchten, Schönheit und Kraft, Sumpf, Sonnenkönigin, Geisterkuß, Lichtzauber […].« (I, 149) In seinem Spätwerk brachte Nolde in unglaublicher Produktivität Bildgedanken zu Papier, die so ausgeformt, raumgreifend und monumental sind, dass sie keiner Titel bedürfen.

Die meisten Publikationen zu den »Ungemalten Bildern« setzen auf eben den visuellen Zauber der Blätter und konzentrieren sich weitgehend auf eine Beschreibung der unbestrittenen Meisterschaft Noldes, Bildmotive ganz aus der Farbe heraus entwickeln zu können. Das Farbenspiel der einzelnen Blätter und die Motivvielfalt stehen im Vordergrund. Auf den Inhalt der einzelnen Werke wird weniger eingegangen. Dabei schreibt Nolde doch in einem Brief: »[…] ich möchte so gern, daß sie [meine Bilder] […] dem Beschauer einen Vollklang vom Leben und menschlichen Sein geben.« (II, 134) Die weit über tausend Figurenbilder in den »Ungemalten Bildern« hat Nolde demnach sicherlich nicht nur als Ausgangspunkt für seine meisterhaften Farbenstürme betrachtet. »Als Mensch und Künstler interessierten mich immer

Picture Section

With the exception of the 48 works on paper after which Nolde modelled oil paintings when the painting ban on him was rescinded, the artist did not name any of his 1,300 "unpainted pictures." And why should he have had? The painter was more than familiar with each and every one of them. And in the case of this secret series of works which was not supposed to exist in the first place, there was no public that required a description of what they were seeing. The small sheets of paper were first given neutral descriptive titles in conjunction with the inventory of the "unpainted pictures" made after the painter's death. Whether or not these posthumous titles correspond to Nolde's original intentions is anyone's guess, especially as the painter himself had difficulties in coming up with titles for the 48 works which served as models for his oil paintings: "We have attempted to find somewhat suitable designations for the occasionally rather unusual figures. It was sometimes quite difficult," Nolde confessed in his autobiography (IV, 176).

At the start of his career as an artist, Nolde wrote down titles in the form of pictorial ideas because he had not yet found an adequate means to express them artistically: "I lived in pictures and ideas, and if I was not quick to sketch it, I jotted down their designations: summer lightning, beauty and power, swamp, sun queen, ghostly kiss, light magic…" (I, 149). In his late work, Nolde visualised pictorial ideas with such unbelievable productivity on paper which were so fully formed, expansive and monumental that they did not require titles.

Most publications dealing with the "unpainted pictures" are devoted exclusively to the visual magic of these works on paper and concentrate primarily on describing Nolde's undeniable ability to masterfully develop pictorial motifs largely from colour itself. An analysis of the play of colours in the individual watercolours and the diversity of the motifs are given priority. The contents of the individual works are less discussed. All the same, Nolde wrote in a letter: "… I hope that they [my pictures] … offer the viewer the cacophony of life and human existence" (II, 134). Accordingly, Nolde surely not only regarded the more than 1000 figural works among the "unpainted pictures" as the starting point for his masterful storms of colour. "Personally, and as an artist, I am always interested in all levels of human existence, from primordial nature to its termination: The warriors and hunters and the inhabitants of the tropics who plant bananas, – the farmers who plough, sow and harvest farmers, – the hectic, hurrying, and consuming city persons, and finally, as an artist, also those who live a superficial life in lust and

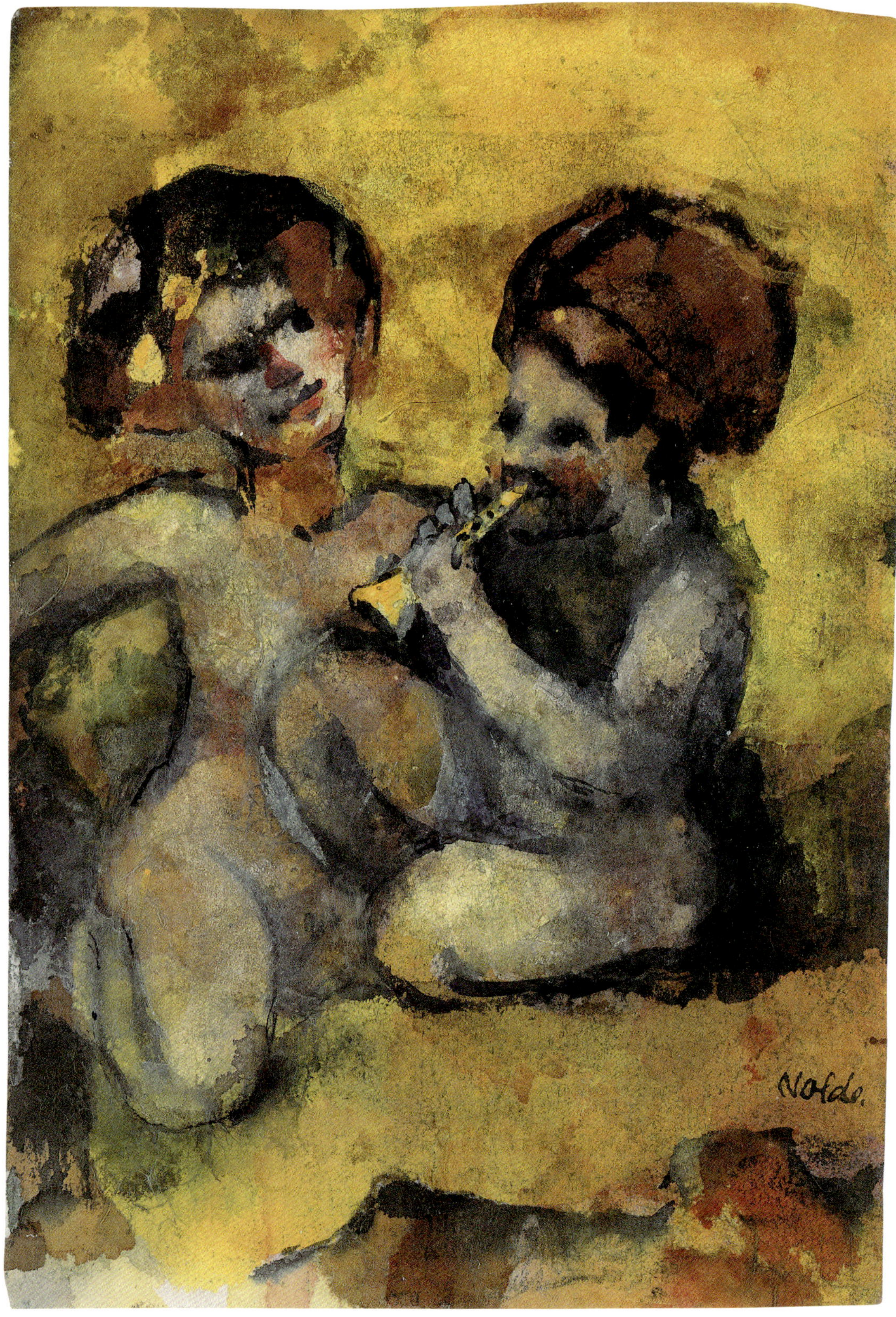

27 | Flötenspieler und nackte Frau (hockend)
Flute Player and Nude Woman (squatting)

die ganzen Stufen des menschlichen Seins, von der Urnatur an bis zur Auflösung: Die Krieg und Jagd treibenden und Bananen pflanzenden Tropenmenschen, – die pflügenden, säenden und erntenden Bauern, – die geschäftigen, eilenden und sich verzehrenden Stadtmenschen, und als Künstler schließlich auch die in seichter Lebenslust und im Sumpf verkommende Dekadenz. Im Gewühl und mitten dazwischen arbeitend, fühlte ich mich zuweilen wie geistig in allem mitschwimmend, aber doch immer wieder darüberstehend.« (III, 146f.)

Mit seinen Hunderten von Figurenbildern zeigt Nolde eben diesen »Vollklang vom Leben und menschlichen Sein«. Zu entdecken sind nicht nur Menschen und ihre vielfältigen Beziehungen zueinander, sondern auch die Dinge, die das menschliche Sein prägen und bestimmen: die Phantasie mit all ihren Wesen und Ausformungen, das Begehren und die Liebe, der Glaube und die Vorstellung von der eigenen Geschichte – nicht als erstarrte, trockene Faktensammlung, sondern als anekdotengetränktes, lebendiges Epos. Schon auf der ersten Seite seiner Autobiographie beschreibt der Maler, wie die Siedlungsgeschichte seines Geburtsorts Nolde bis ins späte Mittelalter zurückreicht: » Die Burg selbst, auf einem flachen Hügel gelegen, wird einst eine Schutzburg gewesen sein, vielleicht auch ein Raubritternest. [...] Der Besitzer [...] wird 1365 bei einem Ländertausch genannt.« (I, 11) Ist es erstaunlich, dass man in Noldes »Ungemalten Bildern« auf behelmte Rittergestalten in Kettenhemden, auf Wehrtürme und Burgen und deren Fürsten und Könige stößt? Auch finsteren Gesellen der Wikingerzeit und ihre sagenhaft-schönen Begleiterinnen bevölkern die Welten der »Ungemalten Bilder«. Die erste Wikingerreferenz in Noldes Autobiographie findet sich auf den Seiten, auf denen er die Landschaft um den Heimathof seines Vater beschreibt: »Die alten damaligen Herren der Höfe waren ungeschliffene, eigenwillige, selbstgewachsene Menschen [...] Die strotzenden Eigenschaften dieser Bauernherren lassen die einstigen Wikinger ein wenig ahnen.« (I, 18)

Das Schauen kommt immer vor dem Durchdringen. Wenn das Auge beim Betrachten schwelgt, schweigt die Vernunft. Es ist aber durchaus lohnend, den Kunstgenuss über das visuelle Vergnügen hinaus auf eine inhaltliche Ebene auszudehnen und so die Sinnesfreuden auszuweiten, zu vertiefen und zu verlängern. Eine umfassende Würdigung der »Ungemalten Bilder« schließt neben der reinen Malereibetrachtung auch ein inhaltliches Verstehen mit ein.

Mit dem anschließenden, teilweise kommentierenden Katalogteil soll eine inhaltliche Auseinandersetzung mit den »Ungemalten Bildern« angestoßen werden. Der Maler selbst war auf Interpretationen seines eigenen Werkes gespannt: »Mir persönlich fällt es jedenfalls schwer, einiges von der eigenen Kunst zu sagen, sie in Worte zu umkleiden. Aber zu jedem einzelnen Bild stehe ich doch in einem Verhältnis, das sich aber selten mit der Meinung anderer Menschen deckt«, schreibt Nolde in einem Brief vom 5. Juli 1916, und hätte »gern gewusst, wie sie [meine Bilder] zu Ihnen stehen und Sie zu diesen.«

are mired down in loose-living decadence. Working in the turmoil amidst all of this, I often felt myself a part of it, but I was always above such things" (III, 146 f.). Nolde especially depicted this "cacophony of life and human existence" in hundreds of his figural pictures. Not only can persons and their diverse forms of relationships to each other be found here, but also the things that shape and influence humanity: fantasy with all its beings and implementations, desire and love, belief and the notion of one's own history – not in the sense of a stifling collection of dry facts, but as an anecdote-filled, living epic. The painter had already described on the first page of his autobiography how the history of his birthplace Nolde extended back to the late Middle Ages: "The castle itself, situated on a flat hilltop, was probably once a fortress, perhaps even a robber baron nest ... The owner ... is named in 1365 on the occasion of a land exchange" (I, 11). Is it therefore surprising that we encounter helmeted knights wearing mail shirts in fortified towers and castles along with their princes and kings in Nolde's "unpainted pictures"? Ominous personages from the Viking period and their marvellously beautiful companions also inhabit the world of the "unpainted pictures." The earliest reference to the Vikings in Nolde's autobiography can be found on the pages where he describes the landscape near his father's farmstead in his native region: "The old lords from the courts of that time were coarse, headstrong and determined men ... The abounding characteristics of these farmer lords recall the Vikings of yore to some extent" (I, 18).

Sight always comes before permeation. Reason is silenced when the eye indulges itself in looking. But it is by all means worthwhile to extend the artistic pleasures over and above purely visual pleasure to include a contentual layer, thus expanding, deepening, and prolonging the sensual pleasures. An all-encompassing appreciation of the "unpainted pictures" also includes an understanding of their contents alongside the pure scrutiny of the painting. The intention of the following, in part annotated catalogue is also to trigger a discussion regarding the contents of the "unpainted pictures." The painter himself was excited about the interpretations of his own work: "Personally, I find it in any case difficult to say anything about my own art, to sheath them in words. But my relationship to each and every one of the pictures is such that it rarely corresponds to the opinion of other people," he wrote in a letter from 5 July 1916, and would "very much like to know how they [my pictures] relate to you and how you relate to them."

Noldes Aquarelle mit geisterhaften Erscheinungen sind motivisch verwandt mit phantastischen oder symbolistischen Werken etwa von Francisco de Goya (1746–1828), Johann Heinrich Füssli (1741–1825) oder Odilon Redon (1840–1916). In Goyas berühmter Radierung »Der Schlaf der Vernunft gebiert Ungeheuer« steigen über dem schlafenden Künstler bedrohliche Eulenwesen und mächtige Fledermäuse auf. In Redons Albtraumbildern bevölkern finstere Kopfflügler, dichtbehaarte, lächelnde Riesenspinnen und riesige Einäuger die Bildräume.
Noldes »Ungemalte Bilder« unterscheiden sich von den vergleichbaren Werken seiner Künstlerkollegen darin, dass seine geisterhaften Erscheinungen keine düsteren Albwesen oder furchteinflößende Schreckensgespenster sind. Noldes Geisterwesen sind drollige Spukwesen, lustig-putzige Gesellen.
In Füsslis »Der Nachtmahr« hockt ein Dämon auf der Brust einer Schlafenden, lastet als beklemmender, die Brust in Angst zusammenpressender Albtraum. Noldes Blatt hat auch einen Schlafenden und ein Spukwesen zum Thema, nur ist hier die Atmosphäre fürsorglich friedlich: Ein zottelig-freundlicher Bärengeist wacht mit liebevoll-aufmerksamem Blick schwebend über einem König, dessen unbewusstes Schmunzeln auf einen unbekümmert tiefen Schlaf hindeutet. Im Gegensatz zur düsteren Bildsprache des bedrohlich-fatalistischen Symbolismus ist Noldes Phantastik eher heiter und kindlich und schwingt im Geiste einer friedlichen Romantik. Vielleicht war die ihn umgebende Wirklichkeit mit den realen Schreckensgespenstern von Ächtung, Malverbot und Krieg düster und schrecklich genug, so dass seine Phantasiewesen im Vergleich zur existenziellen äußeren Bedrohung zu harmlosen, ulkigen Bekannten wurden.

In terms of the motifs, Nolde's watercolours featuring ghostly apparitions are related to fantastic or symbolic works by such artists as Francisco de Goya (1746–1828), Henry Fuseli (1741–1825) or Odilon Redon (1840–1916). In Goya's famed engraving "The Sleep of Reason Brings Forth Monsters," threatening owl-like beings and mighty bats appear above the sleeping artist. Redon's nightmarish pictures are inhabited by ominous, wing-headed, laughing and very hairy giant spiders as well as enormous Cyclops.
Nolde's "unpainted pictures" differs from these comparable works by his artist colleagues insofar as his ghostly apparitions are not shadowy nightmarish beings or awesome terrifying phantoms. Nolde's spirits are whimsical spooks, funny and cute wayfarers.
In Henry Fuseli's "The Nightmare," a demon squats on the chest of a sleeping person, weighing heavily on his breast like a frightening dream. Nolde's watercolour also deals with a sleeping person and a spook, but the atmosphere is affectionately peaceful here: A friendly shaggy bear spirit hovers while watching with a warm attentive glance over a king whose unconscious smirk suggests that he is in a deep, carefree sleep. As opposed to the symbolism's gloomy, threateningly fatalistic pictorial language, Nolde's speculative fiction is rather cheerful and childish, oscillating in the spirit of a peaceful romanticism. Perhaps the reality surrounding him at this time, accompanied as it was by such real frightening spectres as ostracism, the painting ban and war, was dismal and terrifying enough that he developed his fantastic beings into figures who were harmless, funny companions in comparison to the existential matters that threatened him.

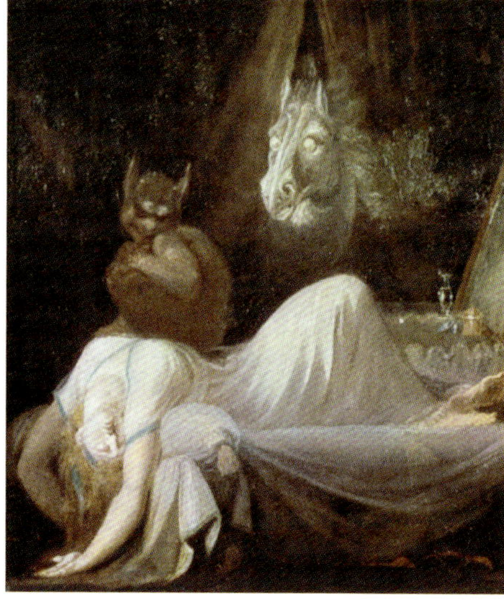

Johann Heinrich Füssli, »Der Nachtmahr«, 1790/91

Henry Fuseli, "The Nightmare," 1790/91

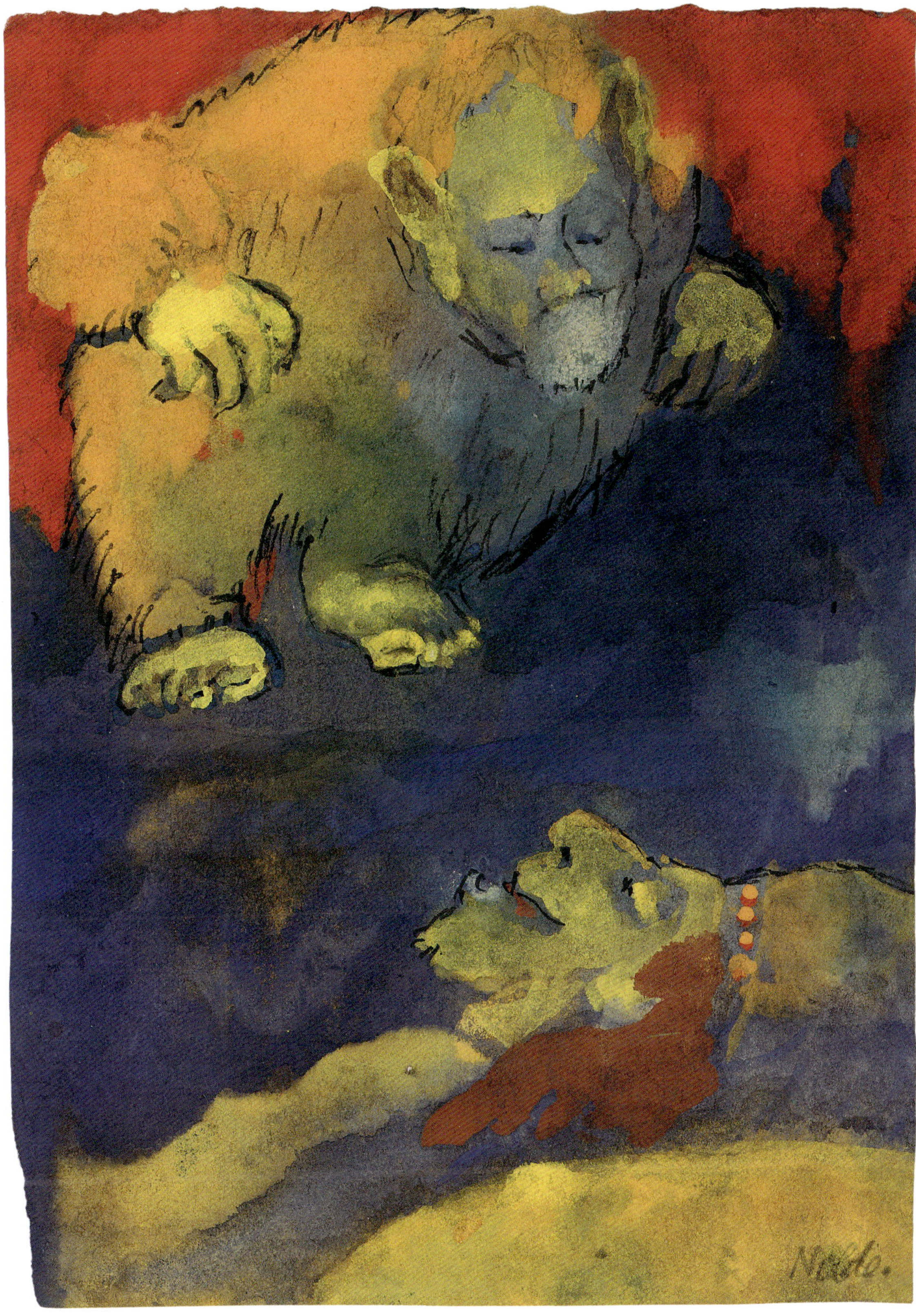

42 | Alter Bärengeist über schlafendem König
Old Bear Spirit over a Sleeping King

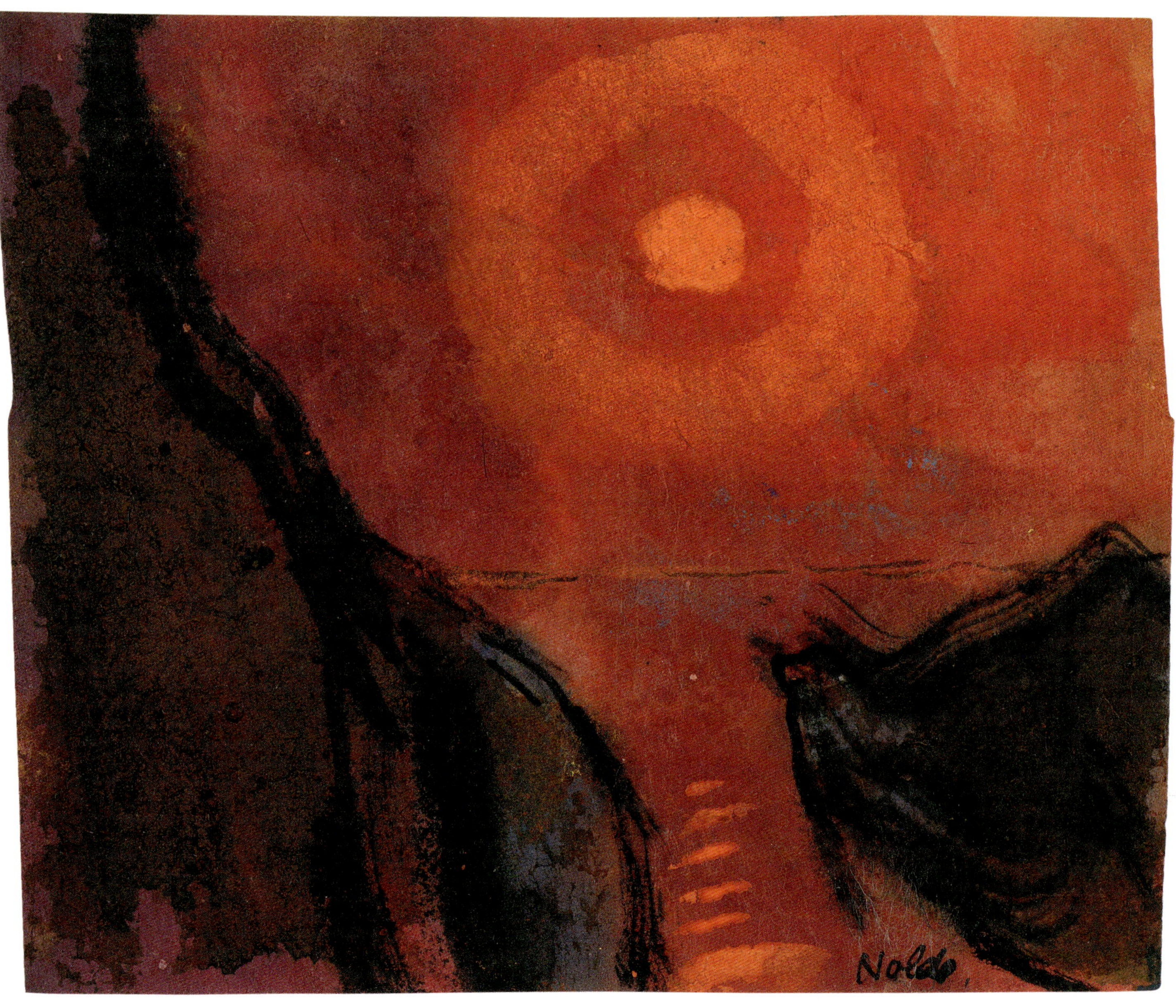

126 | Fjord und rote Sonne
Fjord and Red Sun

Glutrot steht die Sonne im Fjord, der Himmel lodert im Widerschein des tiefstehenden Himmelskörpers. Das leuchtende Orange, der satt pigmentierte Zinnober und das glimmende Purpur lassen den Betrachter die abstrahlende Wärme des untergehenden Feuerballs fast spüren. Die intensive Wirkung dieses Blattes beruht nicht auf der szenischen Darstellung. Die zwei grob angedeuteten Felsmassive, die zittrige Horizontlinie und die roh schraffierte Sonnenspiegelung auf dem Wasser sind wenig galant und formvollendet. Die intensive Wirkung dieses Blattes beruht allein auf der poetischen Aussage- und Strahlkraft der von Nolde meisterhaft gesetzten Farben.

Noldes »Fjord und rote Sonne« steht somit in Zusammenhang mit einem der bemerkenswertesten Aquarelle aus seinem Frühwerk: »Sonnenaufgang« von 1895. »Ein bescheidenes kleines Aquarell mit schwül zwischen Wolken aufgehender Sonne hatte ich hingemalt«, notiert Nolde. »Es stand lange auf meinem Schreibtisch, ich habe es wohl tausendemal angeschaut. Es schien mir richtunggebend [...] Ahnte ich den weiten Weg von der äußerlich gesehenen abschreibenden Naturfreude – wie bisher meine landschaftlichen Aquarelle alle entstanden waren – zu der von innen kommenden, künstlerisch freien Gestaltung?« (I, 121)

Während der frühe »Sonnenaufgang« einen Wendepunkt darstellt, markiert der vierzig Jahre später entstandene glühende »Fjord und rote Sonne« meisterhaft einen Höhepunkt des Spätwerks.

The sun shines in a glowing red colour over the fjord; the sky blazes in the lustre of the low-lying heavenly body. The brilliant orange, the lusciously pigmented vermilion and the incandescent purple enable the viewer to nearly feel the warmth exuded by the setting fireball. The watercolour's intense impact does not rest on the scenic representation. The two coarsely suggested bluffs, the shaky line of the horizon and the roughly hatched reflection of the sun on the surface of the water are not particularly dauntless or perfect in form. The intense impact relies solely on the poetic expressiveness and radiance of Nolde's masterfully placed colours.

Nolde's "Fjord and Red Sun" is thus linked to one of his most remarkable early watercolours, namely the 1895 "Sunrise." "I painted a modest little watercolour with a sweltering sun rising between clouds," Nolde noted. "It stood for a long time on my desk and I looked at it a thousand times. It seemed pathbreaking to me.... Could I have imagined the long journey from the descriptive, externally observed joys of nature – the way all my previously watercolours of landscapes had been made – to the internal, artistically free fashioning?" (I, 121). While the early "Sunrise" represents a watershed, the glowing "Fjord and Red Sun" made 40 years later masterfully marks the pinnacle of his late work.

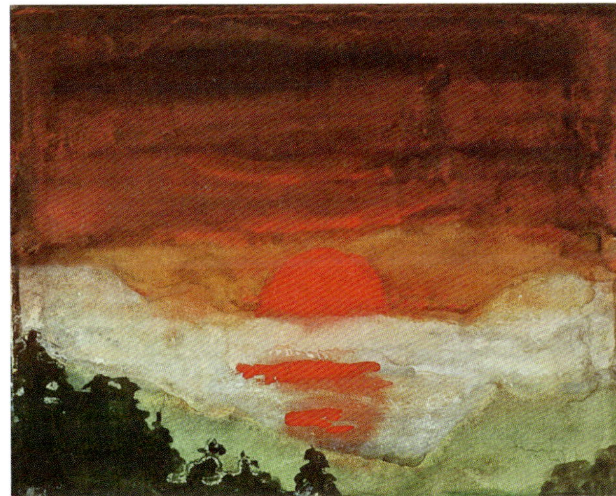

Sonnenaufgang, um 1895

Sunrise, c. 1895

Wetterschauspiele finden sich in Noldes Malerei immer wieder. Diese expressionistischen Farbenstürme in Öl und Aquarell sind Aufzeichnungen von dramatischen Himmelsphänomenen – sich auftürmende Wolkenberge, über das Meer fegende Sturmböen, schwüle Gewitter oder glühend heiße Sonnenuntergänge. Noldes dramatische Wetterspektakel sind in ihrer majestätischen Urkraft vergleichbar mit denen des englischen Landschaftsmalers John Martin (1789–1854), die im göttlichen Gewitter von »Die siebte Plage« ihren Höhepunkt finden. Wie in Martins Gemälde lässt das spektakuläre Schauspiel im hohen Himmel auch in Noldes Aquarell die großen Gebäude auf der Bergkuppe schrumpfen. Der mächtige Wehrturm, das mehrstöckige, mit Glockenturm gekrönte Schloss und die im Schatten liegende Stadt werden im Angesicht des Himmelsdramas zwergenklein. Bildet das gottgewollte Geschehen bei Martin das dramatische Zentrum der biblischen Erzählung, ist das Himmelsphänomen in Noldes Aquarell reine Farblyrik, frei von allem narrativen Ballast. Während Martin eine Wetterapokalypse aus schwarzem Gewölk, Lichtstrudeln und Feuerhorizont schafft, zeigt Nolde entgegen seiner Vorliebe für herbe Wetterlagen seinen Himmel im diffusen Zwielicht eines feinen Regenschauers. »Vor der Natur waren meistens die vollen, satten Farbenklänge meine Freude«, schreibt er. »Doch auch zuweilen bewegten mich die zarten und zartesten Vorgänge.« (IV, 25) Noldes Himmel schimmert in einem in Regenbogenfarben funkelnden Lichtzauber, eine romantisch-phantastische Stimmungslandschaft.

Dramatic meteorological portrayals can frequently be found in Nolde's paintings. The expressionist storms of paint in oils and watercolours are recordings of spectacular phenomena in the sky – towering mountains of clouds, squalls sweeping across the sea, muggy weather or burning sunsets.

In their majestic elementary force, Nolde's dramatic meteorological spectacles are comparable with those by the English landscape painter John Martin (1789–1854), the summit of which can be found in the divine storm of the "Seventh Plague of Egypt." Like in Martin's painting, the brilliant scenario taking place high up in the skies also seemingly cause the large buildings on the hilltop in Nolde's watercolour to shrivel. The large buildings on the hilltops of his watercolours shrink in size; the mighty fortified tower, the multi-storeyed castle crowned with a bell tower and the city lying in shadows become dwarfed in the face of the drama taking place in the heavens. The occurrence willed by God is at the dramatic core of the biblical narrative, but the heavenly phenomenon is purely colourful lyricism in Nolde's watercolour that is free of all narrative ballast. While Martin created a meteorological apocalypse comprising black clouds, a vortex of light and a fiery horizon, Nolde reveals by contrast his preference for harsh weather conditions, showing his sky in the diffuse twilight of a fine shower of rain. "As regards nature, I usually most enjoyed the full, saturated hues of colour," he wrote. "But I was sometimes moved by the delicate and subtlest processes" (IV, 25). Nolde's sky shimmers in the magical light of sparkling rainbow colours; it is a romantic, fantastically atmospheric landscape.

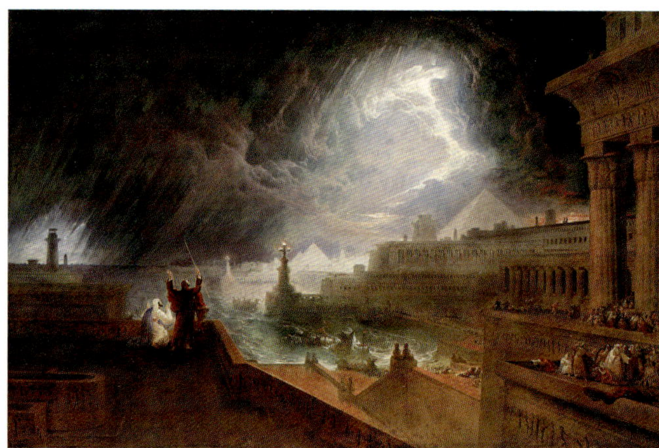

John Martin, »Die siebte Plage«, 1823

John Martin, "Seventh Plague of Egypt," 1823

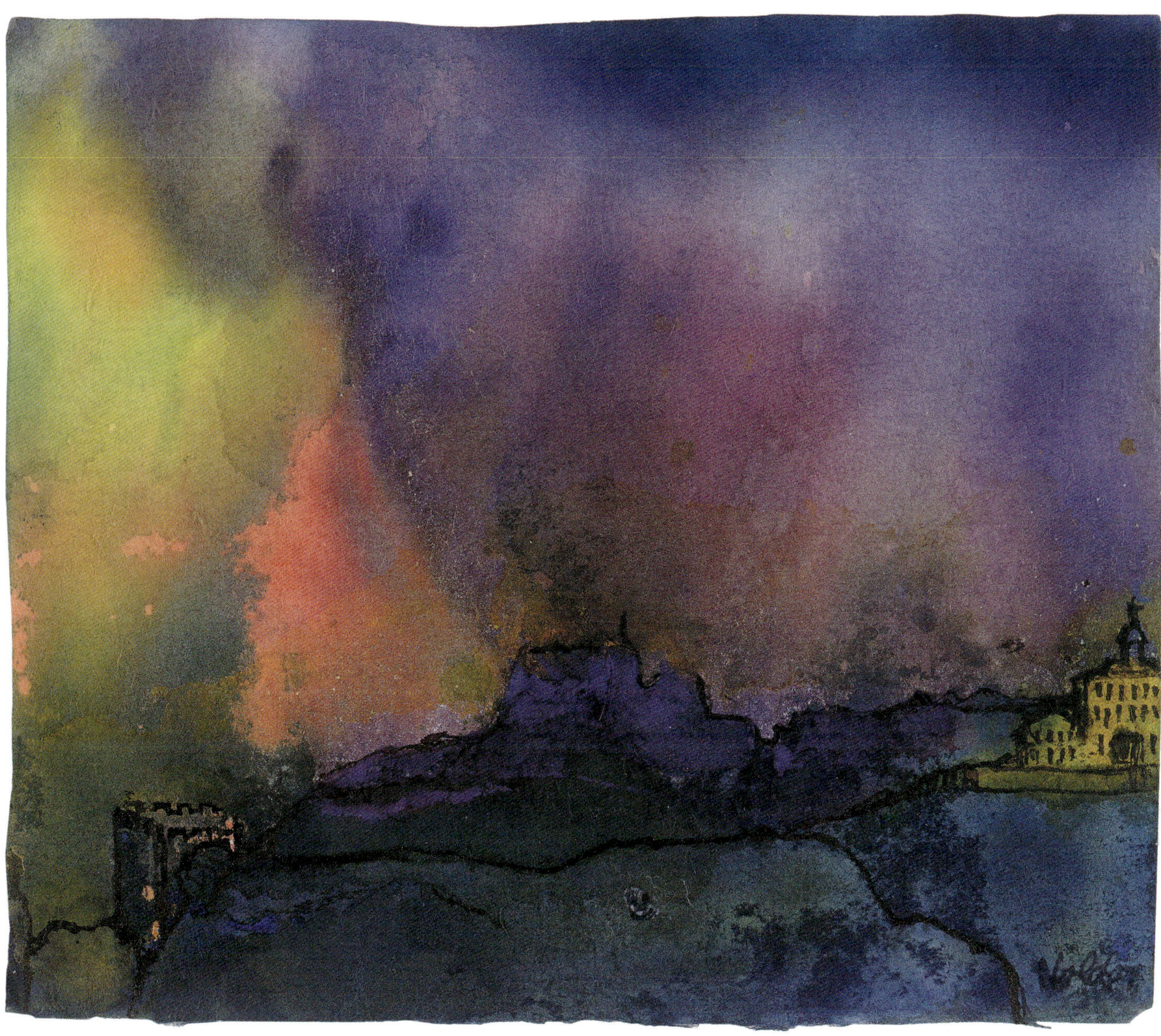

127 | Berglandschaft mit Burgen (Abendhimmel)
Mountainous Landscape with Castles (Evening Sky)

Am 31. Mai 1960 lässt der französische Maler Yves Klein (1928–1962) beim Pariser Patentamt seine revolutionäre Farbe »International Klein Blue (IKB)« schützen. Mehr als 15 Jahre zuvor hat Nolde in der friesischen Marsch in seiner kleinen Nähstube arbeitend ebenfalls erkannt, dass ein einfarbiges, intensiv blaues Bild eine ernorme Wirkungskraft entfalten und das Gefühl grenzenloser Weite vermitteln kann. Ausgangspunkt für Noldes »Ungemaltes Bild« ebenso wie für Kleins »Monochrome« ist eine gegenstandslose, nuancierte Farbfläche aus sattleuchtendem Ultramarin.

Für Nolde kann eine Farbe bildbestimmend sein. Blau als »Kältepol der Farbpalette« (Walter Koschatzky) assoziert Nolde hier mit der Arktik. Er nutzt die vorgegebenen Nuancierungen in der Blaufläche und formt mit einer weiteren Pigmentschicht eine aufgerissene Wolkendecke sowie mit feiner Konturlinie eine arktische Küstenlandschaft. Nolde konkretisiert die Blaufläche, ordnet ihr einen bestimmten Gefühlswert zu und verortet sie als nächtliche Polarlandschaft in den uns bekannten Koordinaten von (Tages-)Zeit und Raum.

Klein schlägt die entgegengesetzte Richtung ein. Er löscht aus seiner Blaufläche alle Nuancierungen und entfernt jeden noch so kleinen Fixpunkt für das Auge. Mit einer Malerrolle wird das Farbpigment ebenmäßig aufgetragen, der Malgrund mit einer Pigmentschicht imprägniert. Da es außer Farbe kein einziges Bildelement gibt, ist der Betrachter von einer inhaltlichen Entschlüsselung befreit. Die Farbe ist an keinen Gegenstand gebunden, sie ist räumlich unbestimmt, immateriell. Sie beschreibt nicht, sondern wirkt nur. Sie vermittelt ein Gefühl von Schwerelosigkeit und grenzenlosem Nichts.

Klein wollte diese Farbsensibilität im Betrachter seiner Kunst hervorrufen und verfolgt damit eine ähnliche Intention wie Nolde: »[...] jedes Bild durch den Wert und Klang seiner Farben kann eine seelische Erregung entfachen bei jedem Menschen, der farbenempfänglich ist«, schreibt Nolde. »Die meisten Menschen jedoch sind schwachsichtig und manche sind blind – ein jeder prüfe sich.« (IV, 25)

On 31 May 1960, the French painter Yves Klein (1928–1962) registered his revolutionary "International Klein Blue (IKB)" at the patent office in Paris. While working in his small sewing room in the Frisian marshland, Nolde, too, had recognised more than 15 years earlier that an intense blue monochrome picture can also unfold an enormous impact and convey the sense of a limitless expanse. As was the case in Klein's "monochrome," the starting point for Nolde's "unpainted picture" was a non-representational, nuanced area of colour comprising a luscious and incandescent ultramarine.

For Nolde, colour can determine an entire picture. Nolde associated blue here as the "cold pole of the colour palette" (Walter Koschatzky) with the Arctic. He used the given nuances in the area of blue and formed a lacerated cloud ceiling with a further pigment and an arctic coastal landscape with a fine contoured line. Nolde fleshed out the area of blue, assigned it a specific emotional value and located it in the nocturnal polar landscape in the coordinates of the time (of day) and the space we are familiar with.

Klein took the opposite path. He expunged all nuances from his areas of blue and removed any and all fixed points for the eye, regardless how small they were. The paint was smoothly applied with a roller, impregnating the ground with a layer of colour. Because there is no pictorial element other than colour, the viewer is freed from a contentual decoding of the picture. The colour is not linked to any object; it is spatial, ambiguous and immaterial. It describes nothing and only has its own impact. It conveys a feeling of weightlessness and unrestricted nothingness.

Klein wanted to elicit this sensitivity for colour in the viewer of his art, thus following an intention similar to Nolde's: "... every picture can trigger an emotional thrill in every person who is sensitive to colours by means of the values and tone of its colours," Nolde wrote. "But most people, however, are weak sighted and some are blind – everyone should examine themselves" (IV, 25).

Yves Klein, »Monochrom Blau«, 1957

Yves Klein, "Monochrome Blue," 1957

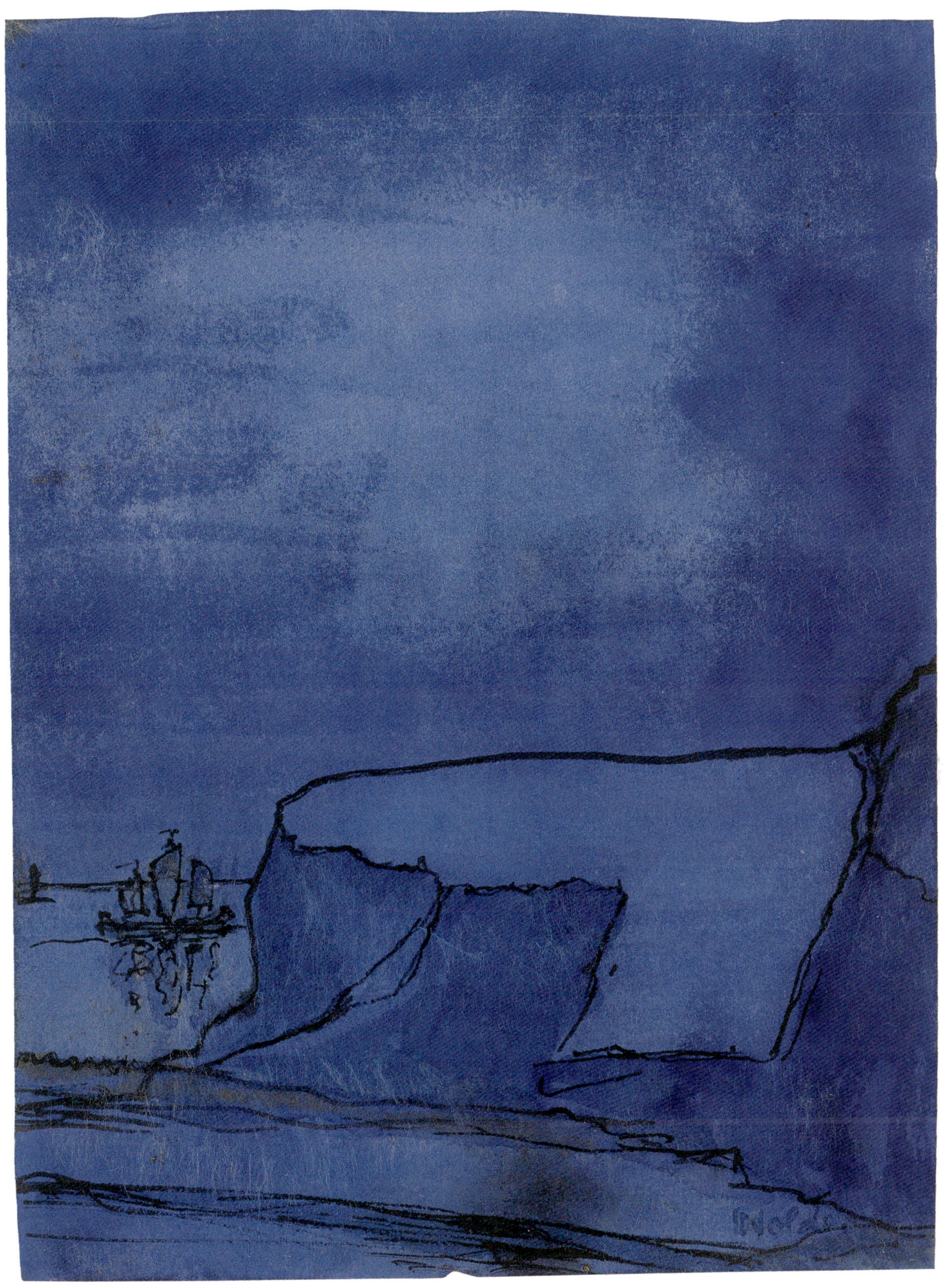

120 | Blaue Felsenküste
Rocky Blue Coast

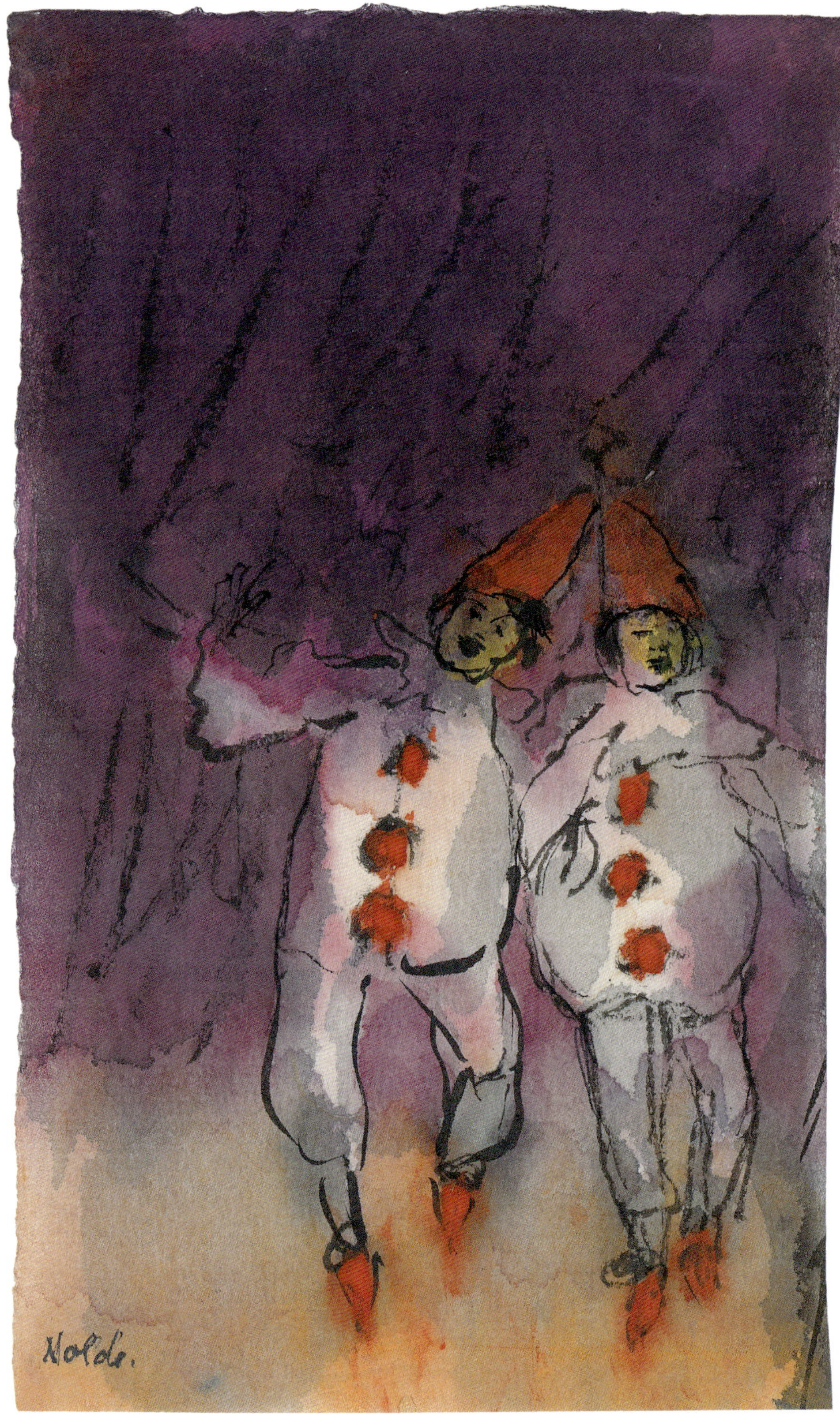

93 | Zwei Pierrots (vor dunkelviolettem Grund)
Two Pierrots (on dark purple ground)

Pierrots bevölkern viele von Noldes Werken und finden sich auch in mehreren Blättern seiner »Ungemalten Bilder«. Anregungen für dieses Motiv erhielt Nolde während seiner unzähligen Ausflüge in das Berliner Großstadtleben, aber auch durch die Kunst seiner Zeitgenossen: In der Berliner Secessionsausstellung trifft Nolde auf Zirkusbilder von Ernst-Ludwig Kirchner (1880–1938): »Ich stand still davor, aber innerlich glühend und bewegt über all diese starke künstlerische Kraft [...].« (II, 221) Durch seine Ausstellungsbesuche in Paris und durch Reproduktionen waren Nolde sicherlich auch Zirkus- und Kostümfestszenen etwa von Antoine Watteau, Honoré Daumier, Edgar Degas, Paul Cézanne, Auguste Renoir, Georges Seurat, Henri de Toulouse-Lautrec, James Ensor und Pablo Picasso vertraut.

Seurats (1859–1891) schillernde Manegenwelt »Der Zirkus« kannte Nolde vielleicht von einer seiner Parisreisen. Während Seurat die hektisch-fröhliche Atmosphäre im Zirkuszelt mit einem Konfettiregen aus winzigen Farbtupfern einfängt, dominiert bei Nolde der mächtige, dunkelviolette Vorhang. Mit ihm, so scheint es, schafft Nolde eine Projektionsfläche für die im Zirkus suggerierte Welt der Phantasie, die der Betrachter nun selbst füllen kann, angeregt durch die beiden Pierrots, die den Vorhang gerade teilen.

Ungewöhnlich ist, dass diese beiden Pierrots selbstbewusst und fröhlich scheinen. In anderen Werken umgibt Nolde die Figur seines weißkostümierten Pierrots gern mit einer Aura zurückhaltender Empfindsamkeit und träumerischen Schweigens. Vielleicht ist Nolde der Figur so zugetan, weil der Pierrot bei allem närrischen und frivolen Treiben um ihn herum immer eine scheue und etwas ungelenke Gestalt bleibt. Findet Nolde im Pierrot vielleicht eine Chiffre für seine schöpferische Einsamkeit?

Pierrots inhabit many of Nolde's works and can also be seen in numerous examples of his "unpainted pictures." Nolde received the inspiration for this motif during his many expeditions to Berlin and its urban routine, but also from the art of his contemporaries: he had already encountered circus pictures by Ernst-Ludwig Kirchner (1880–1938) in the exhibition of the Berlin Secession: "I stood quietly in front of them, but I was glowing on the inside and moved by the totality of their intense artistic force..." (II, 221). Nolde was surely also familiar with the scenes depicting circuses and fancy-dress parties by such artists as Antoine Watteau, Honoré Daumier, Edgar Degas, Paul Cézanne, Auguste Renoir, Georges Seurat, Henri de Toulouse-Lautrec, James Ensor and Pablo Picasso from his visits to exhibitions in Paris as well as from reproductions.

Nolde was perhaps familiar with Seurat's (1859–1891) shimmering depiction of the big top, "The Circus," from one of his trips to Paris. While Seurat captured the hectic and joyous atmosphere in the circus tent with a shower of confetti encompassing tiny spots of paint, the impressive deep purple curtain dominates Nolde's picture. It seems as if Nolde has created a projection screen for the world of fantasy suggested by the circus onto which the viewer can now fill himself, animated by the two Pierrots, who are just opening the curtain.

It is unusual that these two Pierrots make such a self-assured and cheerful impression. In other works, Nolde often surrounded the figure of his white-costumed Pierrots with the aura of reticent sensitivity and dreamy silence. Perhaps Nolde was so partial to this figure because the Pierrot, despite all the foolish and frivolous activities going on around him, always remains shy and somewhat clumsy. Did Nolde perhaps see a symbol for his own creative isolation in the Pierrot figure?

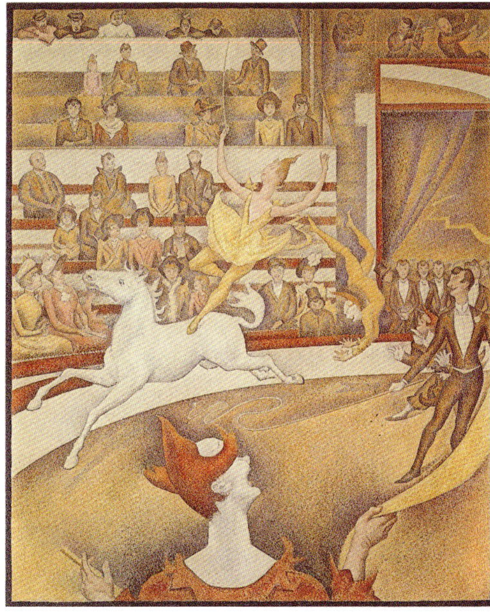

Georges Seurat, »Der Zirkus«, 1890

Georges Seurat, "The Circus," 1890

Viele der »Ungemalten Bilder« wirken trotz ihres kleinen Formats monumental. Kontrastreich sind wenige Farben in großzügigen Flächen angelegt, die Formensprache ist klar und eingängig. Die elementare Einfachheit in Form- und Farbwahl macht etliche von Noldes »Ungemalten Bildern« einem Plakat nicht unähnlich. Wie eine Werbung im öffentlichen Raum haben auch diese »Ungemalten Bilder« eine große Fernwirkung. Als Aufmerksamkeit erregende »Hingucker« machen sie neugierig auf den Inhalt. Der ist bei einem Plakat unmissverständlich und eindeutig. Hier unterscheidet sich Nolde grundlegend vom Plakativen. Sobald das noldesche Motiv erfasst ist, eröffnen sich durch die phantastische und geheimnisvolle Bildwelt unterschiedlichste Lesarten und Bedeutungsebenen. Zuerst schlägt Nolde den Betrachter durch die raumgreifende Monumentalität des kleinformatigen Werkes in seinen Bann, um ihn dann seine Phantasiewelt entdecken zu lassen.

Nolde selbst war zum gewerblichen Zeichner ausgebildet worden und ist einige Zeit als Gebrauchskünstler erfolgreich. So verdient er 1889 in Berlin sein Geld als Zeichner von »Vignetten für Geschäfte« und »Etiketten für Zigarrenkisten« (I, 80). Plakate sah Nolde viele: Seit der Jahrhundertwende verbrachten er und seine Frau Ada die Wintermonate in Berlin, einem Zentrum der modernen Plakatkultur. In den Jahren um 1910 waren in Berlin humoristische Anschläge mit ihren Übertreibungen und grotesken Verzerrungen sehr beliebt, bis in den zwanziger Jahren die Filmwerbung die öffentlichen Plätze beherrschte: In der Weimarer Republik gingen täglich eine Million Menschen in die Kinos. Inwieweit populäre Kunst, Gebrauchsgraphik und vor allem die damals in Blüte stehende Plakatkunst Noldes künstlerische Ausdrucksform beeinflusst haben, ist ein spannende, noch zu erforschende Frage.

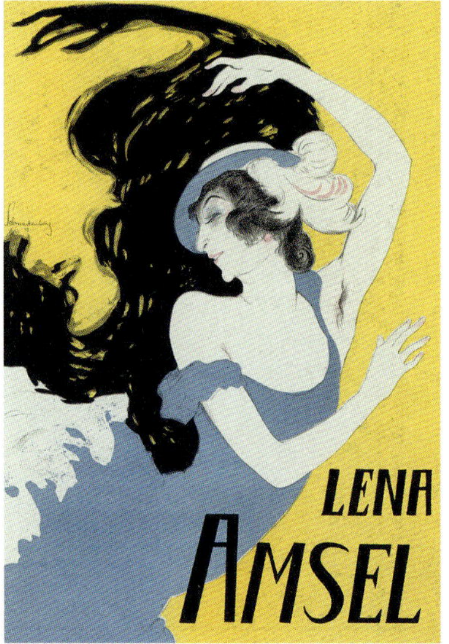

Walter Schnackenberg, »Lena Amsel«, 1918

Walter Schnackenberg, "Lena Amsel," 1918

Many of the "unpainted pictures" make a monumental impression despite their small size. The few high-contrast colours are generously arranged and the vocabulary of forms is clear and appealing. The elementary simplicity in terms of his selection of forms and colours make a number of Nolde's "unpainted pictures" nearly seem like posters. Like advertisements in public places, these "unpainted pictures" have a great long-distance effect. As attention-grabbing "eye catchers," they make the viewer curious about the contents. That is unmistakeable and unambiguous in the case of a poster, but Nolde's approach differs here from the placative. As soon as the viewer comprehends Nolde's motif, a fantastic and mysterious pictorial world opens up that is full of various possible interpretations and levels of meaning. Nolde first lures the viewer by means of the spatial monumentality in this small-format work so that he can subsequently discover the fantastic world for himself.

Nolde was himself trained as a graphic designer and worked successfully for a time as a commercial artist. In 1889, for example, he earned his living as a draughtsman of "business vignettes" and "cigar box labels" (I, 80). And Nolde also saw numerous posters: since the turn of the century, he and his wife Ada spent the winter months in Berlin, a centre of the modern poster culture. Humorous placards with their exaggerations and grotesque distortions were very popular in Berlin from around 1910 until the nineteen twenties, when cinema advertising dominated public spaces: more than one million persons went to the cinema every day during the time of the Weimar Republic. To what extent popular art, commercial graphics and particularly the flowering poster art of that time had an influence on Nolde's artistic form of expression is a stimulating question that remains to be further delved into.

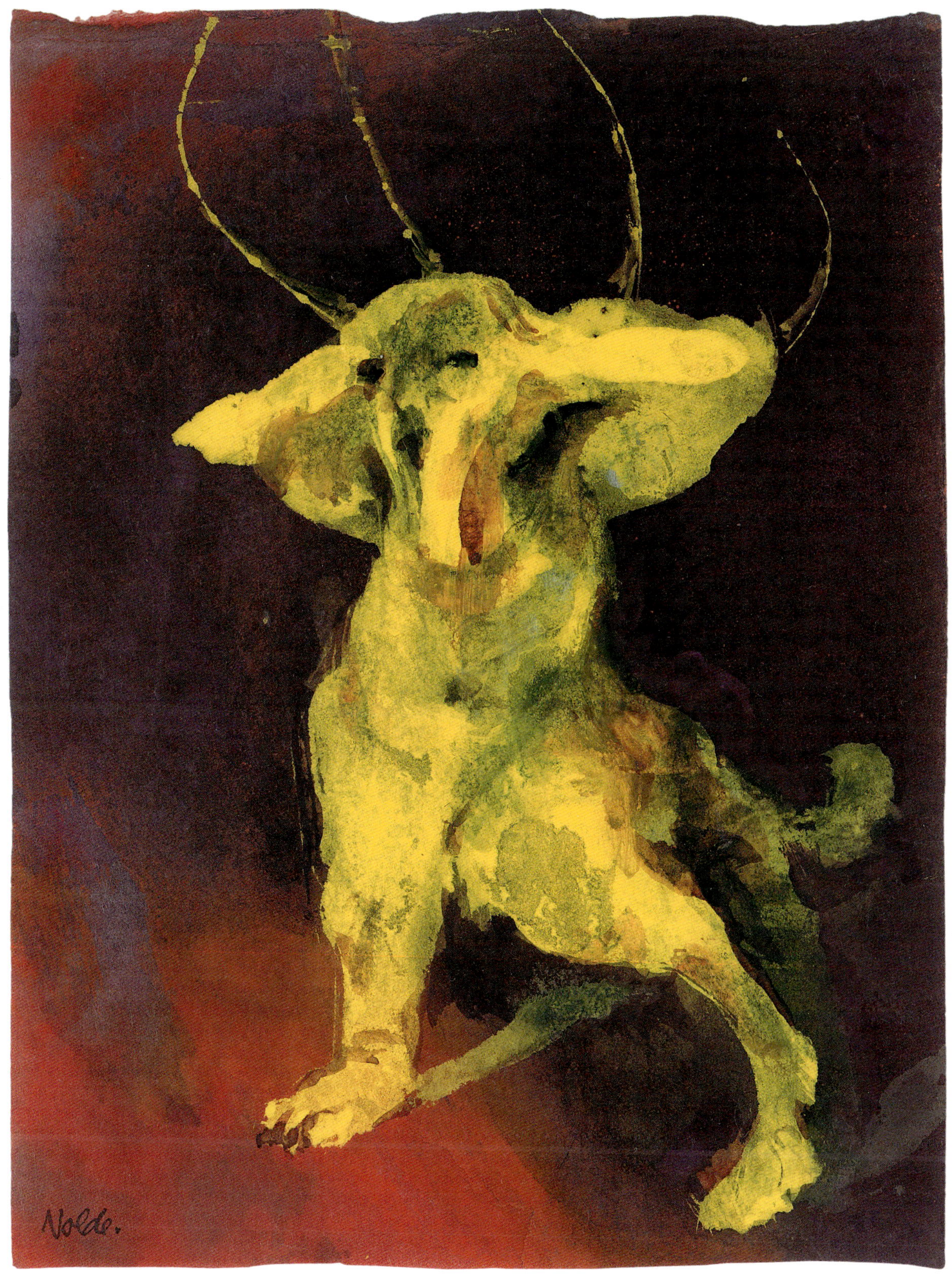

33 | Groteskes Tier in Hundegestalt
Grotesque Dog-shaped Animal

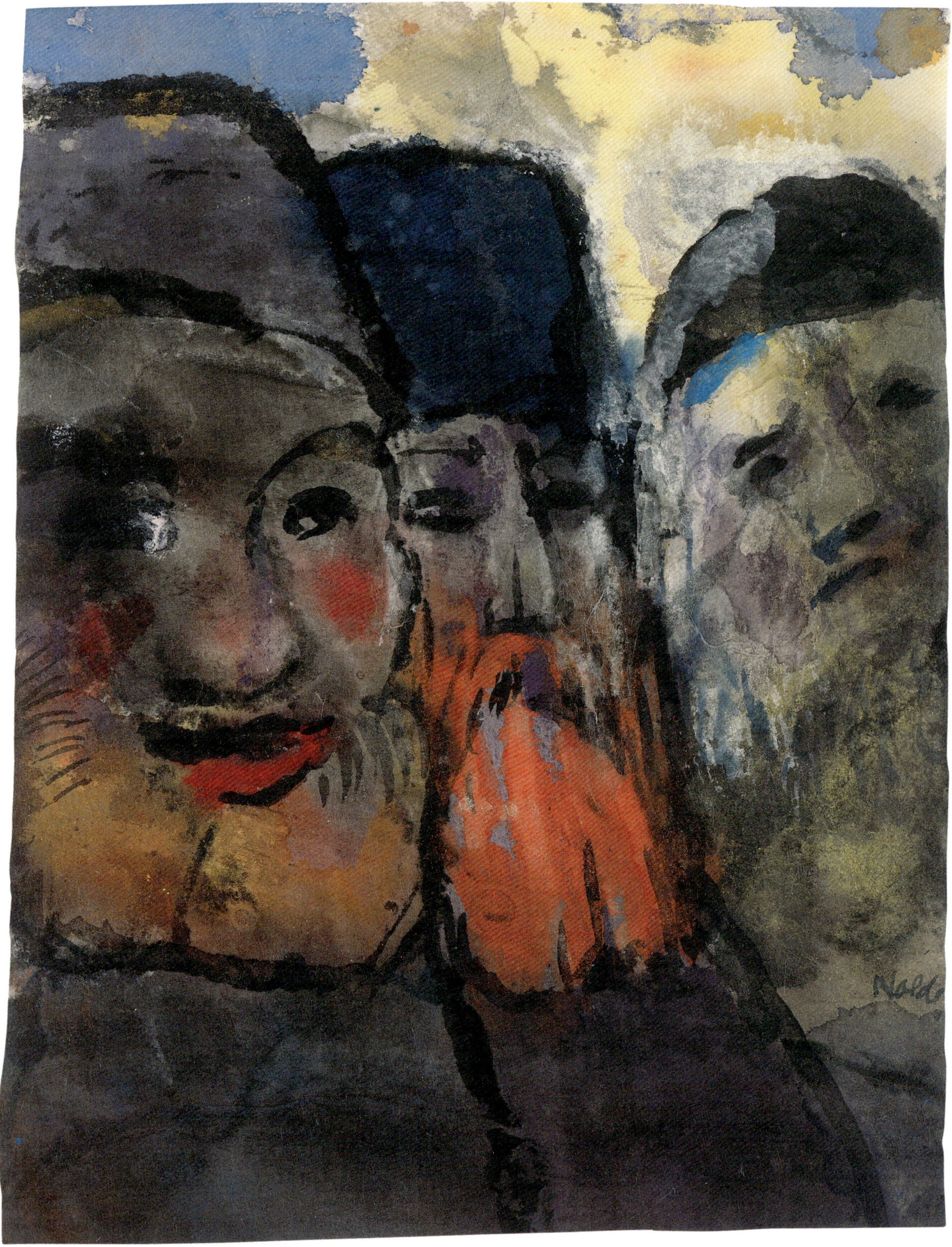

96 | Drei Russen
Three Russians

Mit dem Bildtitel »Drei Russen« wird dieses »Ungemalte Bild« in den Kontext von Noldes Russen-Bildern gestellt, die er bei seiner Reise in die Südsee auf den Bahnhöfen der Transsibirischen Eisenbahn in zahlreichen Studien festgehalten hat.

Tatsächlich weist das ursprünglich unbetitelte Blatt starke Ähnlichkeiten zu Noldes frühen Bergpostkarten auf, in denen er Schweizer Bergmassive mit grotesken Gesichtszügen personalisierte, denn die drei monumental groß wirkenden Köpfe scheinen aus grauen Gesteinsmassen geformt zu sein. Dreißig verschiedene Motive lässt Nolde 1897 als »Bergpostkarten«-Serie drucken. Die Drucke sind so populär, dass die 100.000 Exemplare schon nach zehn Tagen verkauft sind. Kurze Zeit später überschwemmen, wie Nolde schreibt, bereits »zu Hunderten stümperhafte, eklige Plagiate« den Markt (I, 154).

Hat vielleicht der amerikanische Bildhauer Gutzon Borglum (1867–1941) einen dieser Bergpostkarten-Drucke gesehen, als er 1896 nach Europa reist und sich für sechs Jahre in England niederlässt? Borglums Lebenswerk, die nationale Gedenkstätte »Mount Rushmore«, erinnert stark an Noldes Bergpostkarten. 1924 erhält Borglum einen Brief vom Staatshistoriker aus Süd-Dakota. Man bittet ihn, in den Schwarzen Bergen eine massenwirksame Touristenattraktion zu konzipieren. Borgum schlägt vier gewaltige Bergriesen vor. Für die jeweils rund 18 Meter hohen Monumentalporträts der amerikanischen Präsidenten George Washington, Thomas Jefferson, Theodore Roosevelt und Abraham Lincoln werden 450.000 Tonnen Gestein aus dem Berg gesprengt. 1941 beendet der Sohn des Bildhauers die Arbeit am Werk seines Vaters.

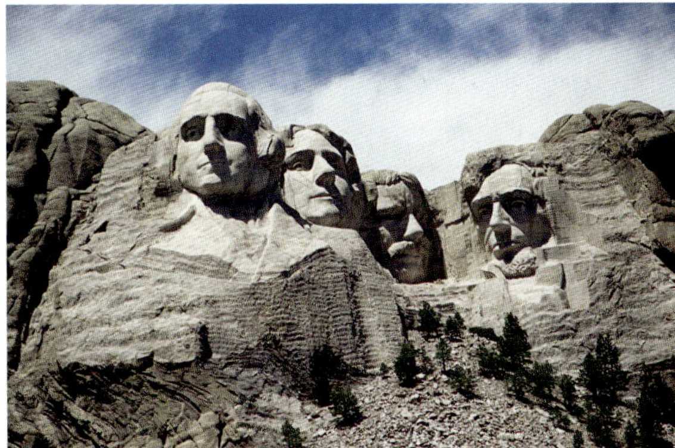

Gutzon Borglum, Mount Rushmore National Memorial, 1927–1941

Gutzon Borglum, Mount Rushmore National Memorial, 1927–1941

With the title "Three Russians," this "unpainted picture" is placed in the context of the Russian pictures Nolde had captured in numerous sketches made at the railway stations of the Trans-Siberian Railroad on his voyage to the South Seas.

But in point of fact, this originally untitled watercolour strongly resembles Nolde's early mountain postcards in which he personified Swiss massifs by means of grotesque facial features as the three ostensibly monumental heads seem to have been formed out of a grey rock mass. In 1897, Nolde printed thirty different motifs as a series of "mountain postcards." The prints were so popular that the 100,000 copies were already sold out after only ten days. Shortly thereafter, as Nolde wrote, "hundreds of amateurish, loathsome plagiarisms" flooded the market (I, 154).

Did the American sculptor Gutzon Borglum (1867–1941) see one of these mountain postcard prints when he travelled to Europe in 1896 and settled in England for six years? Borglum's masterpiece, Mount Rushmore National Memorial, strongly recalls Nolde's mountain postcards. Borglum received a letter in 1924 from the state historian of South Dakota in which he was requested to conceive an attraction that would increase tourism in the Black Hills. Borgum suggested four enormous mountain giants. 450,000 tons of rock were blasted from the mountain to produce the circa 18-metres tall monumental portraits of the American presidents George Washington, Thomas Jefferson, Theodore Roosevelt and Abraham Lincoln. The sculptor's son completed his father's work in 1941.

Unter den 70 Landschaften der »Ungemalten Bilder« finden sich drei Vulkanlandschaften, neben der vorliegenden ein Vulkankrater aus der Vogelperspektive gesehen und ein glühender, über eine Hügelkuppe kriechender Lavastrom. Vulkane kennt Nolde aus Italien und von der Insel Java, die er 1914 auf seinem Rückweg aus der Südsee besucht.
Im Dezember 1904 reist das Ehepaar Nolde für fünf Monate nach Italien. In Taormina an der Ostküste Siziliens erholt sich Ada langsam von einem Nierenleiden. »Auf unserem gemeinsamen Morgentisch«, erinnert sich Nolde, »stand ein breiter großer Teller vollgefüllt mit reifen gelben Mandarinen. Und vor uns lag der Ätna, der breite wunderschöne Berg, mit seinem ewigen Rauch. Ich malte ihn und sonst auch einige Bilder, glaubend, sie seien gut; sie waren es nicht; die im Alsener Atelier entstandenen waren besser.« (II, 52f.) Diese Selbsterkenntnis unterstreicht, dass Noldes Werk immer dann am stärksten ist, wenn er sich von der Naturvorlage löst und frei aus der Erinnerung und Phantasie heraus schafft. Fast vierzig Jahre nach seinem Italienaufenthalt erinnert sich Nolde an die Vulkane.
Auf eine grau-blaue Himmelsfläche legt Nolde zwei mit kalligraphisch geführter Konturlinie umfasste dunkelgraue Farbbänder. Der grau-blaue Hintergrund ist in den Zwischenräumen der Farbbänder sichtbar und bildet so die den Himmel spiegelnde Meeresoberfläche, die mit dunklen Wellenkämmen durchzogen ist. Nolde fügt einen kegelförmigen Vulkanberg in Ultramarin über den Wellenkämmen ein und tuscht eine mächtige, vom Wind getriebene Rauchsäule ein. Man könnte sich im Tyrrhenischen Meer wähnen, in dem sich nördlich von Sizilien die Vulkaninsel Stromboli aus der See erhebt. »Ein schlechter kleiner Dampfer trug uns, an dem speienden Stromboliberg vorbei, in See und Nacht und Sturm hinein, wo Seekrankheit heftig sich unserer bemächtigte«, schreibt Nolde in seiner Autobiographie (II, 60).

Three volcanic landscapes can be found among the 70 landscapes from the "unpainted pictures"; aside from this picture there is a bird's-eye-view of a volcanic crater and a glowing stream of lava flowing from a hilltop. Nolde was familiar with volcanoes from Italy as well as from the island of Java which he visited in 1914 while returning home from his voyage to the South Seas.
In December 1904, Nolde and his wife spent five months in Italy. Ada was slowly recovering from a kidney ailment in Taormina on the east coast of Sicily. "A wide large plate full of ripe yellow tangerines stood on our breakfast table," Nolde recalled. "And Etna lay before us, the wide beautiful mountain with its eternal fumes. I painted him and some other pictures more; believing they were good; they were not; the ones made in the studio on Als were better" (II, 52f.). This self knowledge underscores that Nolde's work was at its best when he freed himself from nature's model and worked freely from memory and his fantasy. Almost forty years after his trip to Italy, Nolde recalled the volcanoes again.
Nolde applied dark grey strips of colour encompassed by calligraphic-like contours on a greyish blue area of sky. The greyish blue background is visible in the space between the strips of colour, thus forming the surface of water with numerous crests of waves that reflects the sky. Nolde added a conical ultramarine-coloured volcanic mountain over the crests of the waves and inked in a mighty wind-driven column of smoke. The viewer can imagine himself in the Tyrrhenian Sea where the small volcanic island of Stromboli rises from the sea off the north coast of Sicily. "A small vile steamship carried us past the spouting Stromboli mountain to the sea and the night and the storms where we were both overcome with sea sickness," Nolde wrote in his autobiography (II, 60).

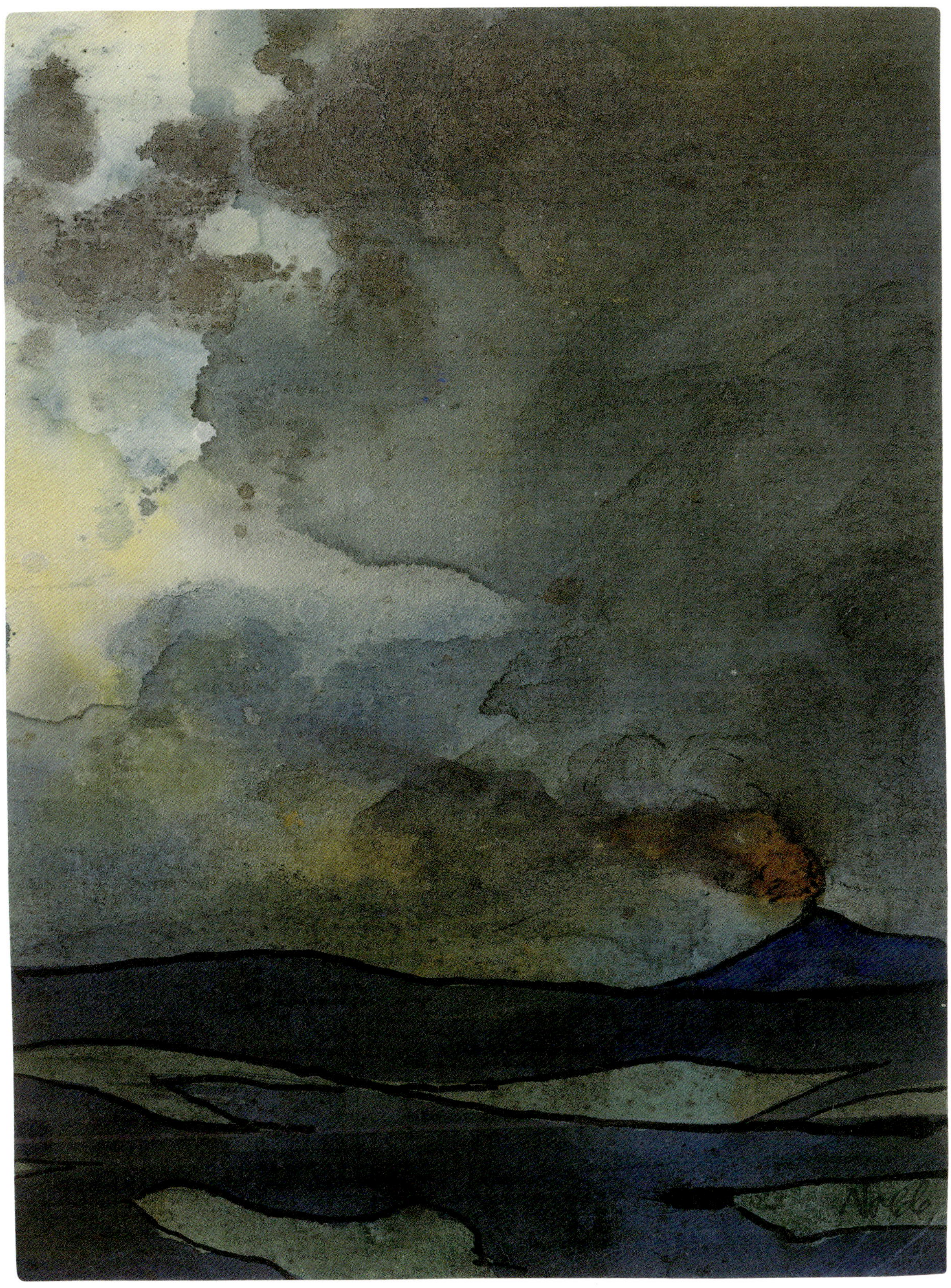

133 | Landschaft mit rauchendem Vulkan
Landscape with Fuming Volcano

Nolde ist mehrmals in Wien und besucht dort immer gern die Kunstsammlungen. Es ist daher anzunehmen, dass er im Kunsthistorischen Museum auch Parmigianinos (1503–1540) »Selbstbildnis im Konvexspiegel« gesehen hat. Der italienische Maler beweist mit diesem Selbstporträt seine illusionistische Virtuosität. Den Effekt der konvexen Verzerrung verstärkt Parmigianino noch, indem er auf einem gewölbten Stück Holz malt.

In seinem »Ungemalten Bild« setzt Nolde der virtuos gemalten Plastizität der Hand eine betonte Flächigkeit des Mittel- und Hintergrunds entgegen. Die hellblaue und gelbe Kleidung wirkt flach und ebenso zweidimensional wie der dunkelviolette Hintergrund. Durch diesen Kontrast von Fläche und Form wirkt die Hand noch plastischer, realer und lebendiger. Hat Nolde möglicherweise seine eigene linke Hand als Vorlage genommen, die er in der Fensterscheibe der Nähstube reflektiert sah?

Die überproportionale Größe der noldeschen Hand und ihre würdevolle Schwere lassen aber auch an den florentinischen Bildhauer Donatello (um 1386–um 1466) denken. »Italien, das Land Donatellos«, beginnt Nolde in seiner Autobiographie das Kapitel über seine Italienreise 1904/05 (II, 51). 1924 besucht Nolde für mehrere Wochen Florenz. In der Stadt sind viele Donatello-Skulpturen mit den typisch überproportional großen Händen zu sehen, die den Figuren eine würdevolle Grandeur und Kraft verleihen. So beispielsweise auch Donatellos »Heiliger Markus« (1411), der eine Tabernakelnische der Kirche Orsanmichele schmückt.

Bei der Betitelung der »Ungemalten Bilder« wurde die kräftige Hand einem Mann zugeordnet, dessen Hände schwere Arbeit gewohnt sind, und dem Blatt der Titel »Bauer und junge blonde Frau« gegeben.

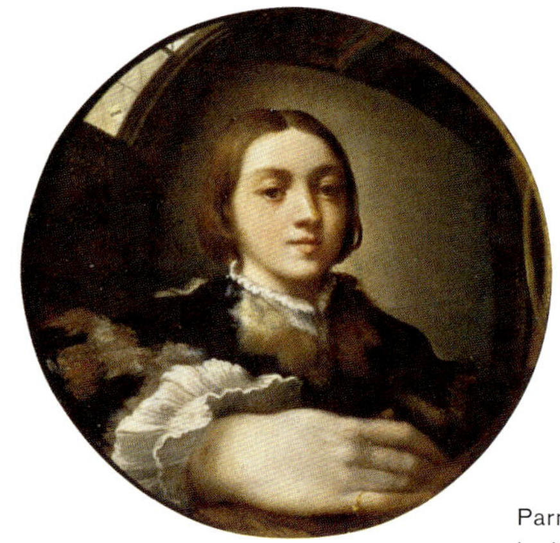

Parmigianino, »Selbstbildnis im Konvexspiegel«, um 1523/24

Parmigianino, "Self-portrait in a Convex Mirror," c. 1523/24

Nolde was often in Vienna and regularly visited the art collections there. One can therefore assume that he also saw Parmigianino's (1503–1540) "Self-portrait in a Convex Mirror" in the Kunsthistorisches Museum. The Italian painter demonstrated his illusionist virtuosity in this self-portrait. Parmigianino intensified the effect of the convex distortion even further by painting it on a curved piece of wood.

In his "unpainted picture," Nolde contrasts the prominent two-dimensionality of the mid- and foreground with the virtuoso painted three-dimensionality of the hand. The light blue and yellow clothing appears flat and just as two-dimensional as the dark purple background. The hand seems even more three-dimensional, real and lively through this contrast of surface and form. Did Nolde model it after his own left hand which he saw reflected in the window of the sewing room?

The disproportionately large hand painted here by Nolde and its stately weightiness also recalls the Florentine sculptor Donatello (c. 1386–c. 1466). The chapter in Nolde's autobiography dealing with his 1904/05 trip to Italy begins: "Italy, the land of Donatello" (II, 51).

In 1924, Nolde spent several weeks in Florence. Many sculptures by Donatello can be seen in this city featuring typical disproportionately large hands that endow the figures with a dignified grandeur and power. One example is Donatello's "Saint Mark" (1411) which stands in an exterior niche of the Orsanmichele church.

When titles were given to the "unpainted pictures," the powerful hand was ascribed to a man whose hands were accustomed to hard work and the watercolour was titled "Farmer and Young Blond Woman."

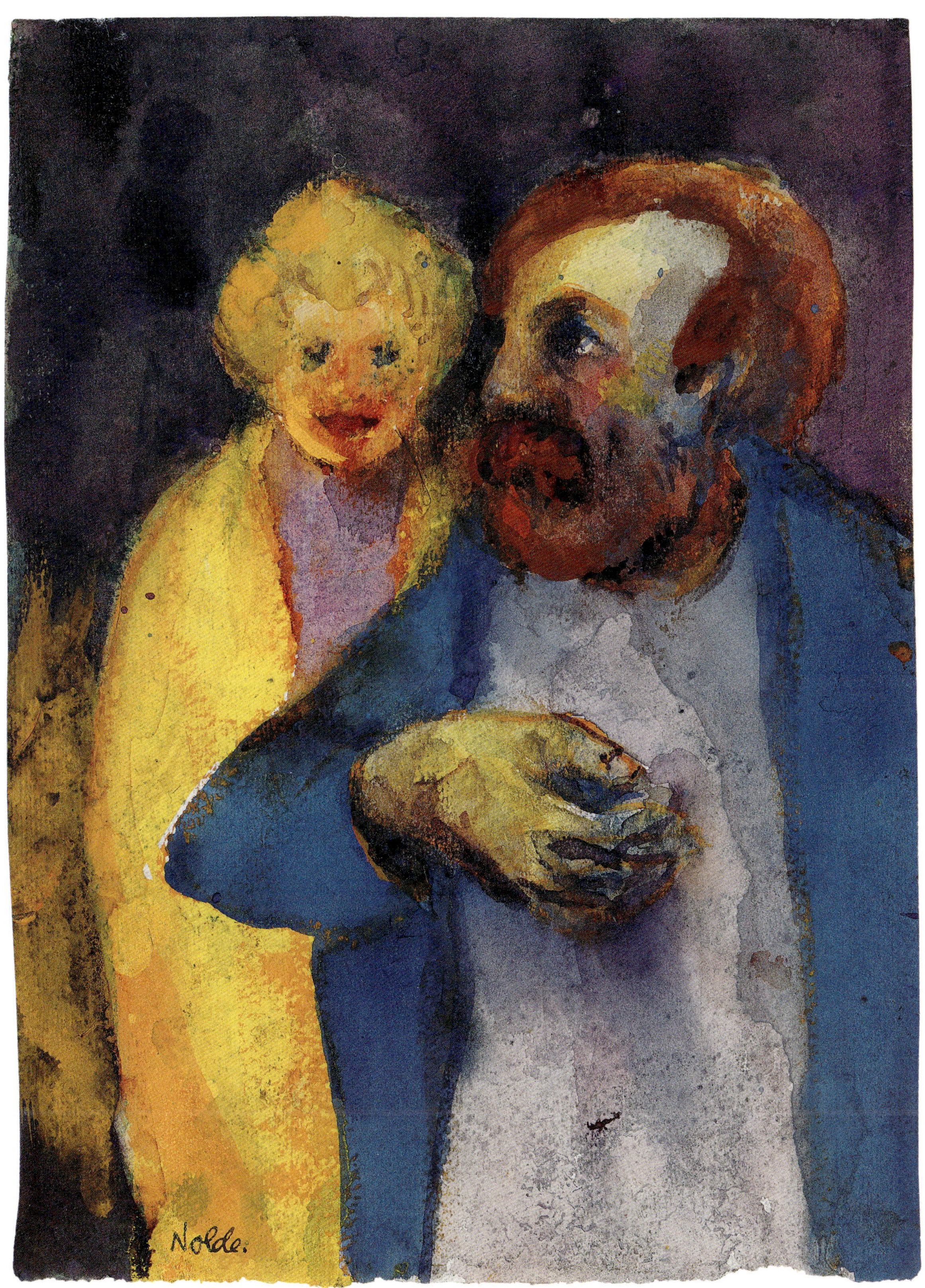

64 | Bauer und junge blonde Frau
Farmer and Young Blond Woman

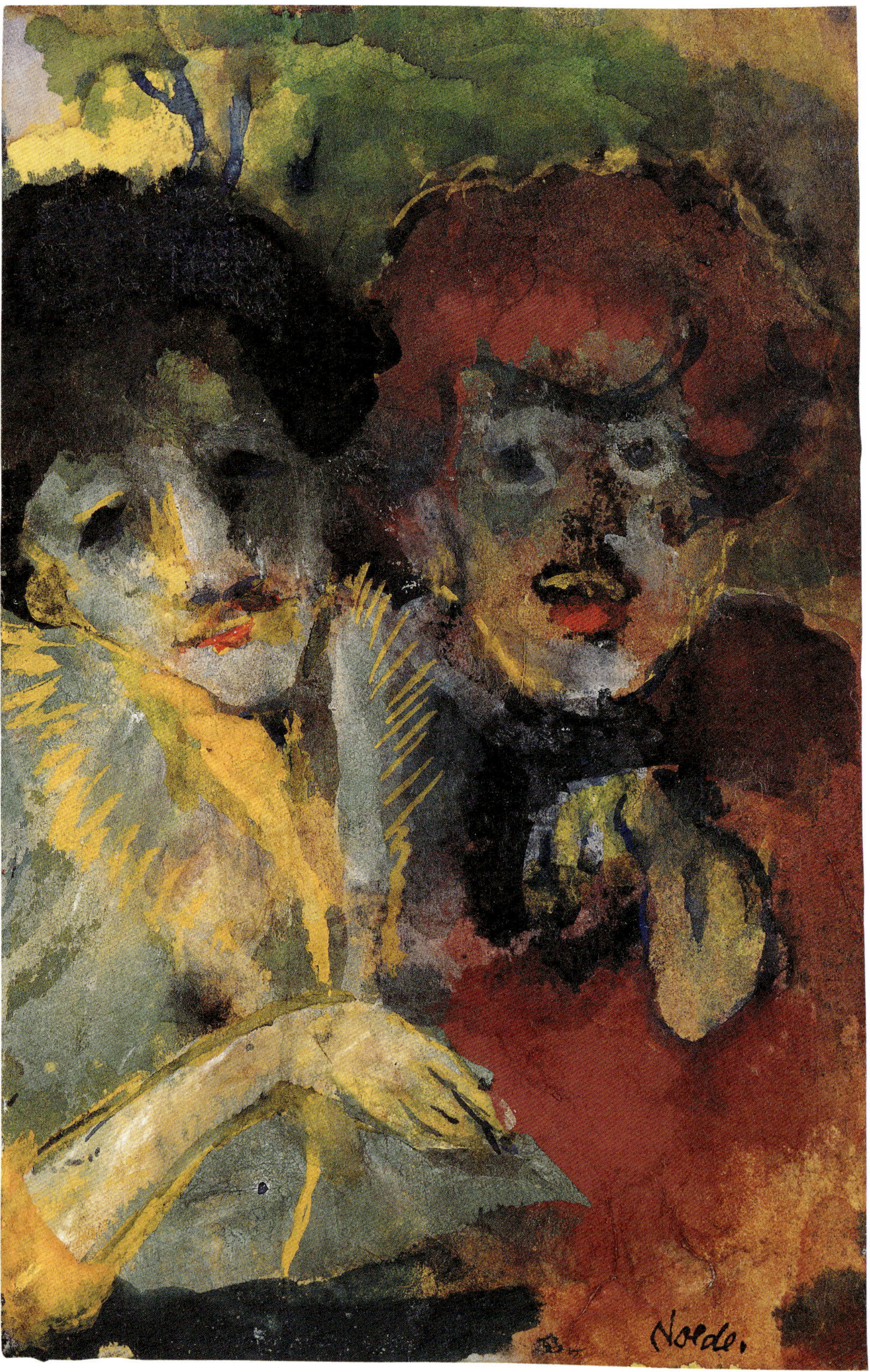

63 | Im Theater
In the Theatre

Mehr als fünfzig Blätter mit elegant gekleideten Damen und Herren mit modischen Hüten und opulenten Federboas, mit Paaren am Weintisch und Tänzern und mit bühnengleichen, theaternahen Szenen erinnern an Noldes Berlin-Aquarelle von 1910/11.
In Motiv, Komposition und Licht steht das »Ungemalte Bild« Edgar Degas (1834–1917) nahe, den Nolde bewundert. Degas fängt in seiner Kunst die Seele des modernen Lebens ein, sagte der französische Schriftsteller Edmond de Goncourt. Degas zeigt nämlich nicht nur die glamourösen Seiten von Paris, sondern auch dessen zwielichtige und hässliche Schattenseite. So lässt Degas in gleißender Bühnenbeleuchtung die Gesichter der Ballerinas zu angestrengten Grimassen werden und entzaubert damit den Glitzer des mondänen Paris.
Auch Nolde verzerrt in seinem »Ungemalten Bild« die Gesichter zweier elegant gekleideter Damen, die sich offenbar in der Loge eines Berliner Theaters niedergelassen haben, durch die von links unten heraufscheinende Bühnenbeleuchtung. »Ich zeichnete und zeichnete, das Licht der Säle, den Oberflächenflitter, die Menschen alle, ob schlecht oder recht [...] ich zeichnete diese Kehrseite des Lebens mit seiner Schminke, mit seinem glitschigen Schmutz und dem Verderb. Viel Augenreiz war allenthalben«, schreibt Nolde (II, 147 f.).
Mit dem Malverbot und seinem Rückzug nach Seebüll ist Nolde die Möglichkeit zu schnellem Aquarellieren inmitten von Cabaret- oder Theatervorführungen genommen. Mit diesen Großstadtmotiven, die teilweise keine Neuschöpfungen, sondern punktuelle Überarbeitungen der frühen Berliner Blätter sind, bewahrt sich Nolde in Zeiten der Verfolgung und des Malverbots ein Gefühl von Weltläufigkeit.

More than 50 works on paper depicting elegantly dressed ladies and gentlemen wearing fashionable hats and opulent feather boas, couples at a table in a wine bar in addition to dancers as well as stage-like, theatrical scenes recall Nolde's Berlin watercolours from 1910/11.
In terms of motif, composition and light, the "unpainted picture" resembles works by Edgar Degas (1834–1917), whom Nolde admired. As the French author Edmond de Goncourt wrote, Degas captured the soul of modern life in his art. Degas namely did not only depict Paris's glamorous sites, but also its dubious and ugly seamy sides. The faces of the ballerinas turn into strained grimaces in the blazing stage light of Degas's pictures, disenchanting the glitter of sophisticated Paris. In his "unpainted picture," Nolde also distorted the faces of two elegantly dressed women who have taken their seats in the loge of a Berlin theatre and which have been turned into hideous masks as a result of the stage lighting shining on them the lower left. "I drew and drew; the lights in the halls, the surface tinsel, all the people whether good or bad...; I drew the other side of life with its make-up, with its greasy dirt and decay. Stimulation for the eye was everywhere," Nolde wrote (II, 147 f.).
With the painting ban and his withdrawal to Seebüll, Nolde took the opportunity to make quick watercolour sketches in the middle of cabaret or theatre performances. In these urban motifs, which are to some extent not new creations, but rather partial reworkings of the earlier watercolours made in Berlin, Nolde preserved the sense of cosmopolitan life during the time he was ostracised and prohibited from painting.

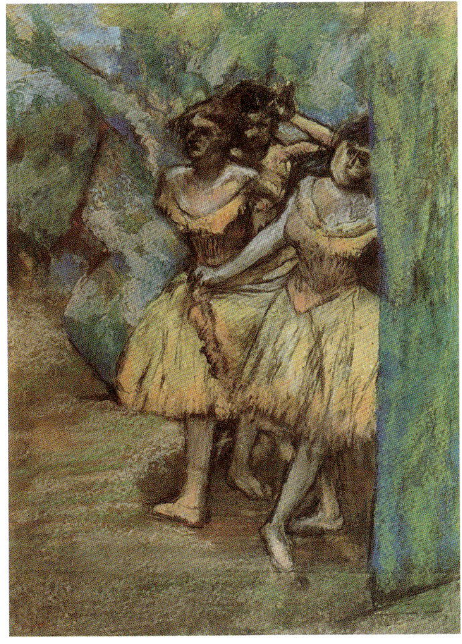

Edgar Degas, »Drei Tänzerinnen hinter den Kulissen«, 1904–1906

Edgar Degas, "Three Dancers behind the Scenes," 1904–1906

Nolde besuchte während seiner Berlin-Aufenthalte oft mit Aquarellkasten und Papier das Zoo-Aquarium, das mit seinen Terrarien und Aquarien schon damals zu den artenreichsten der Welt gehörte. 1923/24 vollendet der Maler im Zoo-Aquarium eine Folge von großformatigen Aquarellen mit Fischen, Wasserschildkröten, Eidechsen, Chamäleons und Fröschen. Zwanzig Jahre später malt Nolde während seines Malverbots »Blaue Fische im Aquarium«, eines der wenigen Blätter mit Tiermotiven, und das einzige Blatt unter den »Ungemalten Bildern«, das Fische zeigt.

Rotflossensalmler haben einen bläulich silberschimmernden Körper und leuchtend rote Flossen. Nolde erinnert sich vielleicht an diese südamerikanischen Zierfische aus dem Berliner Zoo-Aquarium – oder er denkt an die ähnlich aussehenden Rotaugen, die sich direkt vor dem Fenster der Nähstube im Teich seines Gartens tummeln.

In seinem »Ungemalten Bild« vermenschlicht Nolde die Fische in Aussehen und Verhalten. In der oberen Aquariumhälfte scheinen sich eine Fischdame mit wimpernumkränzten Augen und Schmollmund und ein Fischherr küssend näherzukommen, während auf dem Aquariumboden ein angriffslustiger Artgenosse mit spitz bezahntem Maul eine Seeschlange vertreibt, die sich auf ihrer Flucht spiralförmig zusammenrollt.

Es wirkt so, als habe Nolde mit kindlicher Phantasie eine subaquare Allegorie auf das menschliche Leben zu Papier gebracht. Für diese verwunschene Phantasiewelt sind schillernde Zierfische, wie sie Nolde bei seinen Aquariumbesuchen in Berlin oft gesehen haben wird, besser geeignet als die eher farblosen heimischen Fischarten, die in den Gewässern um Seebüll zu finden sind und die Nolde als Angler, Fischer und Aalstecher aus eigener Erfahrung bestens kannte.

During his stays in Berlin, Nolde often visited the Aquarium in the Zoological Garden with paper and watercolours in hand. Even at that time, the Aquarium with its terrariums and aquaria had one of the largest collections of different species in the world. In 1923/24, the painter completed a series of large-format watercolours in the Zoo Aquarium depicting fish, turtles, lizards, chameleons and frogs. During the time of the painting ban twenty years later, Nolde painted "Blue Fish in an Aquarium," one of these watercolours featuring an animal motive and the only work on paper among the "unpainted pictures" that shows fish.

Bloodfin tetras have a shimmering bluish body and brilliant red fins. Nolde perhaps remembered these South American tropical fish from the Zoo Aquarium in Berlin – or he was thinking of the similar looking common roach that splashed about in the pond in his garden that lay directly in front of the window in the sewing room.

In his "unpainted picture," Nolde humanised the fish in terms of appearance and behaviour. In the top half of the watercolour, a pouting female fish with made-up eyes and a male fish seem to approach each other kissing while an aggressive member of the same species with pointy teeth on the aquarium floor drives away a sea serpent that takes flight by rolling itself into a spiral.

It seems as if Nolde brought an underwater allegory of human life to paper here. For such an enchanted fantasy world, such shimmering tropical fish as the ones Nolde often saw during his visits to the Berlin Aquarium seemed more suitable than the rather colourless local species of fish found in the waters near Seebüll and which Nolde was very familiar with personally as an angler, fisherman and eel catcher.

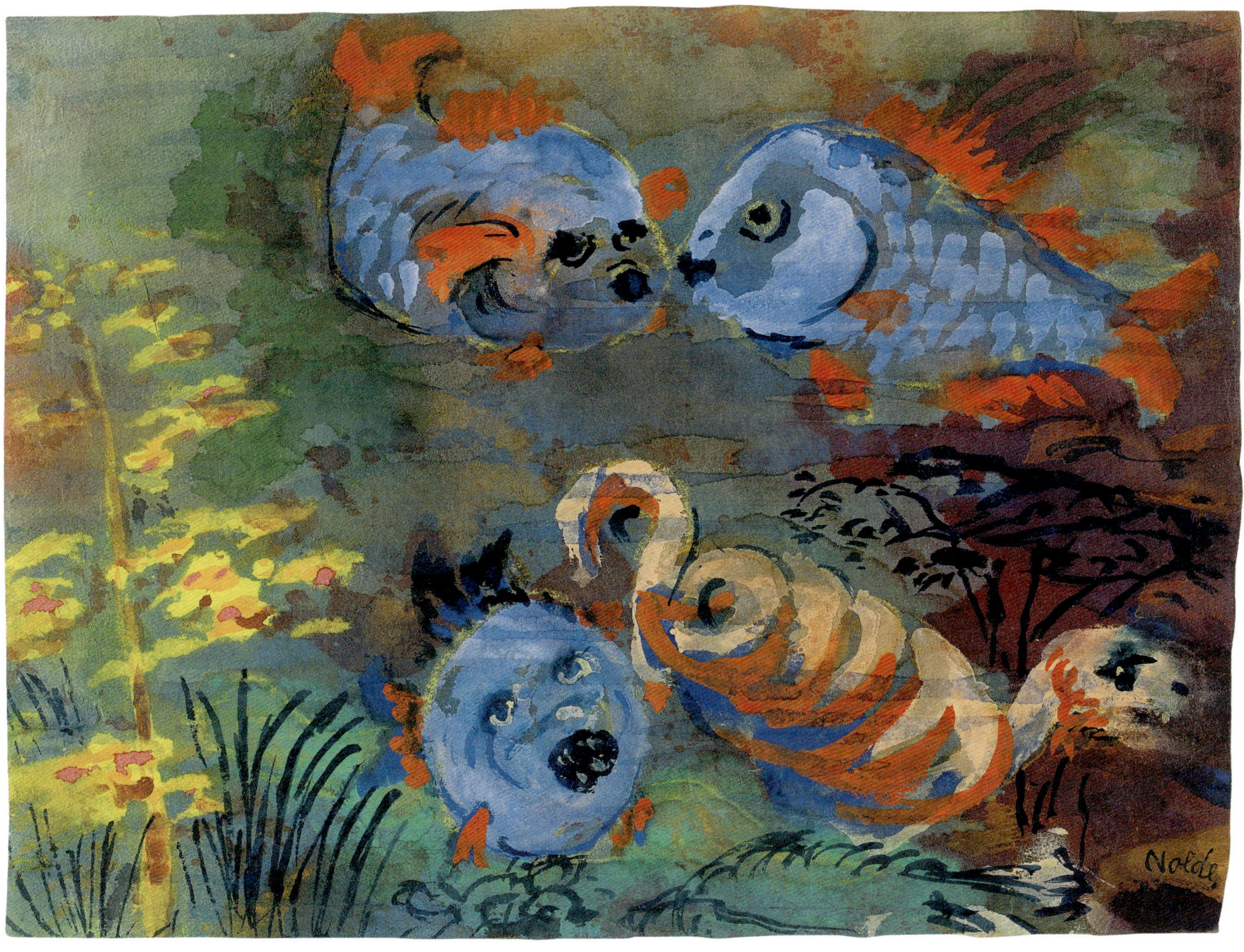

34 | Blaue Fische im Aquarium
Blue Fish in an Aquarium

Dieses Blatt ist mit 29,1 x 21 cm das größte aller »Ungemalten Bilder«. Bemerkenswert ist auch, dass Nolde mit dem Motiv des Frauenkopfes auf schwarzem Grund auf sein druckgraphisches Werk Bezug zu nehmen scheint – ebenfalls einmalig bei den »Ungemalten Bildern«. Die Ähnlichkeit zu seiner 1913 gedruckten Lithographie »Junge Dänin« in der Farbfassung Grün und Ocker ist bemerkenswert. Nachdem Nolde gut 15 Jahre lang mit verschiedensten Drucktechniken von Radierungen über Hektographien und Holzschnitte bis hin zur Lithographie gearbeitet und mit den verschiedenen Ausdrucksformen von Linie und Fläche, von zarter Nuancierung zu kontrastreichem, groben Gegeneinander experimentiert hat, beendet er 1926 sein druckgraphisches Werk. Es scheint, als ob Nolde zu dem Schluss gekommen sei, dass ihm saugfähiges Aquarellpapier, fließende Wasserfarben und weiche Ölfarben mehr Ausdrucksmöglichkeiten bieten als der harte Druckstock für die Holzschnitte, die starren Kupfer- und Eisenplatten für die Radierungen oder die kalten Steine für die Lithographien. 1937 fertigt Nolde noch einmal sechs Holzschnitte, deren Motivstarre er mit eingetuschten Aquarellfarben aufzubrechen versucht.

Wenn die Lithographie »Junge Dänin« die Anfangsphase von Noldes druckgraphischem Werk darstellt, so bildet das »Ungemalte Bild« dessen Abschluss. Das Motiv des freistehenden Frauenkopfes ist hier wieder aufgenommen worden und in der nuancenreichen, fließenden Aquarelltechnik dargestellt. Die »Junge Dänin« könnte ein abstrahiertes Porträt von Ada darstellen, die Dänin war. »Sie, Ada Vilstrup [...] stand da, in ihrer reinen Schönheit, mit lichtem Sinn und offenen runden Augen«, schreibt Nolde, mit »grüngoldgrauen Augen« (I, 225). Mit dem Wissen, dass Ada aus einer Pastorenfamilie kam, wird das rechteckige Schmuckstück am Hals zu einer in den Stehkragen eines Collarhemdes eingeschobenen weißen Blende und der schwarze Hintergrund scheint mit einem Talar zu verschmelzen.

Measuring 29.1 x 21 centimetres, this is the largest of the "unpainted pictures." Similarly noteworthy is the fact that Nolde seems to be referencing his prints with the motif of a woman's head against a black ground – likewise unique among the "unpainted pictures." The resemblance to the green and ochre version of his 1913 lithograph "Young Danish Woman" is remarkable. After Nolde had worked for about fifteen years with such diverse printing techniques as engravings and hectographs, woodcuts and lithographs and experimented with numerous forms of expressing line and area ranging from delicate nuances to high-contrast, coarse juxtapositions, he ended his work with prints in 1926. It seems as if Nolde came to the conclusion that absorbent watercolour paper, flowing watercolours and soft oil paints offered him greater means of expression than the hard printing blocks for the woodcuts, the rigid sheets of copper and iron for the engravings or the cold stones for the lithographs. In 1937, he again produced six woodcuts, whereby he attempted to loosen the stiff motifs with watercolours.

If the lithograph "Young Danish Woman" represents the early phase of Nolde's prints, the "unpainted pictures" represents its completion. The motif of the free-standing woman's head is taken up again here in the richly nuanced, flowing watercolour technique. The "Young Danish Woman" could possibly represent an abstracted portrait of Ada, who was Danish. "She, Ada Vilstrup... stood there in all her pure beauty, with a bright demeanour and open round eye," Nolde wrote, with "greenish gold grey eyes" (I, 225). As Ada came from a pastor's family, the rectangular ornament at her throat becomes a white facing inserted into the stand-up collar of a collared shirt and the black background seems to dissolve into a cassock.

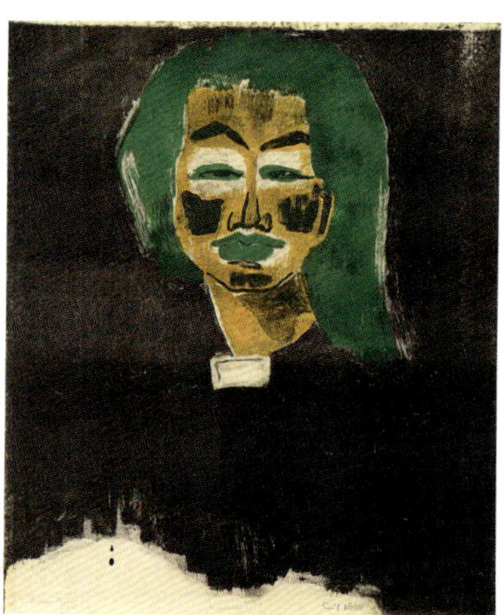

»Junge Dänin«, 1913

Young Danish Woman, 1913

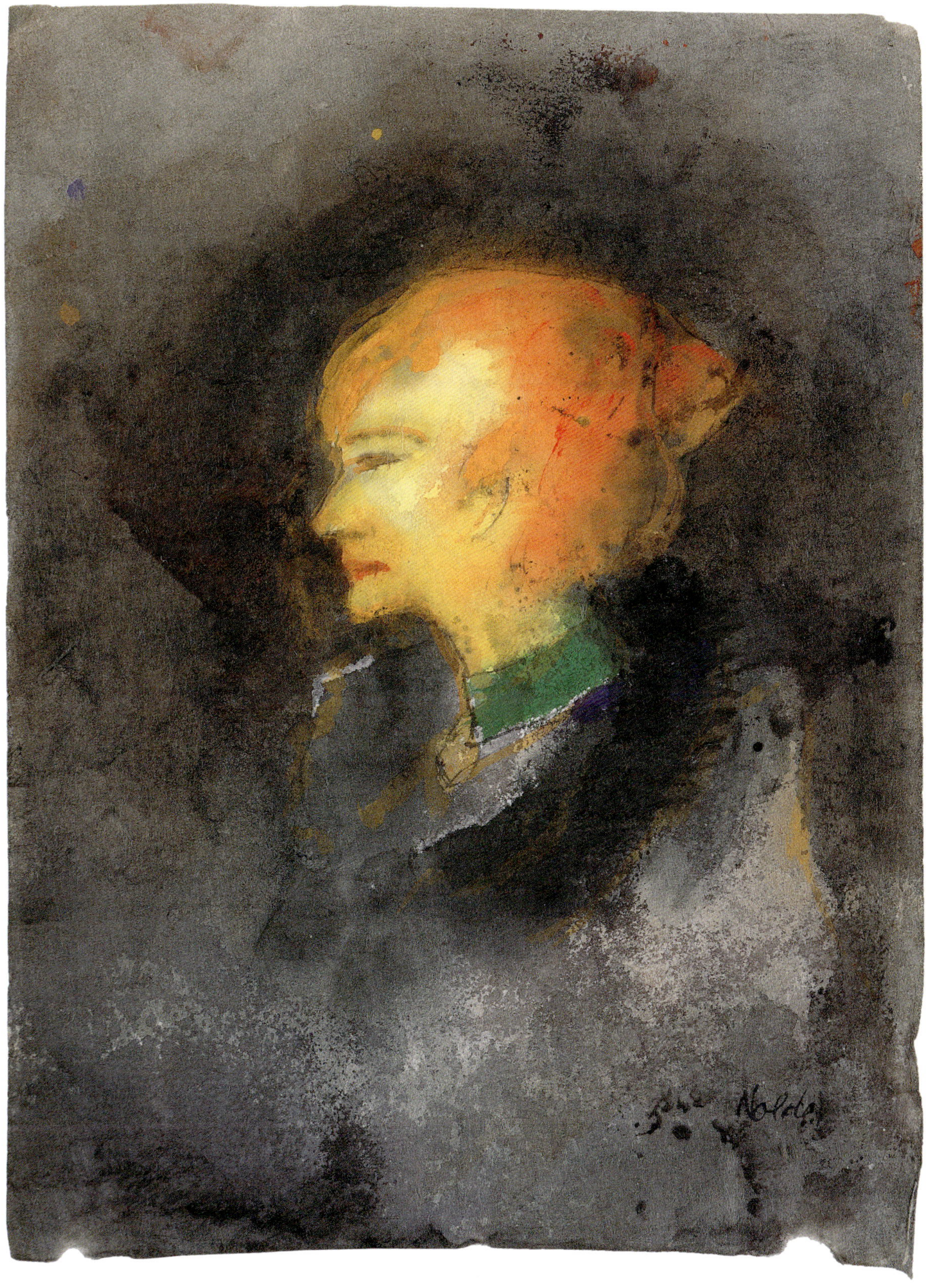

45 | Gelbes Frauenprofil mit rotem Haar
Yellow Profile of a Woman with Red Hair

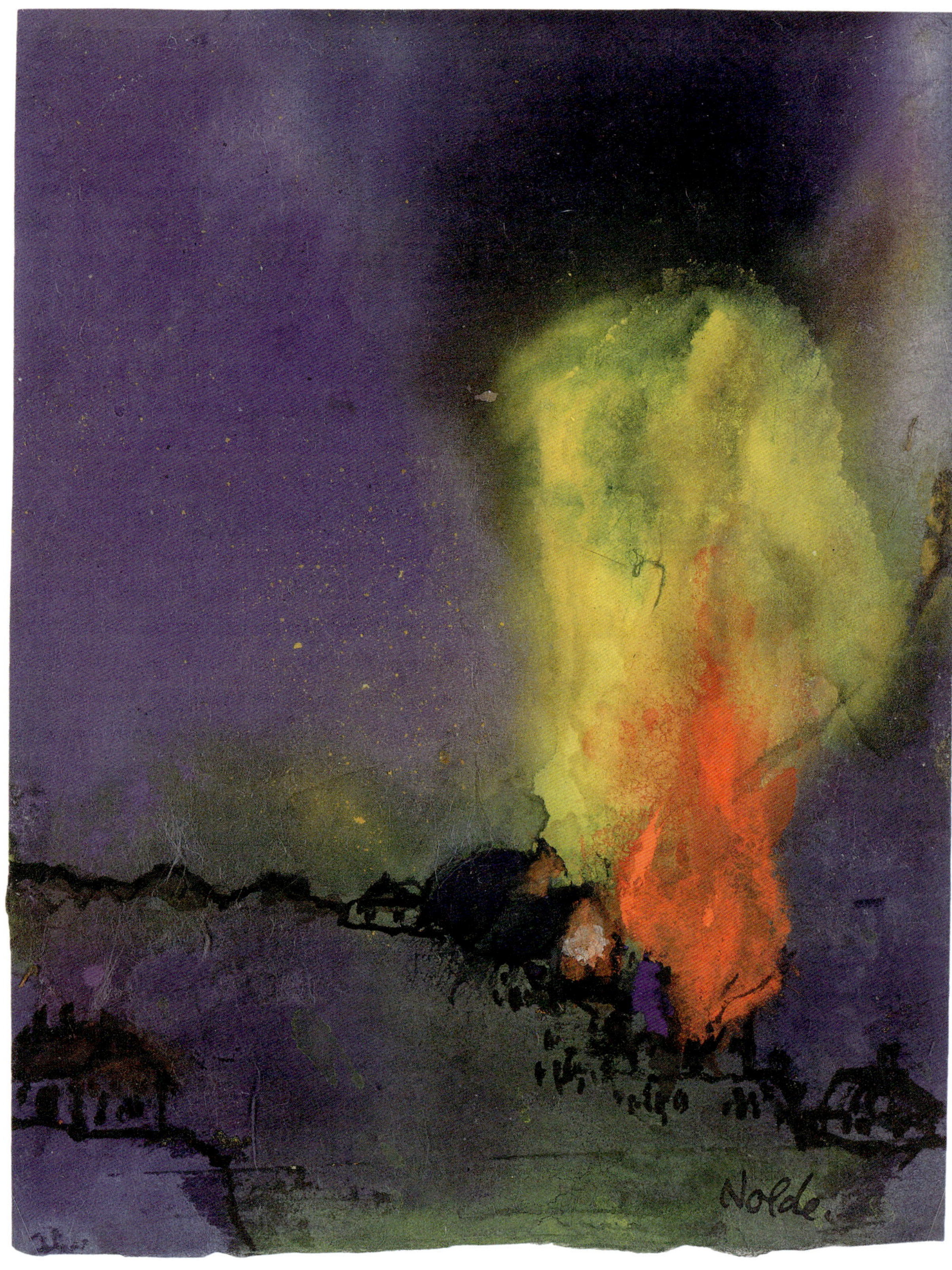

134 | Brennendes Gehöft
Burning Farmstead

Ab 1942 flogen britische Bomberverbände nachts Angriffe auf innerdeutsche Ziele. Um möglichst vielen landgestützten Flugabwehrstellungen zu entgehen, überflogen die aus England über die Nordsee kommenden Verbände das Feindesland an seiner schmalsten Stelle – Nordfriesland – und drehten dann über der Ostsee nach Süden ab. Wenige Monate später, im Januar 1943, hatten die Alliierten die Lufthoheit weitestgehend erobert und nun flogen amerikanische Bomberverbände, die bis zu 300 Flugzeuge zählten, auch Tagesangriffe. Nordfriesland wurde kaum bombardiert, obwohl sich allein im 10-km-Umkreis von Seebüll zwei Flakstationen fanden. Auf ihrem Rückflug nach England vor der Nordseeüberquerung wurden allerdings über dem Festland ab und an fehlerhafte Bomben ausgeklinkt und leere Zusatztanks abgeworfen. Eine gezielte oder flächendeckende Bombardierung blieb dem dünn besiedelten Marschland erspart.

Noldes »Ungemaltes Bild« ist demnach nicht als dokumentarisches Kriegszeugnis, als Augenzeugenbericht eines Bombentreffers in der Nachbarschaft zu lesen. Vielmehr scheint der brennende Hof den Kindheitserinnerungen des Malers entsprungen zu sein. »An einem Vormittag stand ich als Knabe, schauend wie im Dorfe Bülderup von einem großen Hof zum anderen das Feuer hinübersprang«, erinnert sich Nolde in seiner Autobiographie, »es waren wohl zehn der großen und kleineren Höfe und Häuser, die nacheinander niederbrannten, die Kirche mit ihrem stumpfen Turm stand rauchumflort mitten dazwischen. Solche Ereignisse wurden im Gedächtnis des Knaben eingegraben. Auf sie und auch auf die so oft erlebten herrlichen Naturstimmungen zurückgreifend, entstanden meine Bilder – das dramatisch Geschehene vereinfacht, geklärt.« (IV, 52)

Starting in 1942, British bomber formations flew attacks on inland targets in Germany. In order to avoid as many land-based anti-aircraft positions as possible, the bomber wings flew from England over the North Sea, approaching enemy territory from its narrowest point – North Frisia – and then turned to the south over the Baltic Sea. Several months later, in January 1943, the Allies had attained air supremacy and now the American bomber squadrons, which included up to 300 airplanes, flew daytime bombing missions. Despite the fact that two anti-aircraft stations were located within a ten-kilometre radius around Seebüll, North Frisia was hardly bombed. Because crossing the North Sea on their return to England, bombs were occasionally dropped and empty ancillary tanks were cast off over the mainland. The thinly populated marshland was spared deliberate or saturation bombing.

Nolde's "unpainted picture" is nevertheless not intended as an image documenting the war nor is it an eyewitness account of a direct hit in the vicinity. The burning farm seems instead to have arisen from the painter's memories of his childhood. "As a young boy I stood one morning and watched as the flames in the village of Bülderup jumped from one large farmstead to the next," Nolde recalled in his autobiography, "it must have been ten of the larger and smaller farmsteads and houses that burned down one after the other; the church with its blunt tower stood amidst all of this surrounded by fire. Such occurrences embedded themselves into the boy's memory. My pictures came about by drawing upon them as well as the oft experienced, wonderful moods of nature which simplified and clarified the dramatic events" (IV, 52).

1924 ist Nolde in Florenz und besucht sicherlich auch die Uffizien mit Sandro Botticellis (1445–1510) »Geburt der Venus«. Gerade nackt dem Meer entstiegen, wird die Liebesgöttin behutsam vom Westwind Zephyrus und der sich zärtlich an ihn schmiegenden Aura, dem sanften Lufthauch, in einem Rosenblütenwölkchen ans Ufer getrieben. Botticellis schlanke, feingliedrige Figuren schweben in grazilen Posen durch die in zarte Pastelltöne getauchte Bildwelt.

Wenn Nolde an Wind denkt, dann schwebt ihm kein laues Lüftchen vor. Dann sehnt er sich »nach dem Westwind, der die Wellen gegen das Land peitscht. Gewitterwolken. Ich will, daß der Gischt mir ins Gesicht fegt«, wie er in einem Brief an seinen Freund Hans Fehr schreibt. »Frost, Kälte, die beißt. Eiszapfen vom Bart über den Mund hinunterhängen.« (27. Januar 1902) Nolde fesselte die ungebändigte Natur: »Das große, tosende Meer ist noch im Urzustand, der Wind, die Sonne [...].« (II, 197) Für die herbe Schönheit dieser Urnaturen sucht Nolde adäquate, kraftvolle Ausdrucksformen zu finden. Mit drei gewaltigen, grobgliedrigen Friesengöttern verbildlicht Nolde den peitschenden Westwind, der mit schweren Gewitterwolken die Sonne über dem flachen Land verdunkelt.

Italien – das Nolde 1904/05 und 1924 besucht – ist für Nolde »das Land [...] der schlaff machenden Sonne« (IV, 65). »In peitschendem Regen, in Frost und Sturm und Schneegestöber fühlen wir in der Kälte geborenen Menschen uns herzlich wohl«, notiert Nolde, »ja wir lieben das Toben der Elemente dort, wo der Südländer friert. In der Kunst ist es auch so ...« (IV, 58)

Nolde was in Florence in 1924 and he surely visited the Uffizi Gallery where Sandro Botticelli's (1445–1510) "The Birth of Venus" was exhibited. Having just emerged naked from the water, the goddess of love is tenderly towards the shore on a cloud of rose blossoms by the west wind Zephyrus, and the closely snuggling Aura, the gentle breeze. Botticelli's slim and delicate figures hover in graceful poses throughout this pictorial world immersed in subtle pastel colours.

When Nolde thought about the wind, it did not just concern a faint breeze. He was yearning "for the westerly wind that beats the waves against the shore. Thunderclouds. I want the sea spray to sweep across my face," as he wrote in a letter to his friend Hans Fehr. "Frost and biting cold. Icicles hanging from one's moustache over the mouth" (27 January 1902). Nolde was fascinated by untamed nature: "The great tempestuous sea is still in a primordial state, the wind, the sun..." (II, 197). Nolde sought an adequate, powerful form of expression for the rough beauty of this primordial nature. Nolde personified the lashing westerly wind that darkens the flat land with heavy thunderclouds by means of powerful, coarsely structures Frisian deities.

Italy – which Nolde visited in 1904/05 and 1924 – was for him "the land... of the slackening sun" (IV, 65). "Those of us born in the cold feel very comfortable in lashing rain, in frost and storm and snow flurries," Nolde noted, "in fact we love the clamour of the elements there, where Mediterranean types freeze. It is similar in art..." (IV, 58).

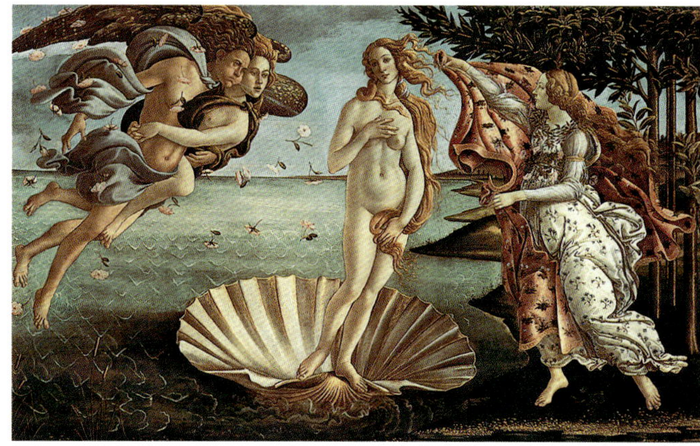

Sandro Botticelli, »Die Geburt der Venus«, 1485

Sandro Botticelli, "The Birth of Venus," 1485

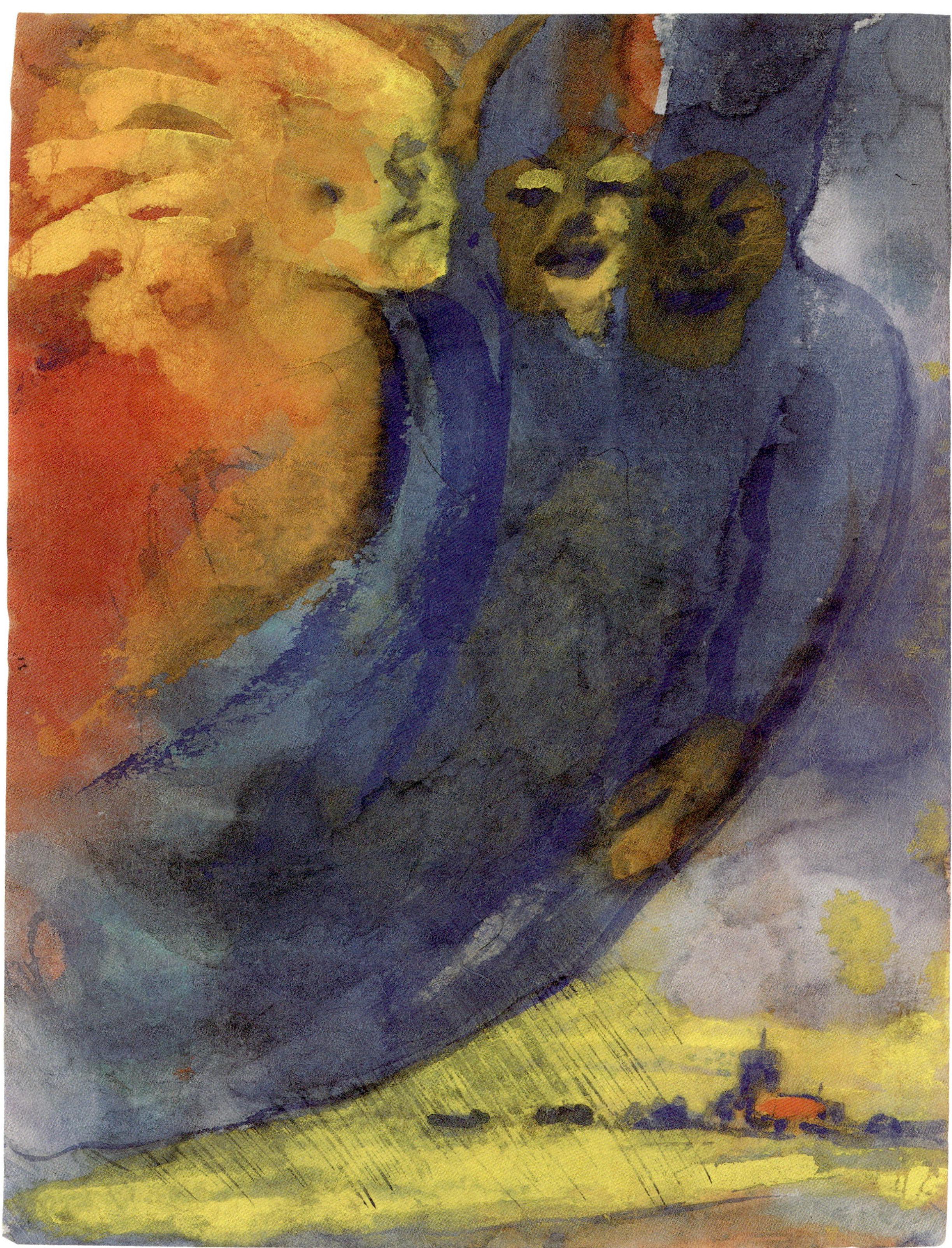

102 | Drei fliegende Gestalten über einer Stadt
Three Flying Figures over a City

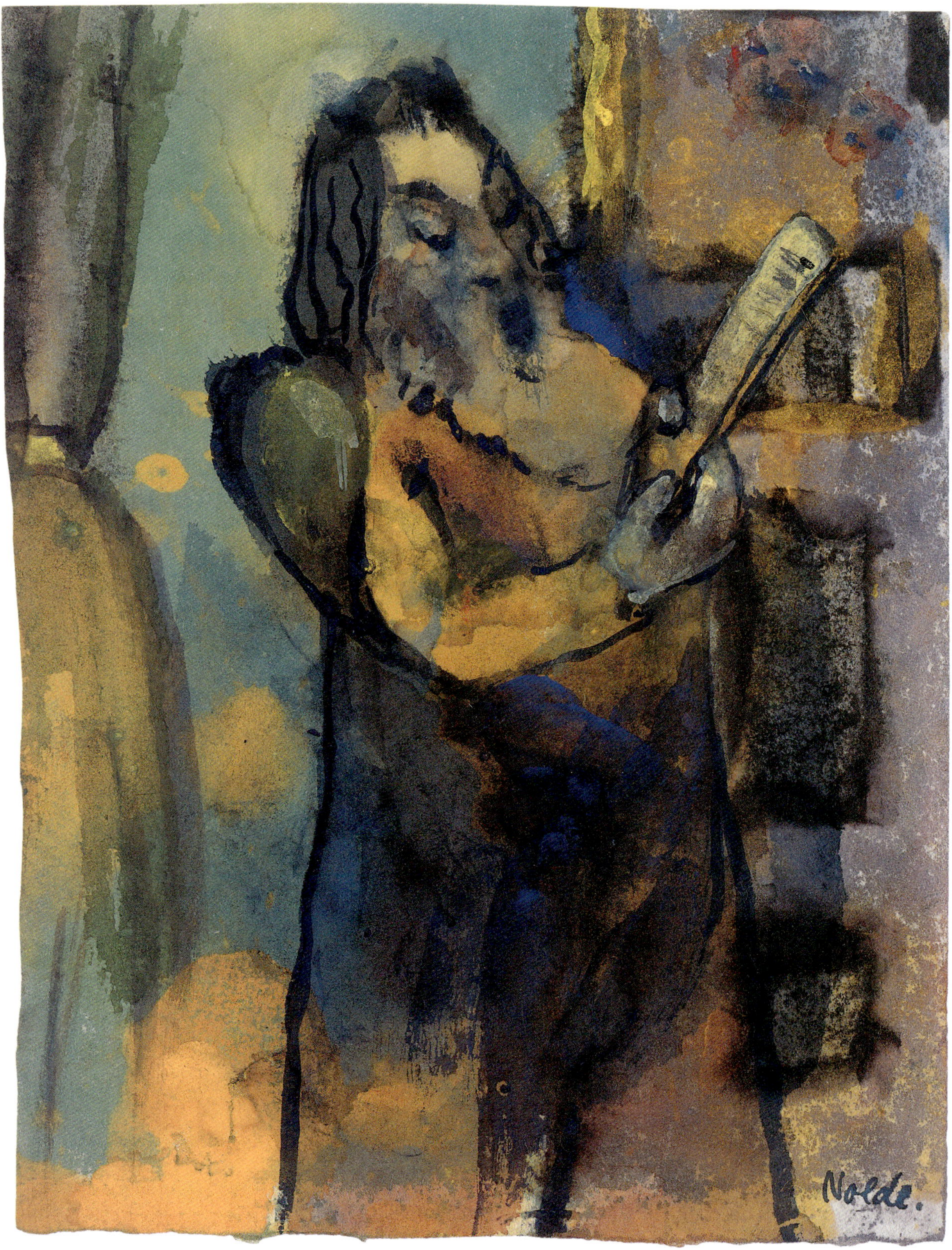

49 | Singender alter Mann mit Notenblatt
Singing Old Man with Sheet Music

Nolde fertigt 1899 eine Kompositionsskizze von James McNeill Whistlers (1834–1903) »Symphonie in Weiß« an. 1921 wird er sicherlich das Original bei seinem Besuch in der Tate Gallery in London gesehen haben. Noldes Aquarell ist ähnlich wie die »Symphonie in Weiß« aufgebaut: Eine Figur in Schrägansicht steht dicht an einer dunklen, architektonischen Struktur. Bei Whistler wird das Gesicht des Mädchens im Spiegel darüber reflektiert, bei Nolde scheinen die beiden Köpfe zu einem Gemälde zu gehören.

Über diesen konkreten Bildvergleich hinaus verbindet Nolde mit Whistler die Auffassung, dass die Malerei der Musik nicht unähnlich sei, dass Farben tonangebend sein können. Whistler baut auf die evokative Kraft einer Farbe oder einer ganzen Symphonie aus Farbakkorden. Zweck des Bildes ist nicht mehr das Erzählen einer Geschichte, sondern der rein ästhetische Genuss. »Wie Musik die Poesie des Hörens ist, so die Malerei die Poesie des Sehens«, schreibt Whistler. »Das Sujet hat nichts zu tun mit der Harmonie der Klänge oder Farben.«

Und Nolde schreibt: »Die Farben sind meine Noten, mit denen ich zu- und gegeneinander Klänge und Akkorde bilde.« (»Worte am Rande«, 30. Mai 1943) Über Whistlers Farbauffassung hinaus geht Noldes Sensibilität des Farbhörens. Farben können nicht nur ähnlich wie Töne Stimmungen hervorrufen, Farben sind für Nolde auch hörbar: »Die Eulen saßen in den Tannen [...] Im Heck saß gefangen im Schlageisen eine Hasenmutter schreiend und gräßlich verquält [...] Die Not und Angstschreie [...] folgten dem Ohr des Malers, und früh schon verdichteten sie sich zu Farben, in gellendes Gelb die Schreie, in dunkelvioletten Ton das Heulen der Eulen.« (II, 43)

In 1899, Nolde prepared a compositional sketch after James McNeill Whistler's (1834–1903) "Symphony in White". He surely saw the original painting when he visited the Tate Gallery in London in 1921. The construction of Nolde's watercolour is similar to "Symphony in White": a figure seen in an oblique view is shown close to a dark architectural structure. In Whistler's painting, the girl's face is reflected in the mirror above; in Nolde's work the two heads seem to belong to a painting.

Over and above this concrete pictorial comparison, Nolde shared the approach with Whistler that music is not dissimilar to music, that colours can be predominating. Whistler builds on the evocative power of a colour or an entire symphony of colour chords.

The picture's intention is no longer the narrative of a story, but solely pure aesthetic pleasure. "'As music is the poetry of sound, so is painting the poetry of sight," Whistler wrote, "and the subject-matter has nothing to do with harmony of sound or of colour."

And Nolde wrote: "Colours are my notes with which I form similar and contrasting sounds and chords" ("Worte am Rande," 30 May 1943). Nolde's sensitivity of hearing colours goes beyond Whistler's approach to colour. Colours not only evoke moods as do tones, but colours were also audible for Nolde: "The owls sat in the fir trees ... A rabbit mother sat shrieking and terribly distressed in the hedge, caught up in the trap.... The distress and cries of fear ... followed the painter's ear and they soon also congealed into colours; the screams into a shrieking yellow, the wails of the owls into a dark purple tone" (II, 43).

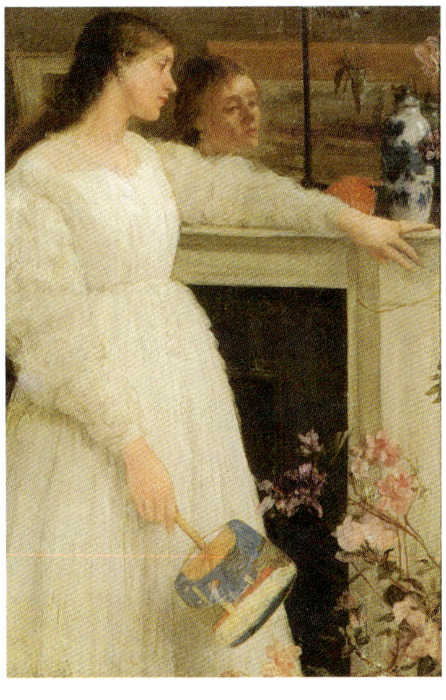

James McNeill Whistler, »Symphonie in Weiß Nr. 2: Mädchen in Weiß«, 1864

James McNeill Whistler, "Symphony in White, No. 2: The Little White Girl," 1864

Das kleine Porträt des schlittschuhlaufenden Robert Walker von dem schottischen Maler Sir Henry Raeburn (1756–1823) wurde 1949 entdeckt und zeigt den Pfarrer, wie er elegant, eine anspruchsvolle Eiskunstlauf-Figur beschreibend, über das zugefrorene Loch Duddingston bei Edinburgh gleitet. Walker hatte seine Kindheit in Rotterdam verbracht und das Schlittschuhlaufen auf zugefrorenen Wassergräben gelernt, bevor er als Erwachsener der Edinburgh Skating Society beitrat.
Auch Nolde ist passionierter Schlittschuhläufer und geht diesem Freizeitvergnügen – wenngleich nicht als Mitglied eines mondänen Clubs – während der Wintermonate im Berliner Eispalast nach. Schon während seiner Lehrtätigkeit in St. Gallen schnallte Nolde tagtäglich die Schlittschuhe zur Erholung an.
Das Motiv der Schlittschuhläufer findet sich in Noldes gesamtem Werk in verschiedensten Techniken von der Bleistiftzeichnung bis hin zur Lithographie wieder. Im Hintergrund von Noldes »Ungemaltem Bild« deuten regelmäßig gesetzte Rechtecke in Goldocker eine aufwendige Bandenkonstruktion an. Im Vordergrund beschreiben Rillen weite Pirouettenbögen und drücken unbeschwerte Lebensfreude aus. Mit seinem muskulösen Körperbau und robusten Kufen erinnert Noldes Schlittschuhfahrer eher an einen kraftvollen Eisschnellläufer als an einen Eiskunstläufer wie Robert Walker. In Zeiten der gesellschaftlichen Ächtung und des Rückzuges nach Seebüll ist Noldes Schlittschuhläufer Sinnbild für die verwehrte Teilnahme am gesellschaftlichen Leben und Sehnsuchtssymbol für die grenzenlose Bewegungsfreiheit aus unbekümmerten Kindertagen: »Die mit Stricken angebundenen Schlittschuhe tauchten wir zu Beginn ins Wasser, dann saßen sie angefroren wie festgewachsen«, erinnert sich Nolde. Im »stundenlangen Lauf« ging es dann »längs den überstauten Wiesen mit ihren halbversteckten, dünngefrorenen Wasserläufen. Mit Anlauf sausten oder sprangen wir über sie hinweg.« (I, 42 f.)

This small portrait of the Reverend Robert Walker ice skating made by the Scottish painter Sir Henry Raeburn (1756–1823) was discovered in 1949. It depicts the clergyman elegantly figure skating across the frozen Loch Duddingston near Edinburgh. Walker had spent his childhood in Rotterdam and learned how to skate on frozen ditches before joining the Edinburgh Skating Society as an adult.
Nolde, too, was a passionate ice skater and often went about this hobby, albeit not as a mundane club member, during the winter months in the Berlin Ice Palace. Even as a young teacher in St. Gallen, Nolde strapped his skates on every day for relaxation.
The motif of ice skaters can be found throughout Nolde's oeuvre in such diverse techniques as pencil drawings and lithographs. In the background of Nolde's "unpainted picture," regularly placed gold ochre rectangles suggest an elaborate band construction. Grooves in the foreground indicate the expansive pirouette loops and express an easygoing joy in life. Because of his muscular body and the robust blades on his skates, Nolde's skater recalls an ice racer rather than a figure skater like Robert Walker. At the time of his social ostracism and the withdrawal to Seebüll, Nolde's ice skater symbolises the participation in social life which he was denied as well as the a symbol of his longings for the unrestricted freedom of movement of his carefree childhood: "We first immersed the skates tied with rope in water and then they sat there frozen and stiff," Nolde recalled. "For hours we skated along the overgrown meadows with their half-concealed, thinly frozen courses of water. We then took a quick running jump over them" (I, 42 f.).

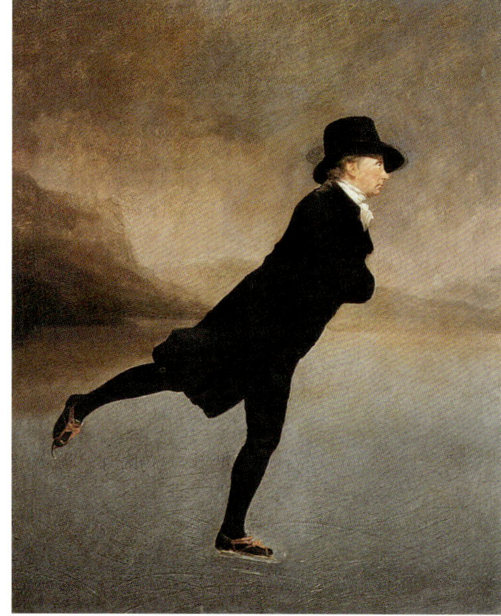

Henry Raeburn, »Reverend Robert Walker beim Schlittschuhlaufen«, um 1795

Henry Raeburn, "Reverend Robert Walker Skating on Duddingston Loch," c. 1795

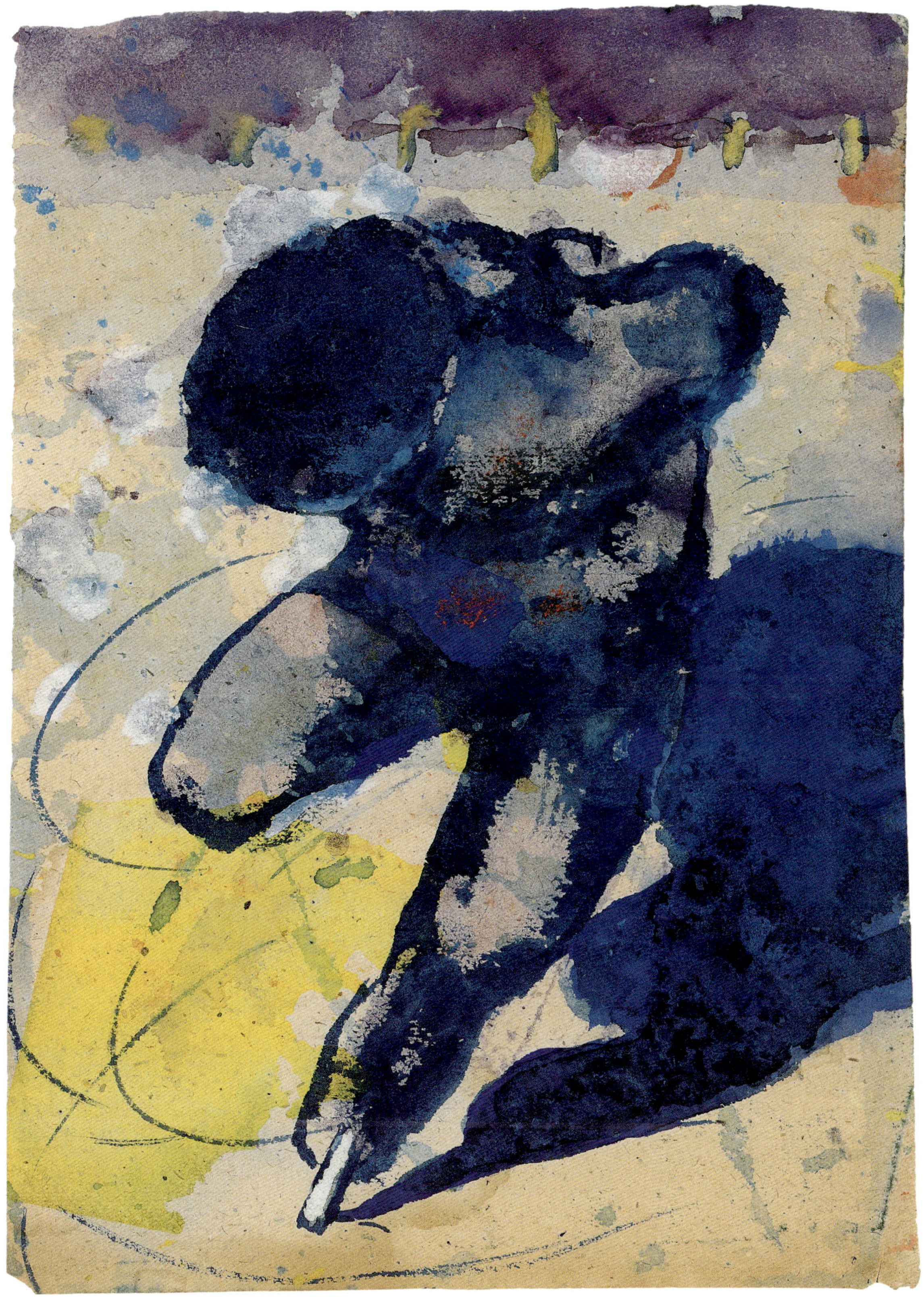

51 | Schlittschuhläufer
Skater

Nolde bedient sich drei verschiedener malerischer Mittel, um seinen Bildgedanken Gestalt zu geben: der umschreibenden Kraft der (Kontur-)Linie, der Farbsetzung, die von einem harmonischen Miteinander bis zu einem dramatisch-kontrastierenden Gegeneinander reicht, und der Tonabstufungen von hell nach dunkel, vom Licht zum Schatten.

Noldes »Ungemalte Bilder« zeichnet eine besonders variationsreiche Lichtgestaltung aus. In einigen Blättern wie »Zwei junge Frauen und Kopf eines Mannes« (Kat. 103) arbeitet Nolde mit realistischen Lichtverhältnissen. Weil Lichteinfall und Schattenwurf in einem logischen Abhängigkeitsverhältnis zueinander stehen, wirken die Figuren sehr plastisch und der Bildraum gewinnt an Tiefe. In vielen anderen Blättern schafft Nolde eine Lichtsituation, indem er Farben rein aus sich selbst heraus eine Lichtwirkung entfalten lässt. In »Herrin und Fremdling« (Kat. 117) leuchtet in der in ultramarinem Dämmerlicht liegenden Szene allein das Rotblond der Haare der Wikingerfrau.

Frei gesetzte Lichtzonen, die sich teilweise sogar von der Bildszene gelöst zu haben scheinen, sind die dritte Art der noldeschen Lichtgestaltung. Bei den meisten seiner »Ungemalten Bilder« arbeitet Nolde mit diesen unabhängigen Lichtfeldern, die sich oftmals aus den hellen Farbflächen des abstrakten Hintergrundes ergeben. Nolde baut seine Bildgedanken um diese Lichtzonen herum auf – ganz im Gegensatz zu der klassischen Vorgehensweise, bei der eine Szene vollständig komponiert und erst als letzter Arbeitsschritt die Lichtsituation festgelegt und eingemalt wird.

In seinen »Ungemalten Bildern« setzt Nolde Licht hauptsächlich als dramaturgisches und Atmosphäre schaffendes Mittel ein. Viele der kleinen Aquarelle zeichnet eine innerbildliche Lichtfülle aus. Dieses innere Leuchten ist ein übernatürliches Licht, mit dem Nolde den phantastischen Charakter seiner »Ungemalten Bilder« meisterhaft verstärkt.

Nolde employed three different painterly means in order to realise his pictorial thoughts: the circumscribing power of the (contour) line, the use of colour ranging from a harmonious collaboration to a dramatic and contrasting opposition, and the gradation of hues ranging from bright to dark, from light to shadow.

Nolde's "unpainted pictures" are characterised by particularly varied uses of light. In some watercolours like "Two Young Women and Head of a Man" (cat. 103), Nolde worked with realistic lighting conditions. Because the abundance of light and the shadows are logically interdependent, the figures seem very three-dimensional and the pictorial space attains added depth. In many other watercolours, Nolde created a specific lighting situation by allowing the impact of the light to unfold purely from the colours. In "Mistress and Stranger" (cat. 117), the scene shown in an ultramarine twilight is illuminated solely from the reddish blond hair of the Viking woman.

Liberated zones of light which seem in part to have unfastened themselves from the scene are the third example of Nolde's use of light. In most of his "unpainted pictures," Nolde worked with these independent fields of light which often resulted from the bright areas of colour in the abstract background. Nolde constructed his pictorial thoughts around these zones of light – diametrically opposed to the classic method in which the scene itself is first completely composed, and only afterward is the light situation determined and painted in as a final step.

In his "unpainted pictures," Nolde made use of light primarily as a means to create a specific dramaturgy and atmosphere. Many of the small watercolours are characterised by an inner pictorial abundance of light. This inner luminosity is a supernatural light with which Nolde masterfully heightened the fantastic nature of his "unpainted pictures."

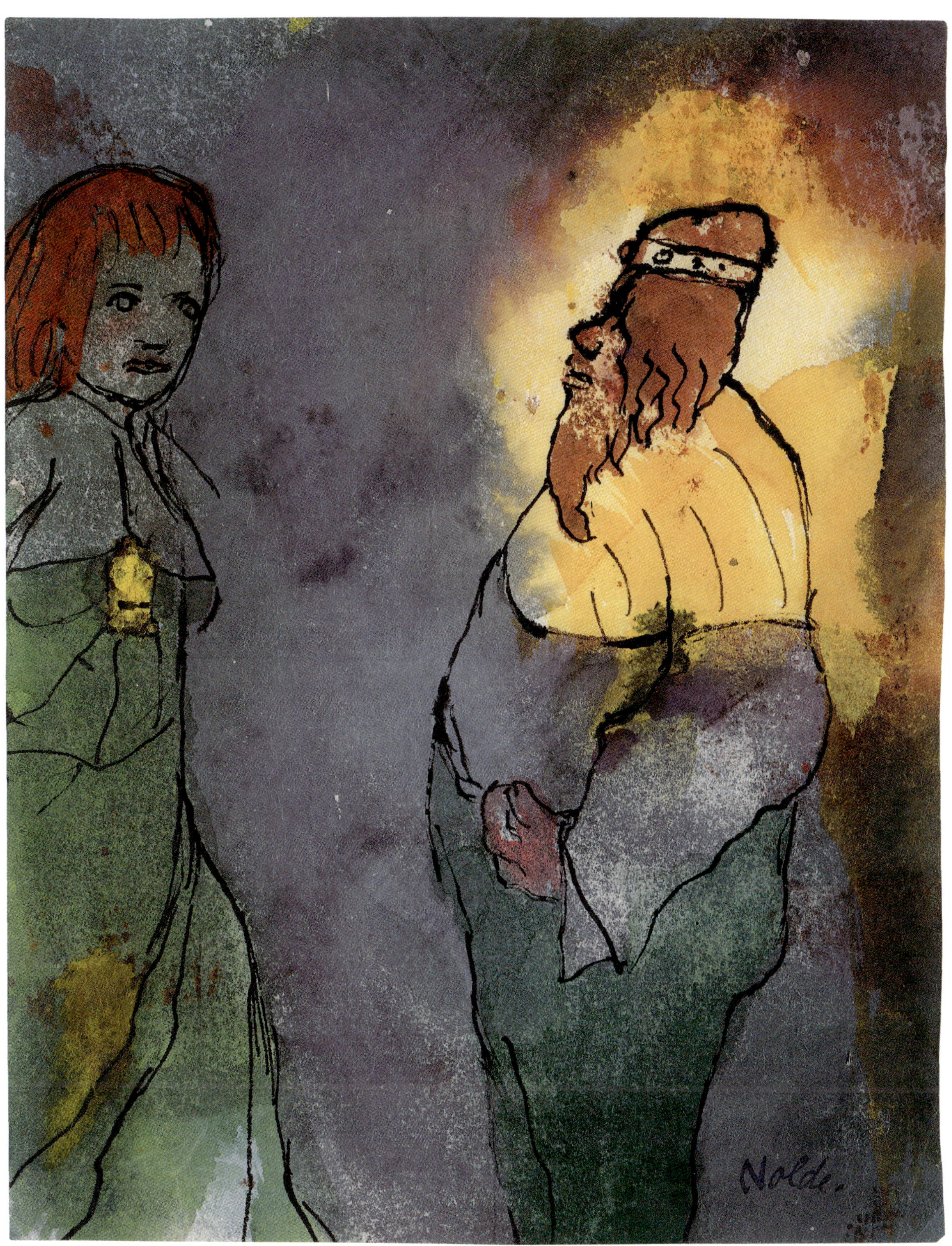

94 | Alter Herrscher und junge Frau
Old Ruler and Young Woman

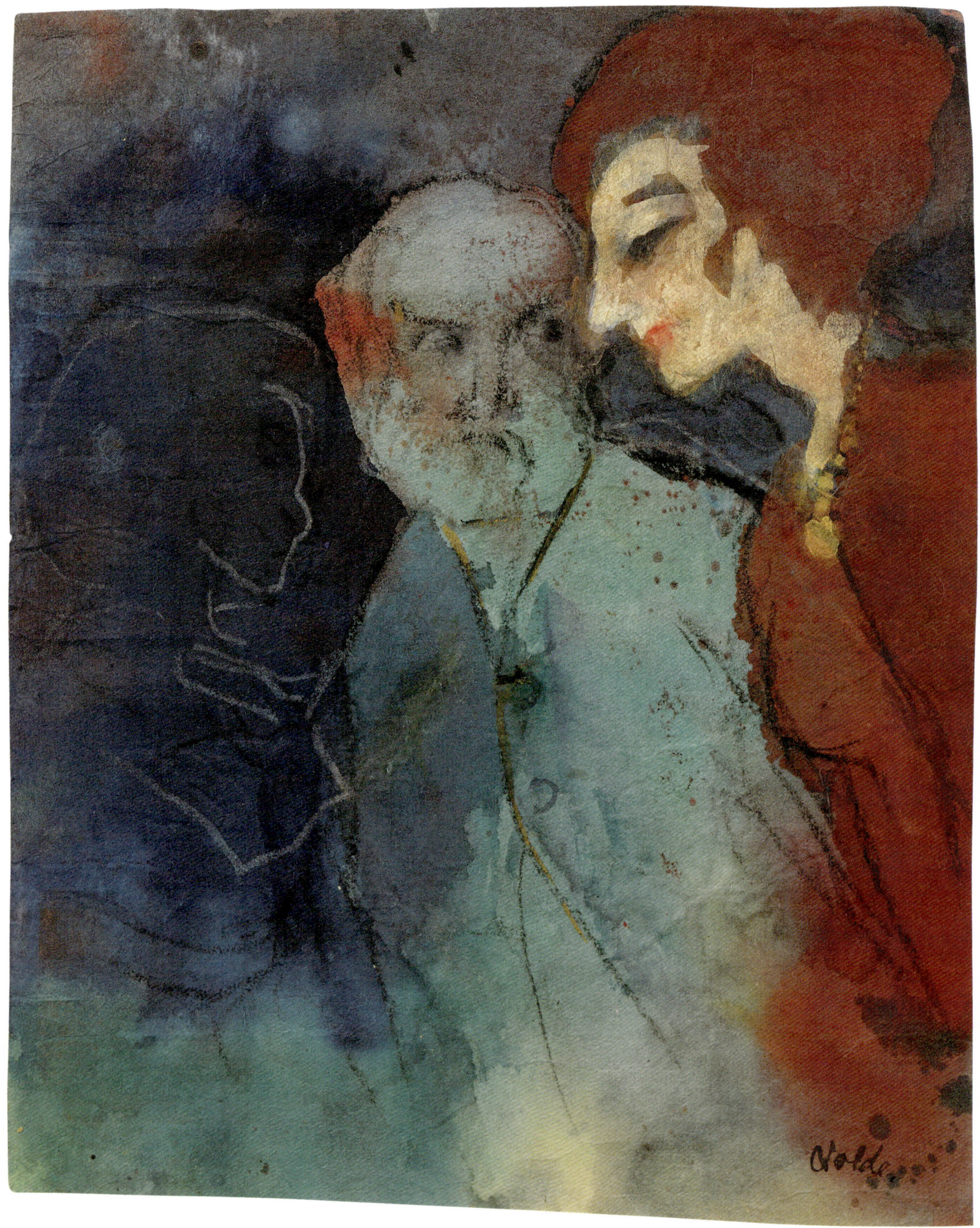

24 | Alter Mann mit junger Frau
Old Man with Young Woman

Als Nolde aus abstrakten Farbflächen seine kleinen »Ungemalten Bilder« formt, begründet Mark Rothko (1903–1970) in Amerika seine großformatige Farbflächenmalerei. Während Nolde mit Linien, weiteren Farbschichten und Weißhöhungen in vielen Arbeitsschritten Figürliches aus der ursprünglich abstrakten Farbfläche herausarbeitet, löst Rothko in umgekehrter Weise in einem mehrjährigen Prozess seine vormals gegenständlichen Bildwelten in abstrakte Farbflächen auf.

Beide Maler messen der Farbe eine hohe Ausdruckskraft bei. »Das Empfinden bei Tönen, sei es Freude, Jubel, Trauer, Tragik, Traum oder andere seelische Regungen, läßt sich in Farben geben«, schreibt Nolde (IV, 25). Ebenso sieht Rothko seine Farben als Ausdruck menschlicher Emotionen: »Mich interessieren nur die grundlegenden menschlichen Emotionen: Tragödie, Ekstase, Schicksal [...] Die Tatsache, dass Leute zusammenbrechen und weinen, wenn sie mit meinen Bildern konfrontiert werden, zeigt, dass ich diese Gefühle kommunizieren kann.«

Während Rothko Farbe frei von allen erzählerischen und figürlichen Elementen wirken lässt, ist sie für Nolde eines der vielen bildnerischen Gestaltungsmittel, wenngleich ein sehr wichtiges. »[...] eine völlige Auflösung aller Form?«, fragt Nolde – »Ich stand still und prüfend [...] Aber bald im landgeborenen Menschen bäumten sich alle Kräfte, es glühte die Liebe zur heimatlichen Landschaft, zum Meer, zu den Blumen, den Tieren und Menschen noch heftiger denn je zuvor. Und anstatt Auflösung suchte ich Bindung [...].« (II, 222)

When Nolde was forming his small "unpainted pictures" from abstract areas of colour, Mark Rothko (1903–1970) was establishing his large-format colour field painting in the United States. While Nolde was carved figural elements out of his originally abstract areas of colour in numerous steps by means of lines, further layers of colour and white highlights, Rothko, on the other hand, dissolved his previously representational pictorial works in a process lasting many years into abstract colour fields.

Both painters gave great importance to colour as a means of expression. "Emotions experienced in tones, whether joy, exaltation, sadness, tragedy, dreams or other stirring emotions, can be expressed in colour," Nolde wrote (IV, 25). Rothko likewise saw his colours as an expression of human emotions: "I'm interested only in expressing basic human emotions: tragedy, ecstasy, doom, and so on. And the fact that people break down and cry when confronted with my pictures shows that I can communicate those basic human emotions."

While Rothko lets colour have its impact free of all narrative or figural elements, it is only one of many artistic means of design for Nolde, although a very important one. Nolde asked: "... a total dissolution of all form? – I stood and still and scrutinising... But soon all those born here gathered their strength; the love of the native landscape, of the sea, of the flowers, the animals and people soon glowed more fiercely than ever before. And instead of dissolution, I sought attachment..." (II, 222).

Mark Rothko, »Weiß und Grün in Blau«, 1957

Mark Rothko, "White and Greens in Blue," 1957

»Erschaffe wie ein Gott, herrsche wie ein König, arbeite wie ein Sklave«, schreibt der rumänische Bildhauer Constantin Brancusi um 1907 auf einen Zettel und heftet ihn an die Wand seines Pariser Ateliers. Da mit Kunst neue Welten entstehen, haben viele Künstler und Kritiker das künstlerische Schaffen mit dem religiösen Schöpfungsakt verglichen. Nolde selbst betrachtet sich nie als Gott ähnlichen Schöpfer, sondern immer nur als Empfänger einer gottgegebenen Begabung: »Und von Anfang bis Ende in Arbeit und beglücktem Schaffen fließt die Quelle der dem Künstler verliehenen Gabe. Er sei stolz und auch bescheiden, denn er gibt nur aus dem selbst Empfangenen.« (IV, 148)

Brancusi sieht im Künstler auch einen König, denn schließlich ist der Künstler Herr und Gebieter über seine Gedankenbilder, künstlerische Materialien und Ausdrucksformen. Werner Haftmann setzt in seiner ersten Publikation über die »Ungemalten Bilder« Nolde mit einem König gleich: »Legte [Nolde] sich den Königsmantel seines Künstlertums um, so verschwanden all die Ängste und Bedrohungen, und er war wieder der starke Maler, der sich vor einem starken Werk wußte.«

Vielleicht ist »Großer König« Noldes Porträt eines Künstlers. Mit einer fast kindlichen Freude betrachtet der mächtige Künstlerkönig seine wohl gerade erst erschaffene kleine Figur, sein Werk. Die Figur ist kein demütiger Untertan, sondern wirkt wie ein fröhlicher aufgeweckter Spielkamerad.

Für Nolde ähneln sich Künstler und Kinder. Er schwärmt für ihren Phantasiereichtum und ihr unverfälschtes, von Gelerntem, intellektuellen Zwängen und kunstgeschichtlichen Stilrichtungen freies Malen. »Eines meiner erstaunlichsten Erlebnisse war, als gelegentlich ich dem Arbeiten zweier Knaben zuschauen durfte«, erinnert sich Nolde. »Sie zeichneten und malten unbehindert mit einer mir unbekannten Leichtigkeit ganze Menschengruppen, Raubritterzüge, Schlachten und Jagden, Landschaften, Tiere, ja alles, was ihnen eben einfiel. Kaum war eines der Blätter fertig und das nächste schon begonnen, alle in ihrer kindlichen Art, aber mit unglaublichem Geschick und voll sprühendem Leben.« (II, 237) Mit seinen phantastischen, frei geschaffenen »Ungemalten Bildern« ist Nolde seinem Ideal von einem kindgleichen, unverfälschten Künstler so nahe gekommen wie kaum sonst in seinem Werk.

"Create like a god, rule like a king, work like a slave," wrote the Rumanian sculptor Constantin Brancusi around 1907 on a slip of paper, tracking it on the wall of his Parisian studio. Many artists and critics have compared artistic creation to the religious act of creation because new worlds come about with art. Nolde himself never understood himself as a god-like creator, but only as the recipient of a god-given talent: "The source of the talent endowed on the artist flows from the beginning to the end in work and elated production. He is proud and also modest because he gives only that which he has himself received" (IV, 148).

Brancusi also saw a king in the artist because the artist is ultimately the lord and master over his pictorial thoughts, his artistic materials and forms of expression. Werner Haftmann compared Nolde with a king in his first publication on the "unpainted pictures": "All fears and threats vanished when [Nolde] put on the royal robes of his artistry and he was again the strong painter he knew that he was standing in front of a strong work."

Perhaps "Great King" is Nolde's portrait of an artist. The mighty artist king examines his probably just completed figure, his work, with an almost child-like joy. The figure is no humble subject, but appears rather like an elated vivacious playmate.

For Nolde, artists and children resemble each other.
He doted on their rich fantasy and their authentic and liberated manner of painting that was free of anything learned or intellectual restraints and art historical styles. "One of my most amazing experiences was the occasion on which I was able to watch as two boys were working," Nolde recalled. "They drew and painted entire groups of people, an assemblage of robber barons, battles and hunts, landscapes and animals, everything they could think of, unimpeded and with a lightness the likes of which I have never seen. They began the next pictures as soon as they were finished with the first one; all of them in their childish manner, but with unbelievable deftness and full of life" (II, 237). With his fantastic, freely created "unpainted pictures," Nolde approached his ideal of a child-like, pure artist as closely as he ever would in his work.

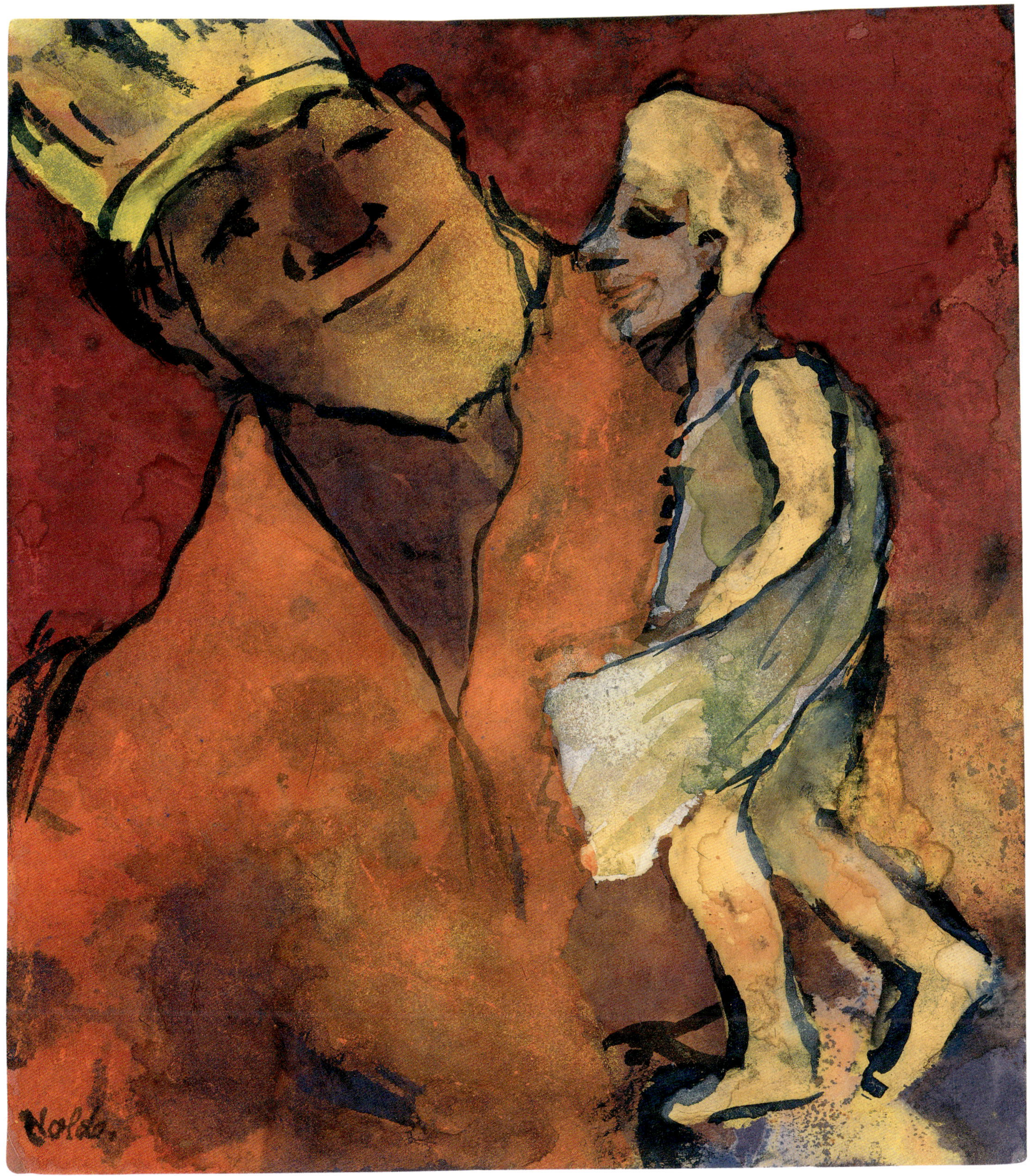

83 | Großer König
Great King

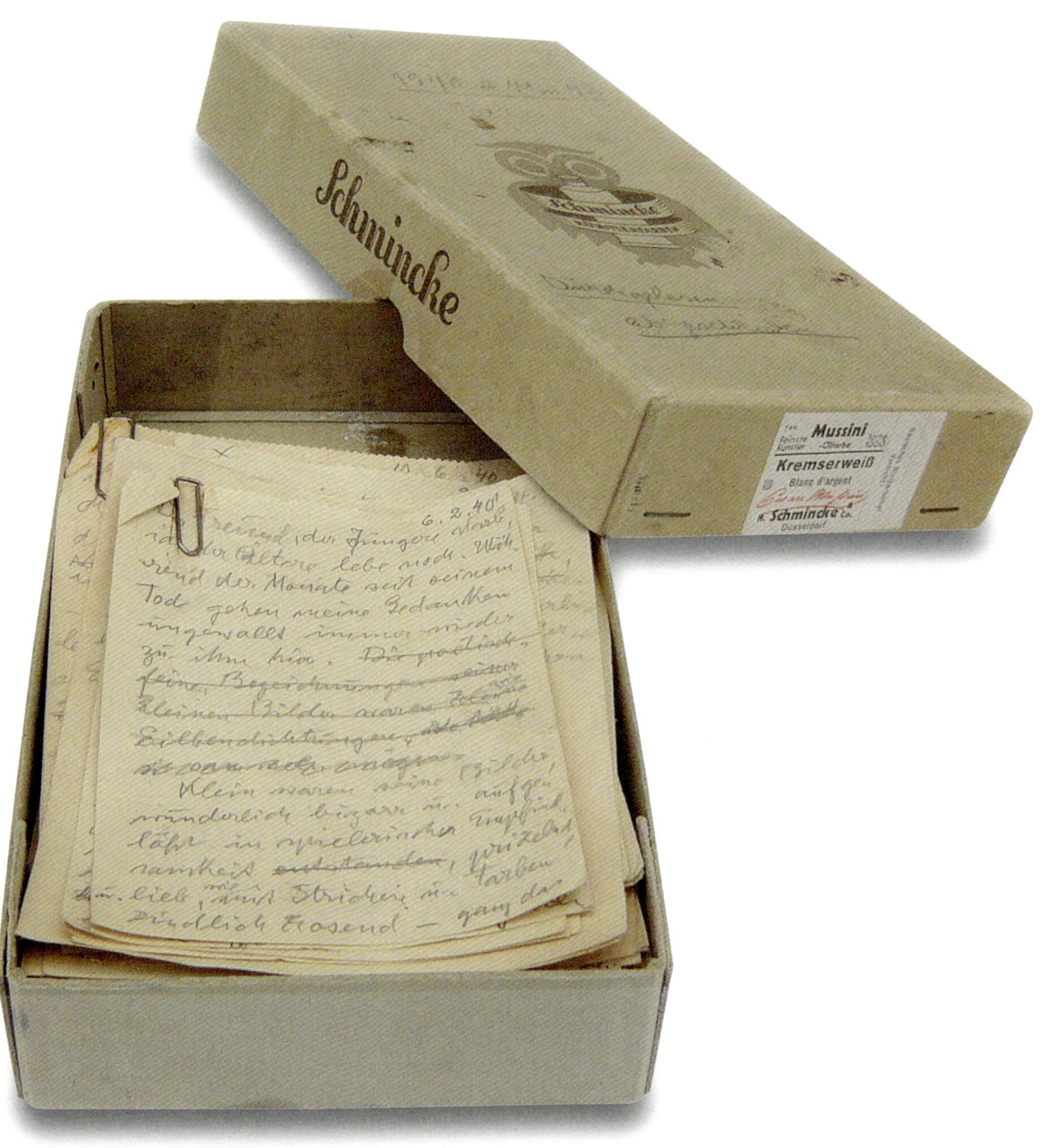

Zettelkasten 1940 bis 1942 mit Noldes »Worten am Rande«, die tagebuchartig die Arbeit an den »Ungemalten Bildern« begleiteten

Slip box 1940 to 1942 with Nolde's "Worte am Rande" [Words in the Margin] that accompanied the work on the "unpainted pictures" in a diary-like fashion

Wenn ich die Farben zu vollen Akkorden steigerte, schien anderen bisweilen die Form entschwunden, – sie ist immer da, aber tiefliegend.

When I heightened the colours to full chords, some of the others seemed to have left the form, – it was always there, but low-lying.

Alle Kunst ist abstrakt. Nur die Wirklichkeit nicht, denn sie ist keine Kunst. (28.12.40)

All art is abstract. Only reality is not because it is not art. (28 December 1940)

Zwölftausend Impotente, mit aller erdenklichen Gunst und allen Mitteln bedacht, sind losgelassen, um wenige Schaffende zu erdrosseln. (7.9.41)

Twelve thousand impotent persons granting all forms of favouritism set off with all the means at their disposal to strangle the few remaining creative persons. (7 September 1941)

Wenn der Künstler ein Werk geschaffen hat, das ihn selbst befriedigt, dann können Kaiser und Könige und ein jeder sagen, es sei nichts, das ändert das Bewußtsein des Schaffenden gar nicht. (24.11.41)

When the artist has produced work that satisfies him, emperors and kings and anyone can tell him that it is nothing, but that does not alter the perception of the creator at all. (24 November 1941)

Die Bilder verbrennen, die Asche vergraben und ein paar Jahre noch vegetierend leben, so als ob ich Maler gar nicht dagewesen wäre. So sei es den Menschen vergolten für alles Leid, für alle Missgunst, die ich habe ertragen müssen. Es wäre geistiger Selbstmord. Ich will es nicht tun. Alles kann sich wenden! (23.5.42)

The pictures burn, the ashes bury them and live on for years in a vegetative state as if the painter was not there at all. People are repaid in this way for all the sufferings, all the resentments I had to bear. It would be intellectual suicide. I will not do it. Everything can turn around! (23 May 1942)

Ich brauche Optimismus zum Schaffen-Können. Trübsinn ist nicht die meine Gabe tränkende Quelle. Sprießende Blumen wollen Licht und Sonnenschein. (17.7.42)

I need optimism to be able to create. Melancholy is not the source that douses my talent. Blossoming flowers want light and sunshine. (17 July 1942)

Gelb kann Glück malen und auch Schmerz. Es gibt Feuerrot, Blutrot und Rosenrot. Es gibt Silberblau, Himmelblau und Gewitterblau. Jede Farbe birgt in sich ihre Seele, mich beglückend oder abstoßend und anregend. (30.12.42)

Yellow can be painted for happiness and also for pain. There is fire red, blood red and rosy red. There is silver blue, sky blue and storm blue. Every colour carries its own soul within itself that either pleases or repulses and inspires me. (30 December 1942)

Alle Bekannte und Freunde wollen mir Leinen, Farben, Papiere und Pinsel beschaffen. Niemand sucht meine verschnürten Hände zu lösen – niemand kann es. (5.4.43)

All my friends and acquaintances want to supply me with canvas, paints, paper and brushes. No one tries to free my tied hands – no one can. (5 April 1943)

Ausflüge ins Traumhafte, ins Visionäre, ins Phantastische stehen jenseits von Regeln und kühlem Wissen. Es sind freie, herrliche Gefilde und Gebiete voll Reiz und Scharm in lichtem und tiefem und leichtem geistigem Erleben. Wer nicht träumen und schauen kann, kommt nicht mit. (8.7.43)

Excursions to the dream-like, the visionary, the fantastic were beyond rules and cool knowledge. They are free, wonderful realms and regions, attractive and charming in bright and deep and light spiritual experience. Those who cannot dream and see will not come along. (8 July 1943)

Wenn Krieg oder Unverstand meine Kunst vernichten sollte, sollte dann nicht ich immerhin noch dankbar sein, daß ich während meines ganzen Lebens dafür leben durfte und das Glück mir verliehen war, sie schaffen zu dürfen. (13.12.43)

If my art should be destroyed by war or miscomprehension, then I should at least be grateful that I was able to live for it throughout my life and that I was permitted to create it. (13 December 1943)

Mein Denken arbeitet langsamer als die schaffende Gabe. Es ist ganz wunderbar, wenn Gestalten zum Bild geboren werden, oft ganz schnell, der Maler selbst den Vorgang kaum fassend. (24.2.44)

My thought works slower than creative gifts. It is wonderful when figures are born as pictures, often very fast, and when the painter himself can hardly comprehend the occurrence. (24 February 1944)

Wir haben einen kleinen Luftschutzraum gebaut, wo eine Anzahl meiner Bilder stehen, geschützt gegen Bombenwurf, so gut wir es können. Auch haben wir den Wunsch, daß nach unserem Tode wir dort die Ruhe finden für den letzten langen Schlaf. (10.7.44)

We built a small air raid shelter as best we could where a number of my pictures stand, protected against bomb drops. We also have the wish that we will find peace there for the final long sleep. (10 July 1944)

Meine Kunst ist eine ländliche Kunst. Sie glaubt an all die menschlichen Eigenschaften und an die Urwesen, die schon längst von wissenschaftlicher Forschung verworfen sind und auch hinter Stadtmauern nicht mehr zu finden sind. (4.9.44)

My art is a rural art. It believes in all the human characteristics and primordial beings that have long been discarded by scientific research and are no longer to be found behind the city walls. (4 September 1944)

Wir haben viele Besuche. Die Lebendigen kommen bei Tage, sich die Bilder schauend, die Verstorbenen und die längst Verstorbenen in den Träumen der Nächte. Ich möchte den längst Verstorbenen so besonders gern meine Bilder zeigen. (12.9.46)

We have many visitors. The living ones come during the day to see the pictures, the deceased and the long dead come in nocturnal dreams. I would very much like to show my pictures to the long dead. (12 September 1946)

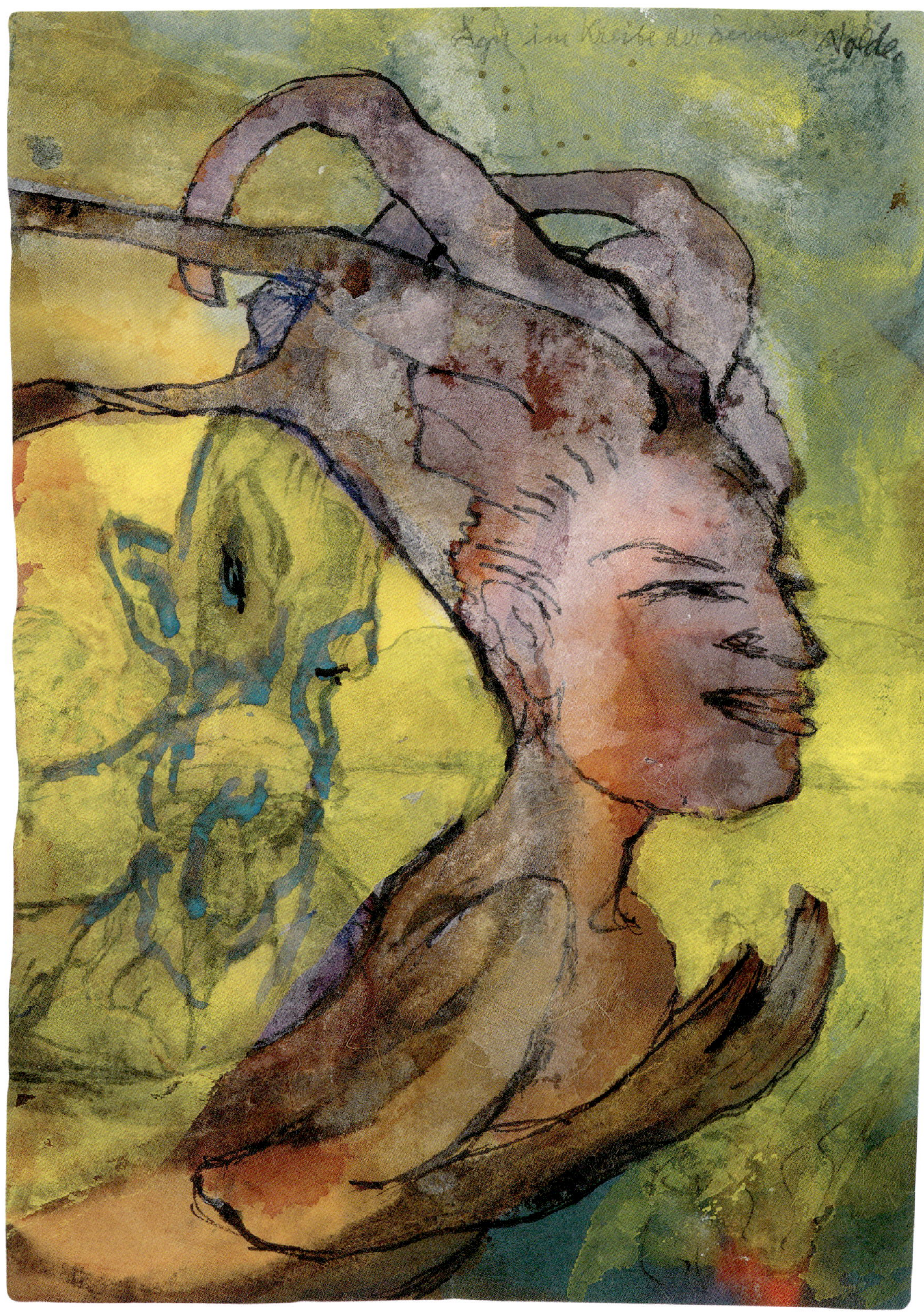

38 | Gehörnte violette Gestalt
Horned Violet Figure

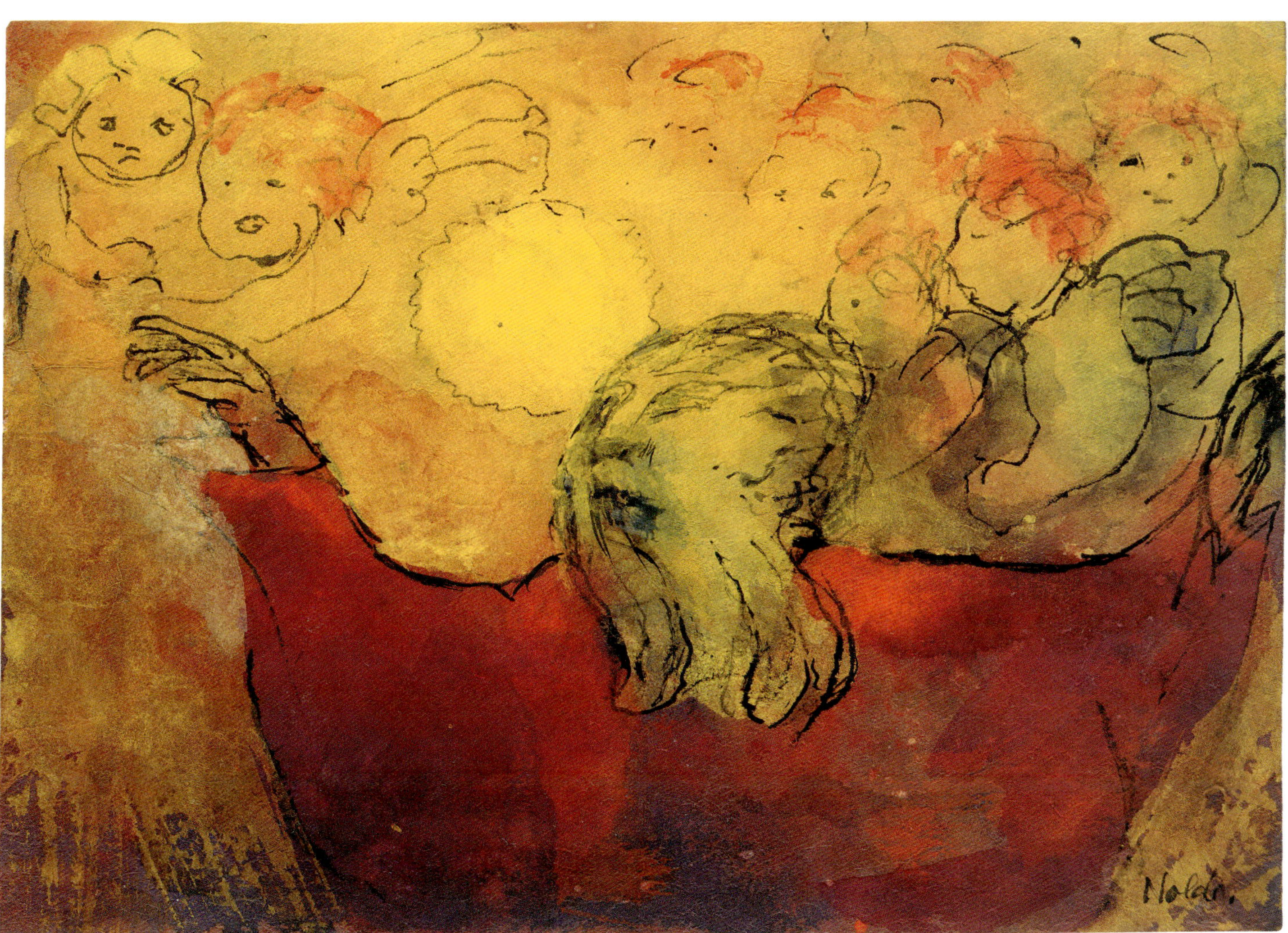

55 | Gottvater mit Engeln
God the Father with Angels

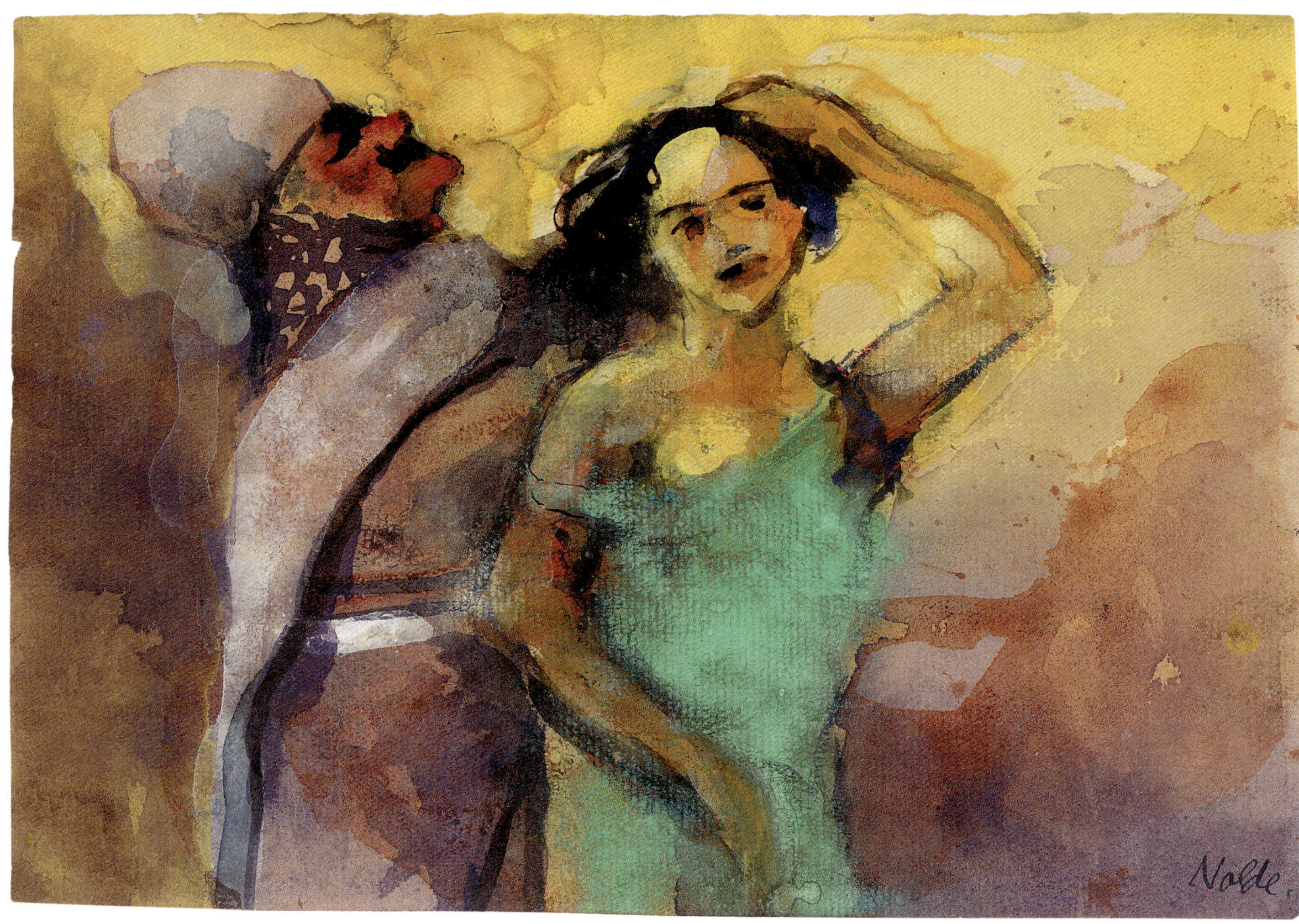

82 | Ritter und junge Frau
Knight and Young Woman

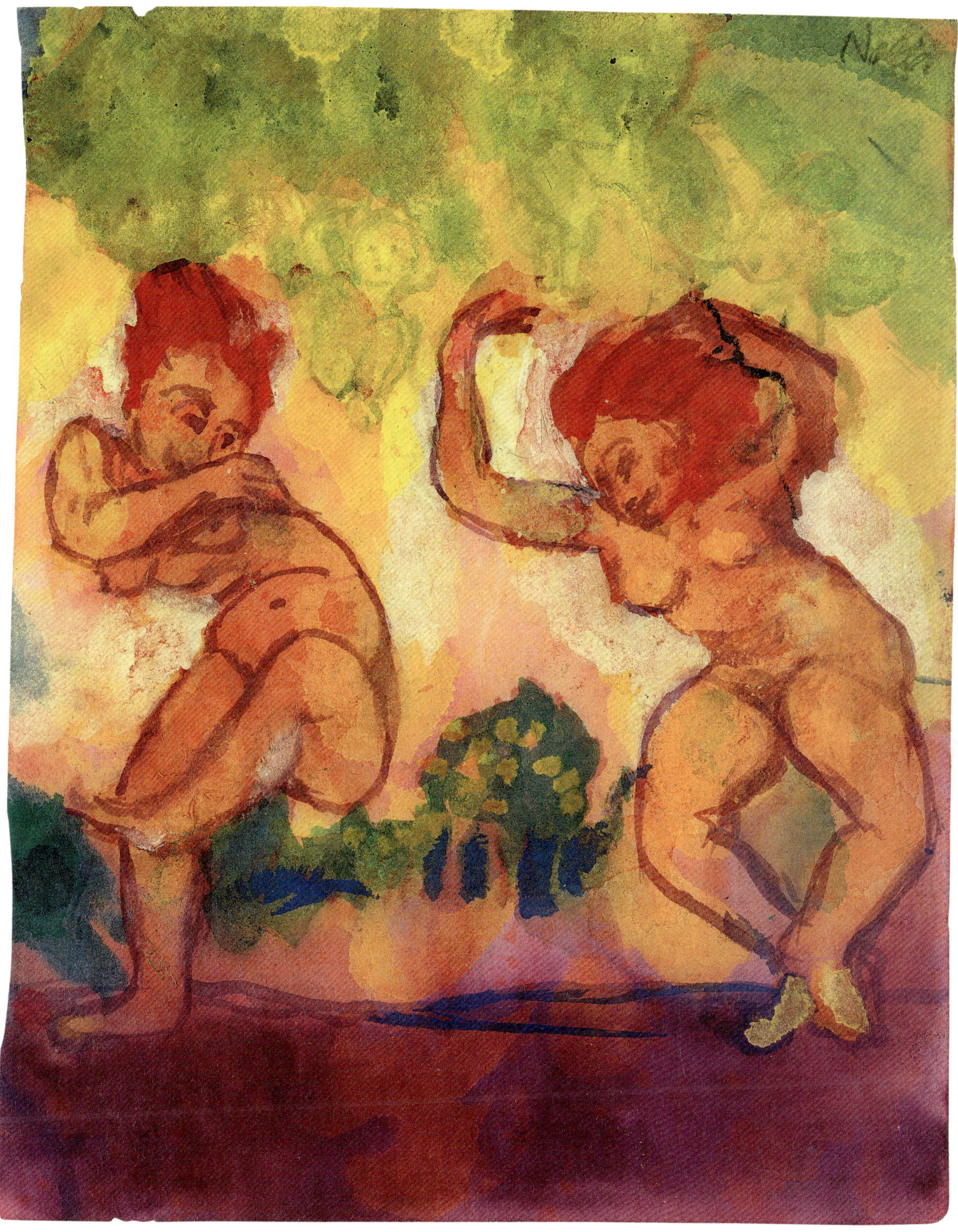

28 | Wildtanzende nackte Mädchen vor Park
Wildly Dancing Girls in front of a Park

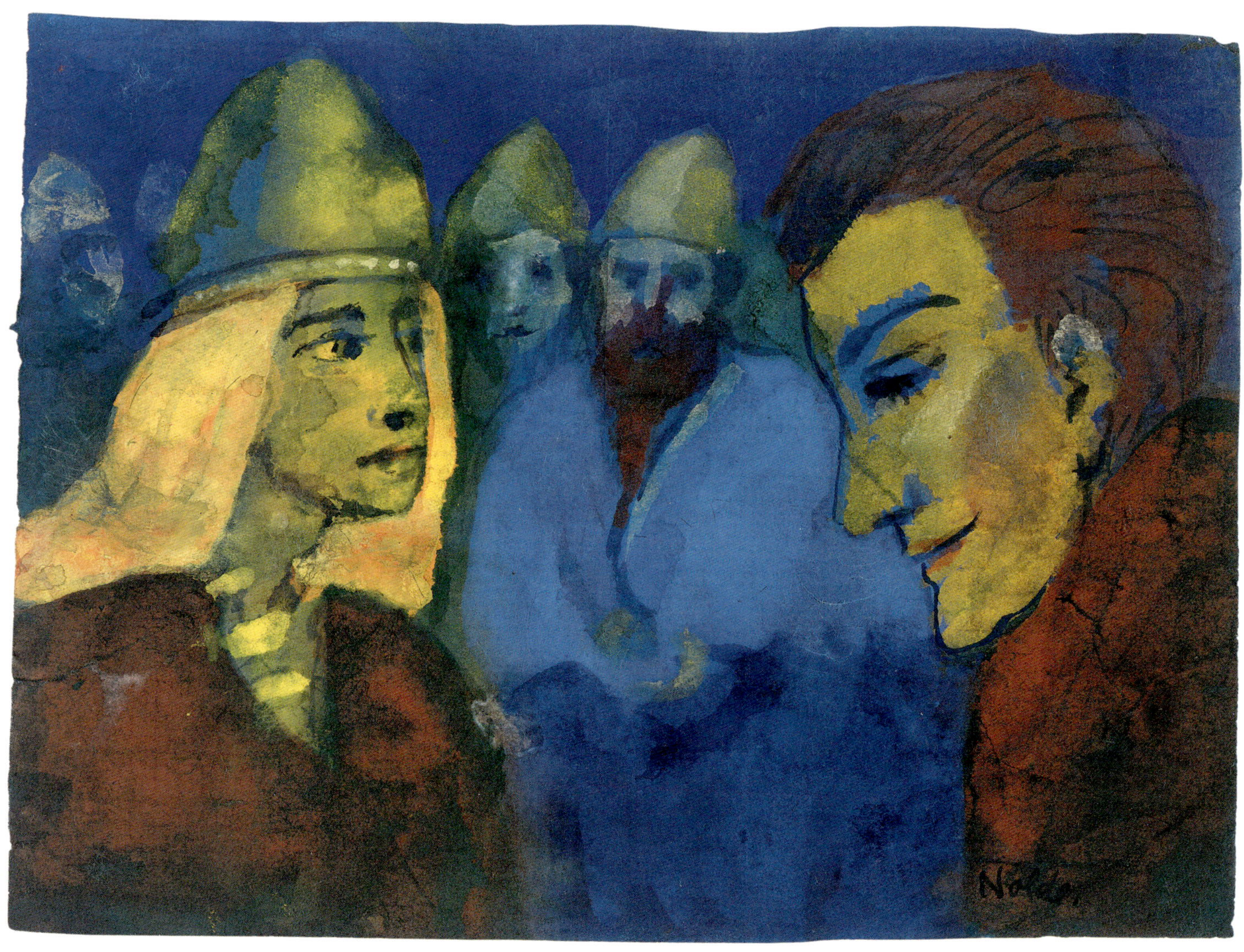

117 | Herrin und Fremdling
Mistress and Stranger

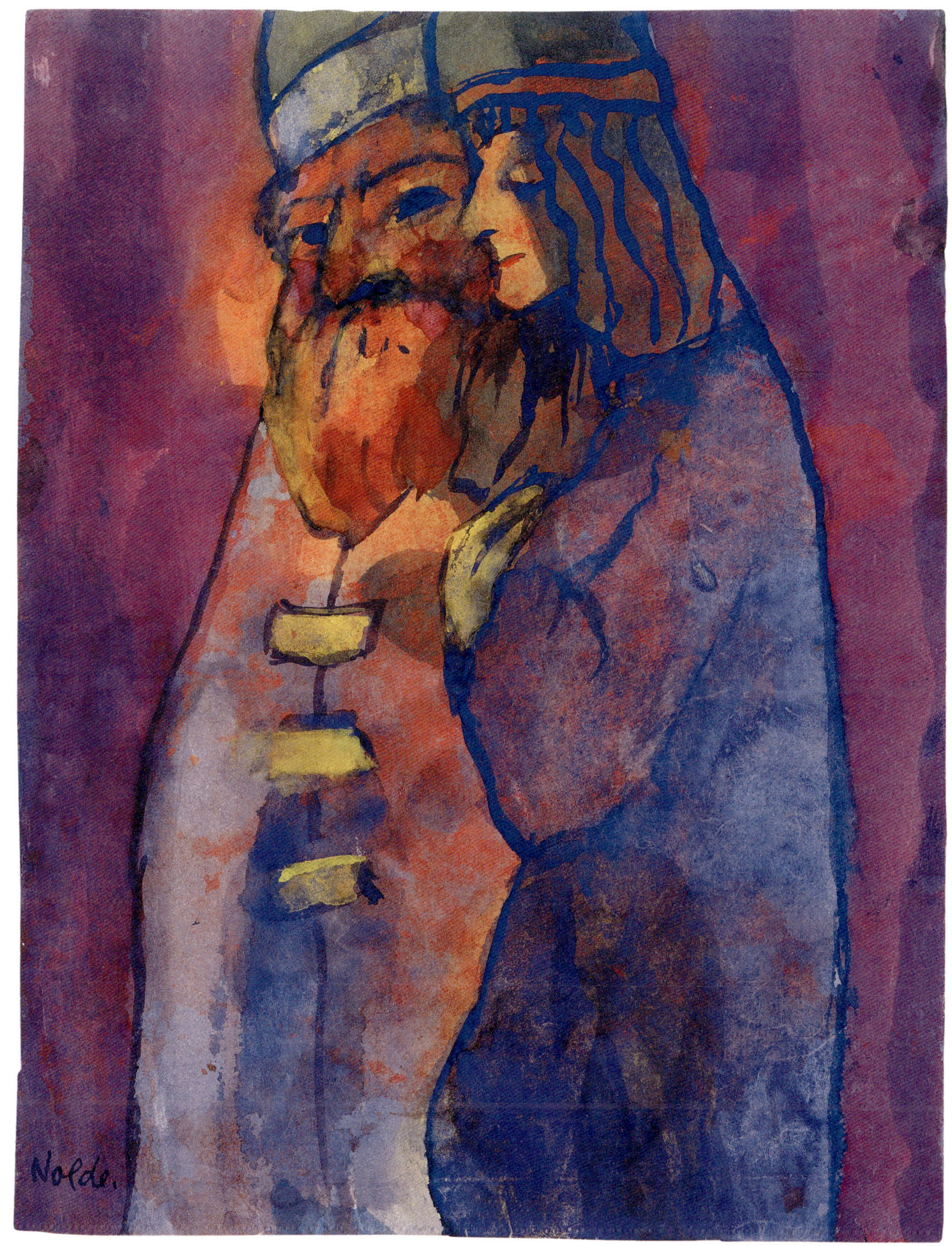

77 | Altes Paar mit hohen Mützen
Old Couple with Tall Caps

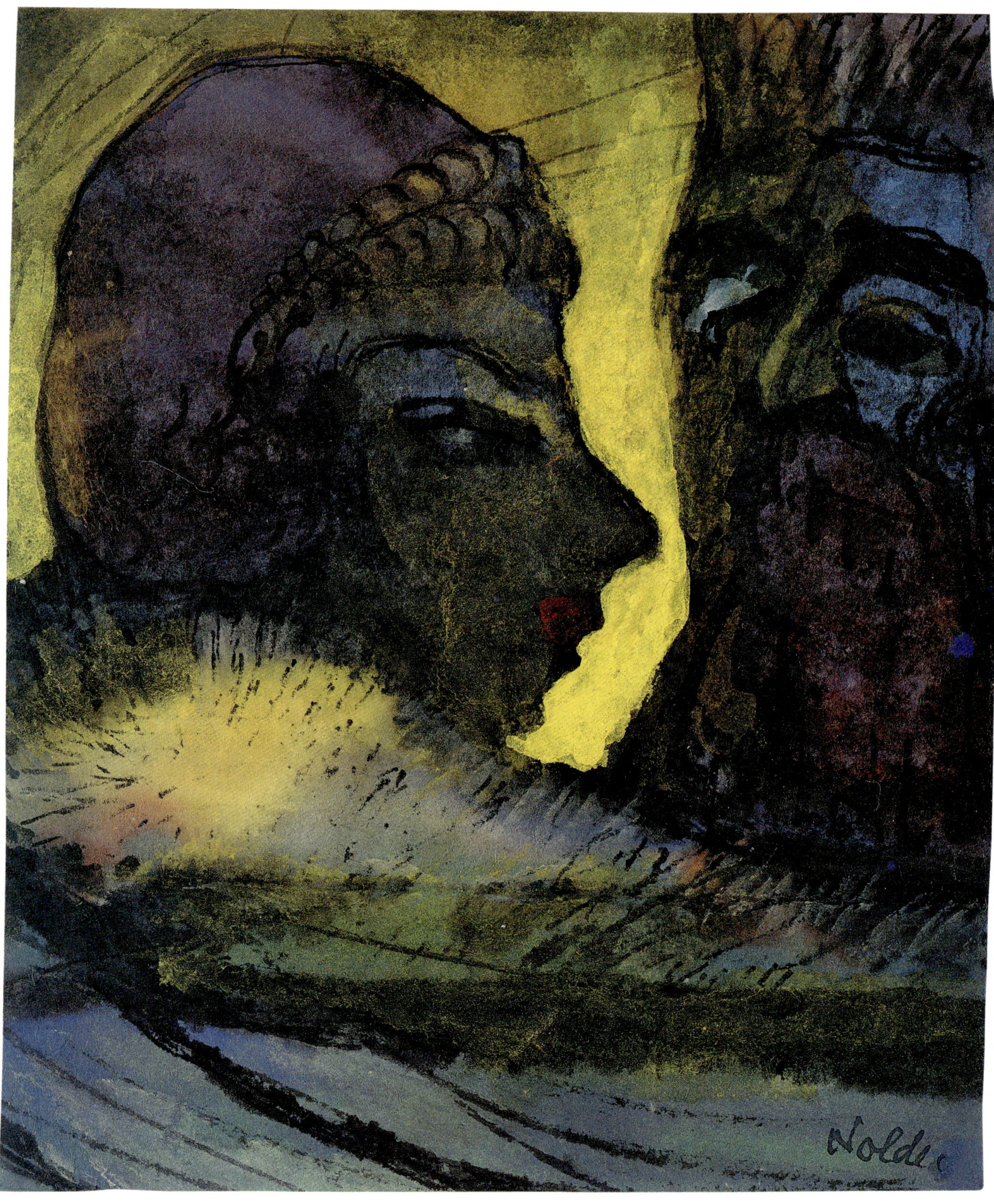

20 | Alter Mann und junge Frau (im Profil)
Old Man and Young Woman (in profile)

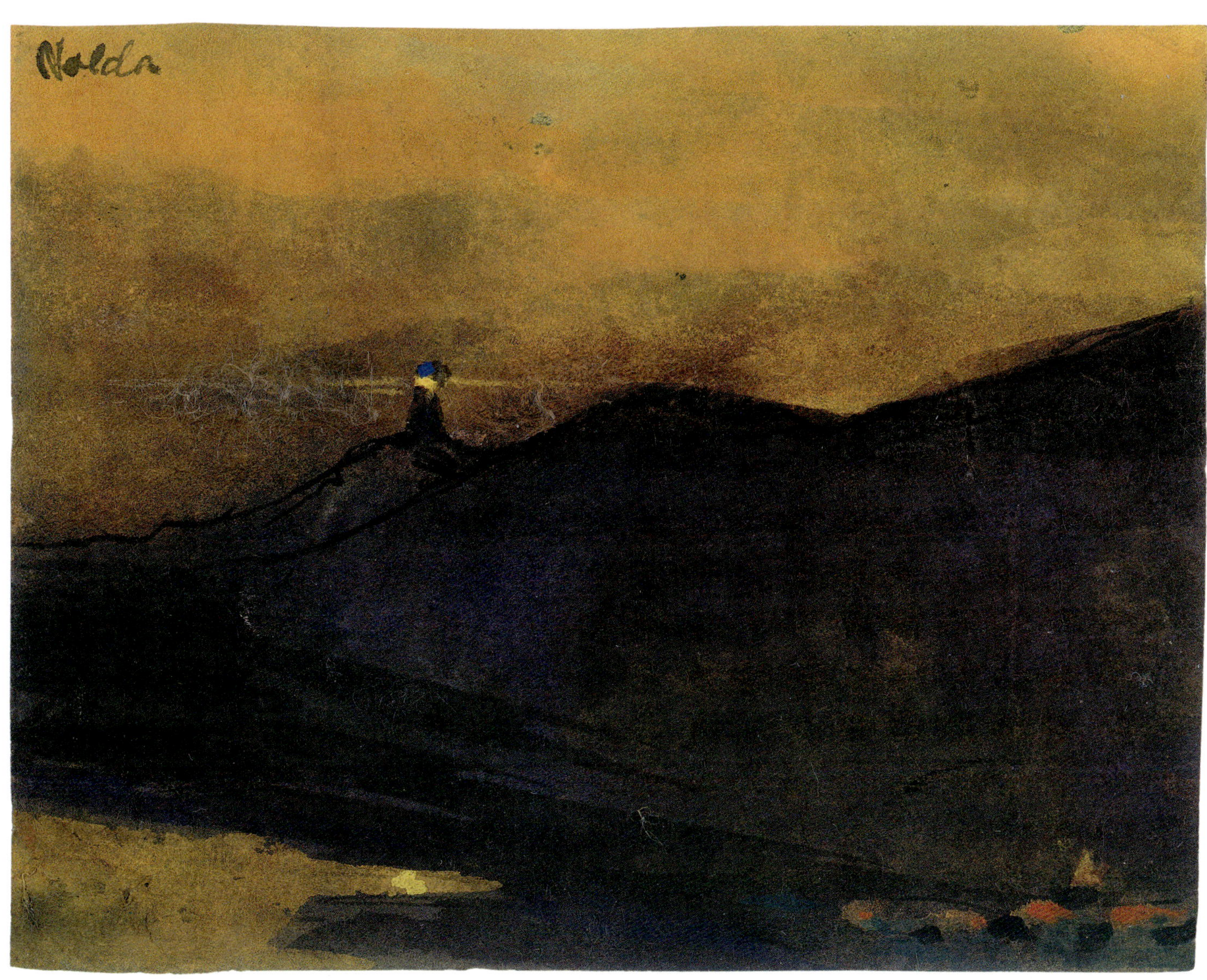

132 | Dunkler Bergrücken mit Leuchtturm
Dark Mountain Ridge with Lighthouse

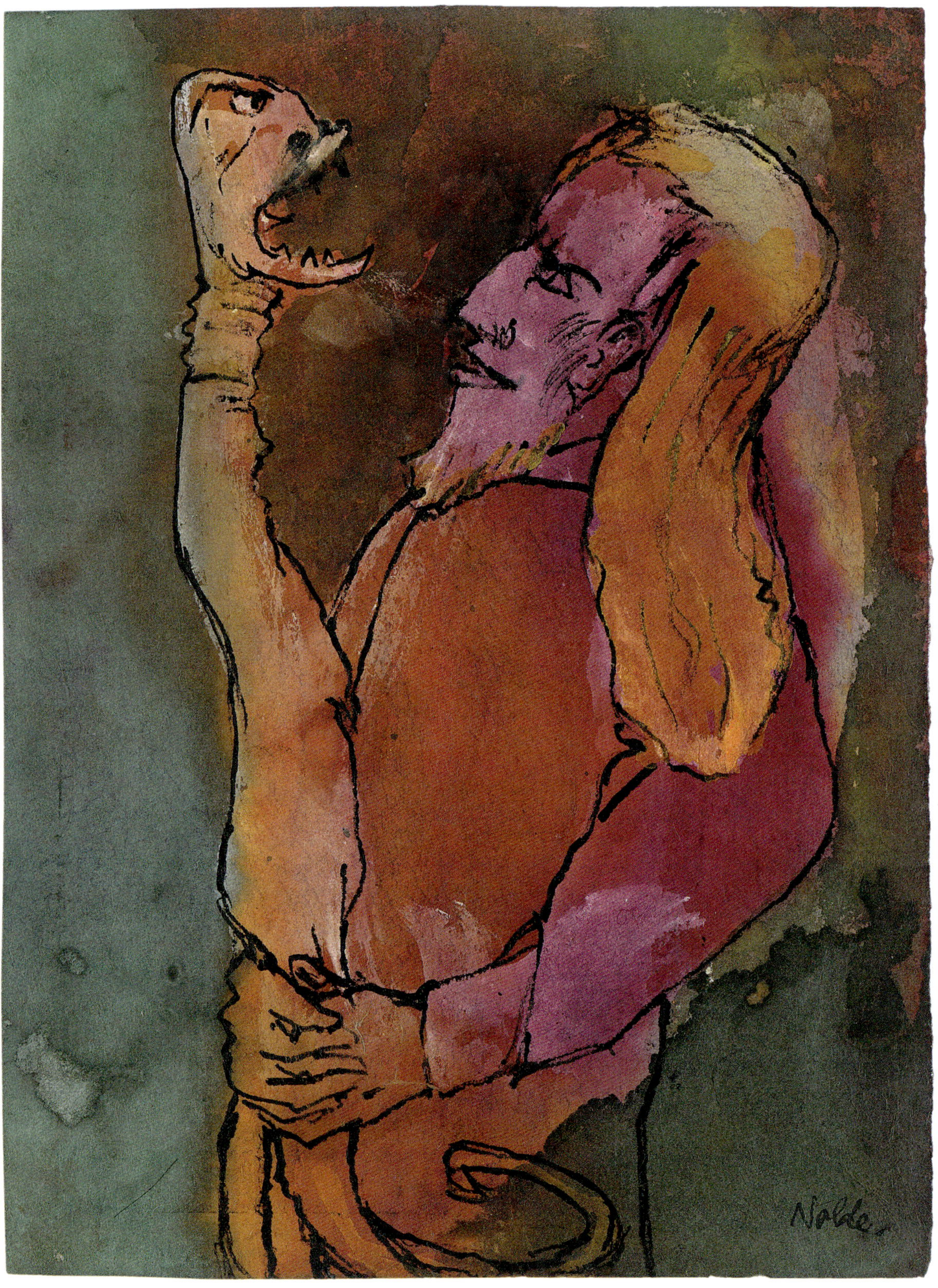

48 | Wikinger mit Drachenstock
Viking with Dragon Staff

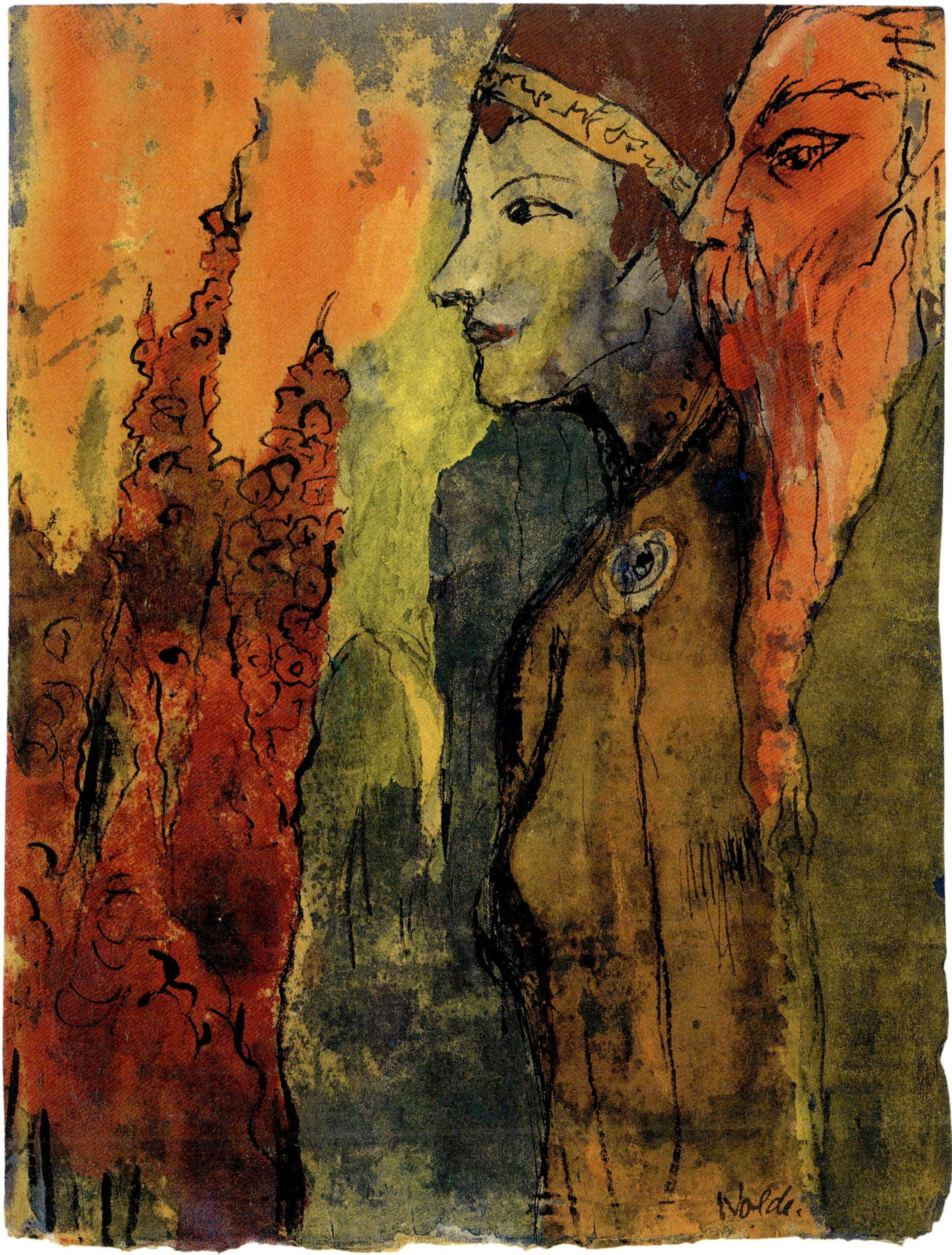

76 | Altes Paar vor Blütensträuchern
Old Couple in front of a Shrub

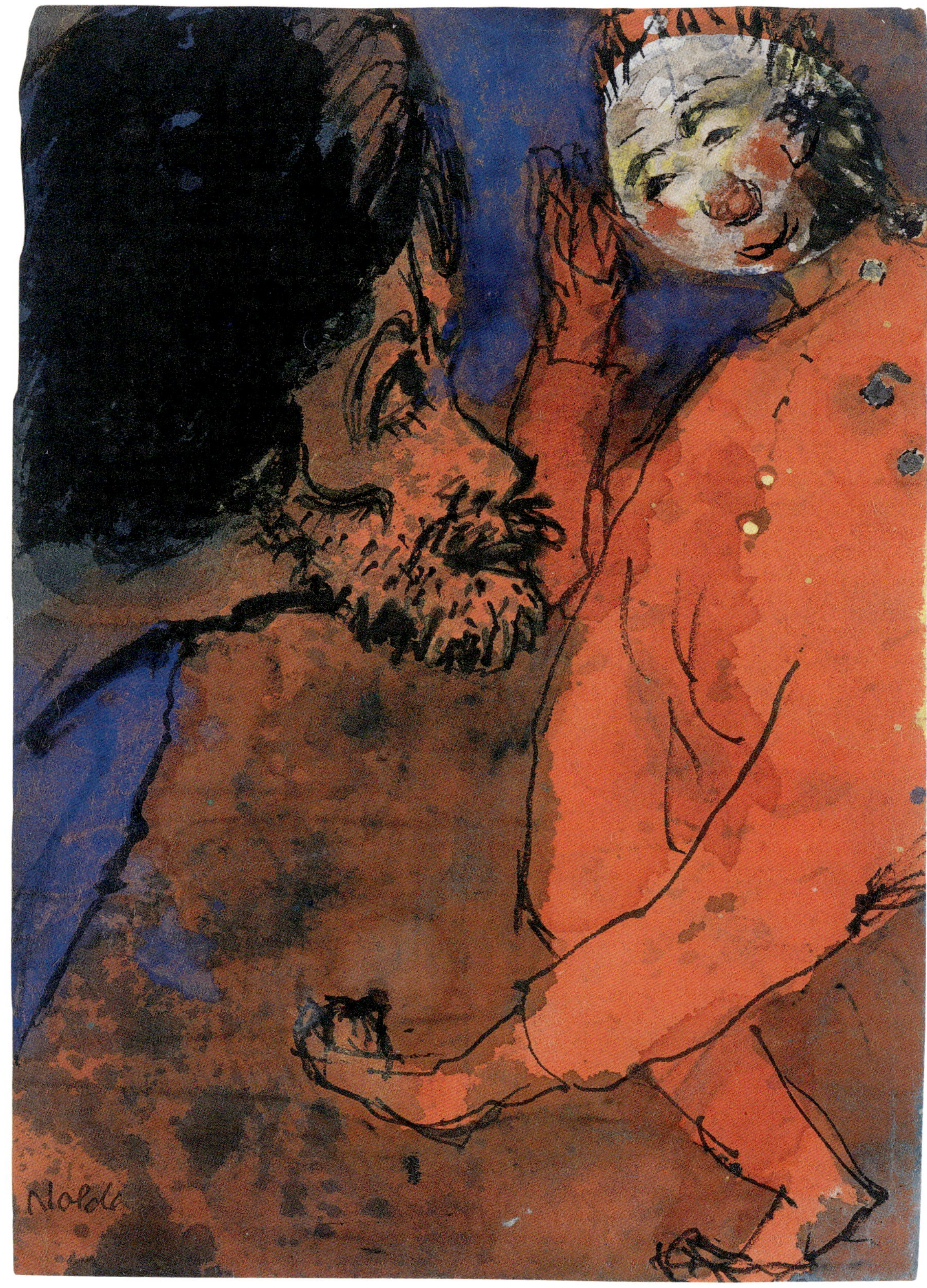

35 | Roter Clown und Waldgeist
Red Clown and Forest and Wood Spirit

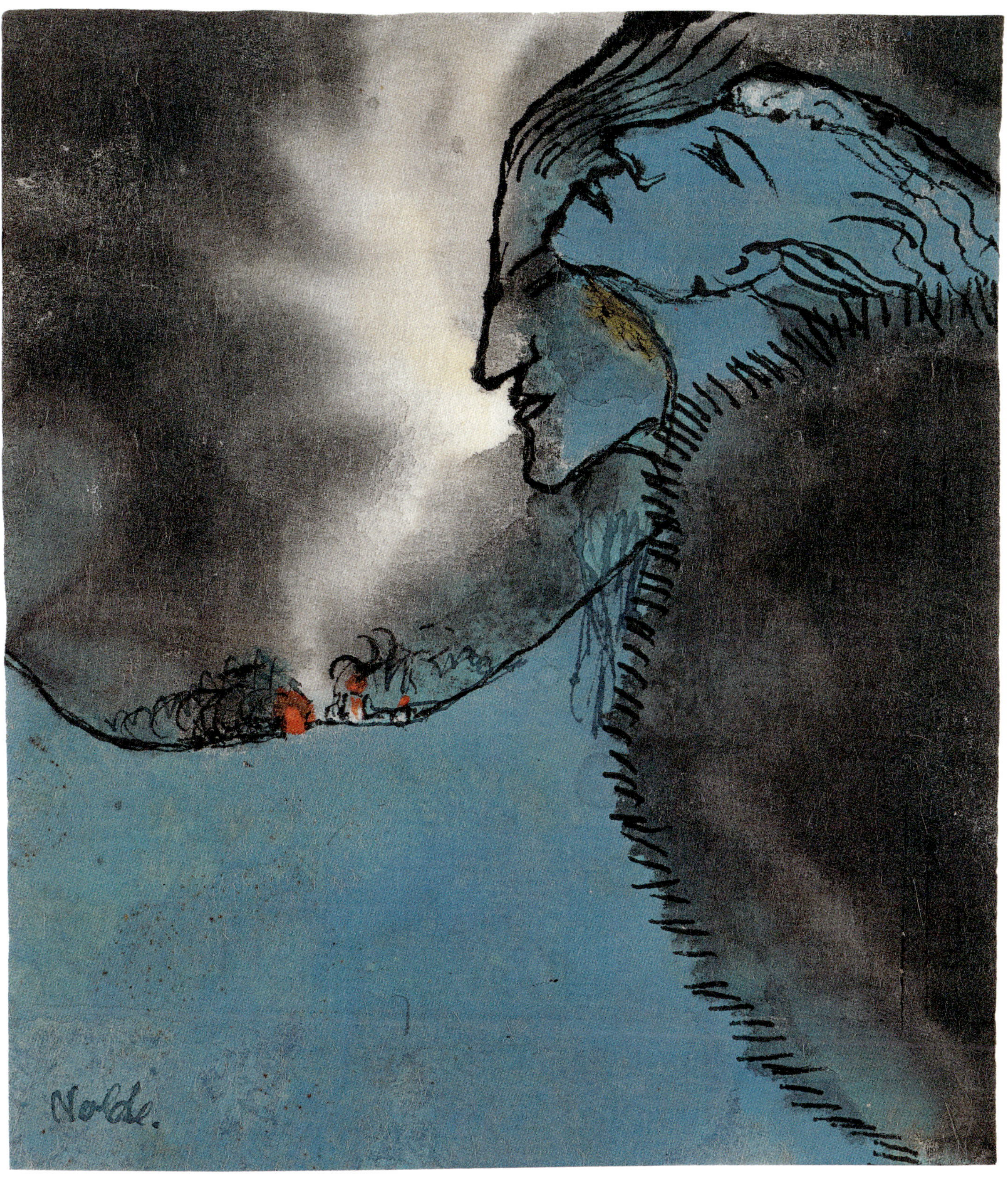

62 | Paar in Blau
Couple in Blue

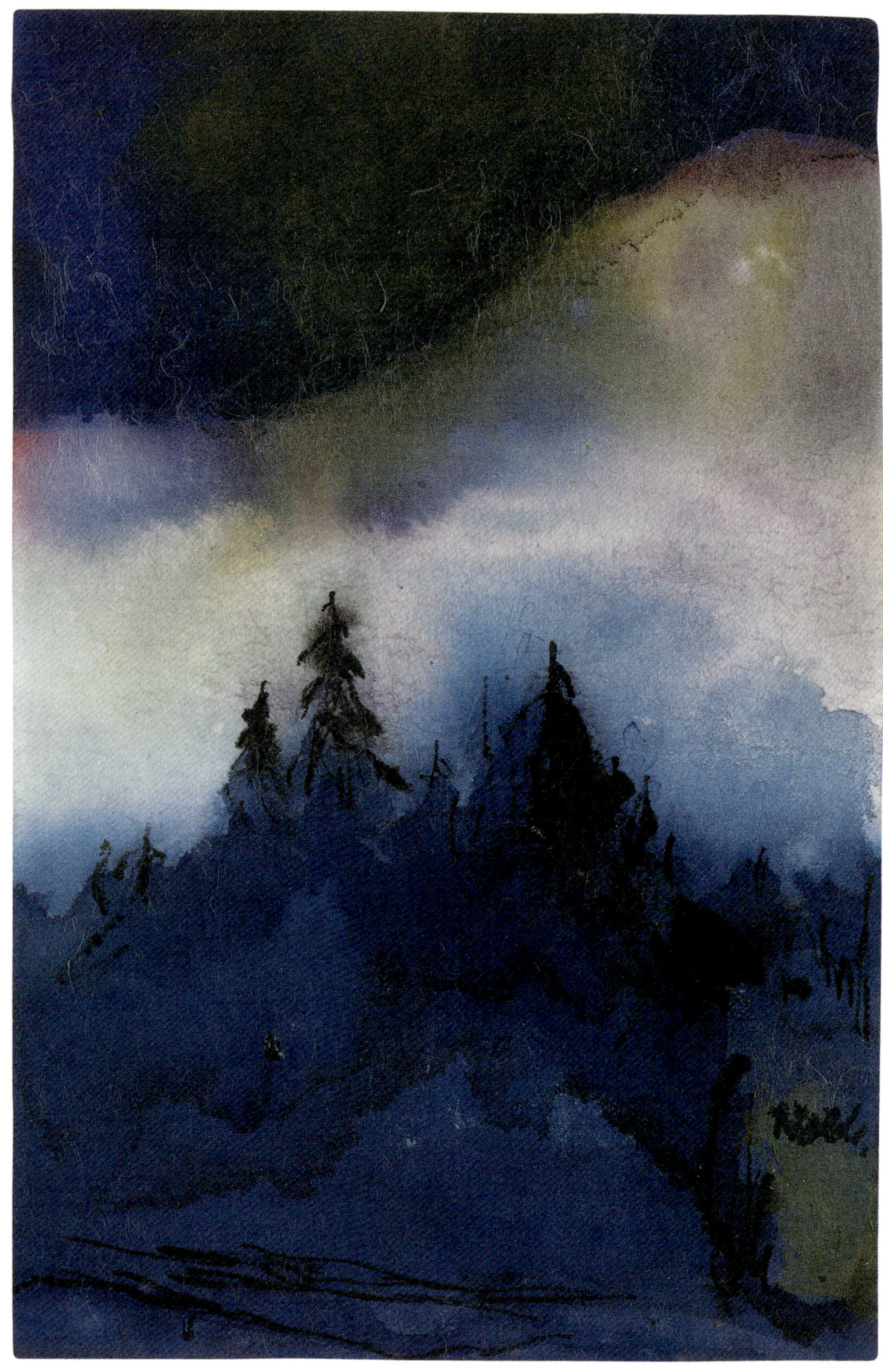

131 | Bergtannen
Mountain Firs

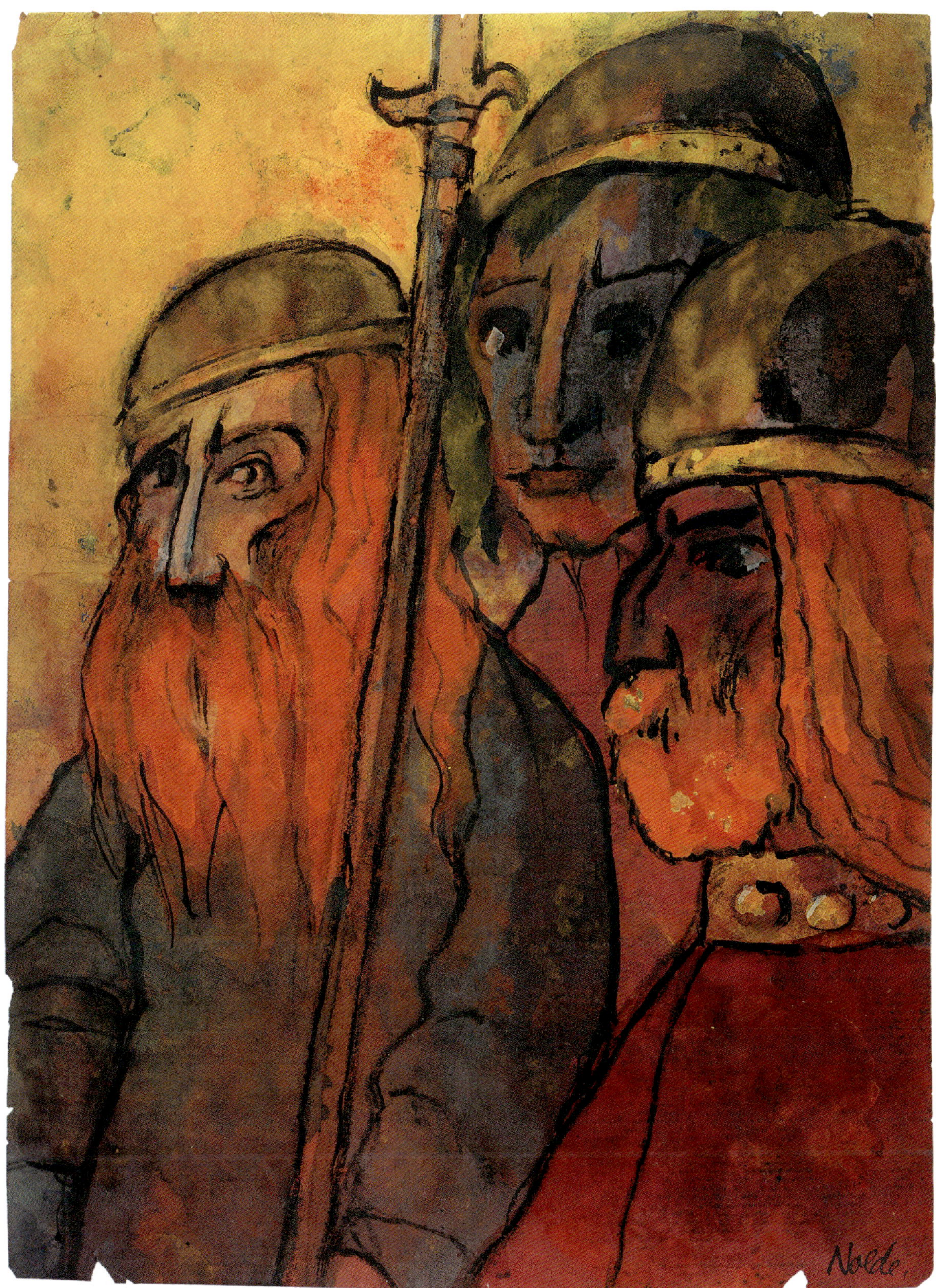

97 | Drei Wikinger
Three Vikings

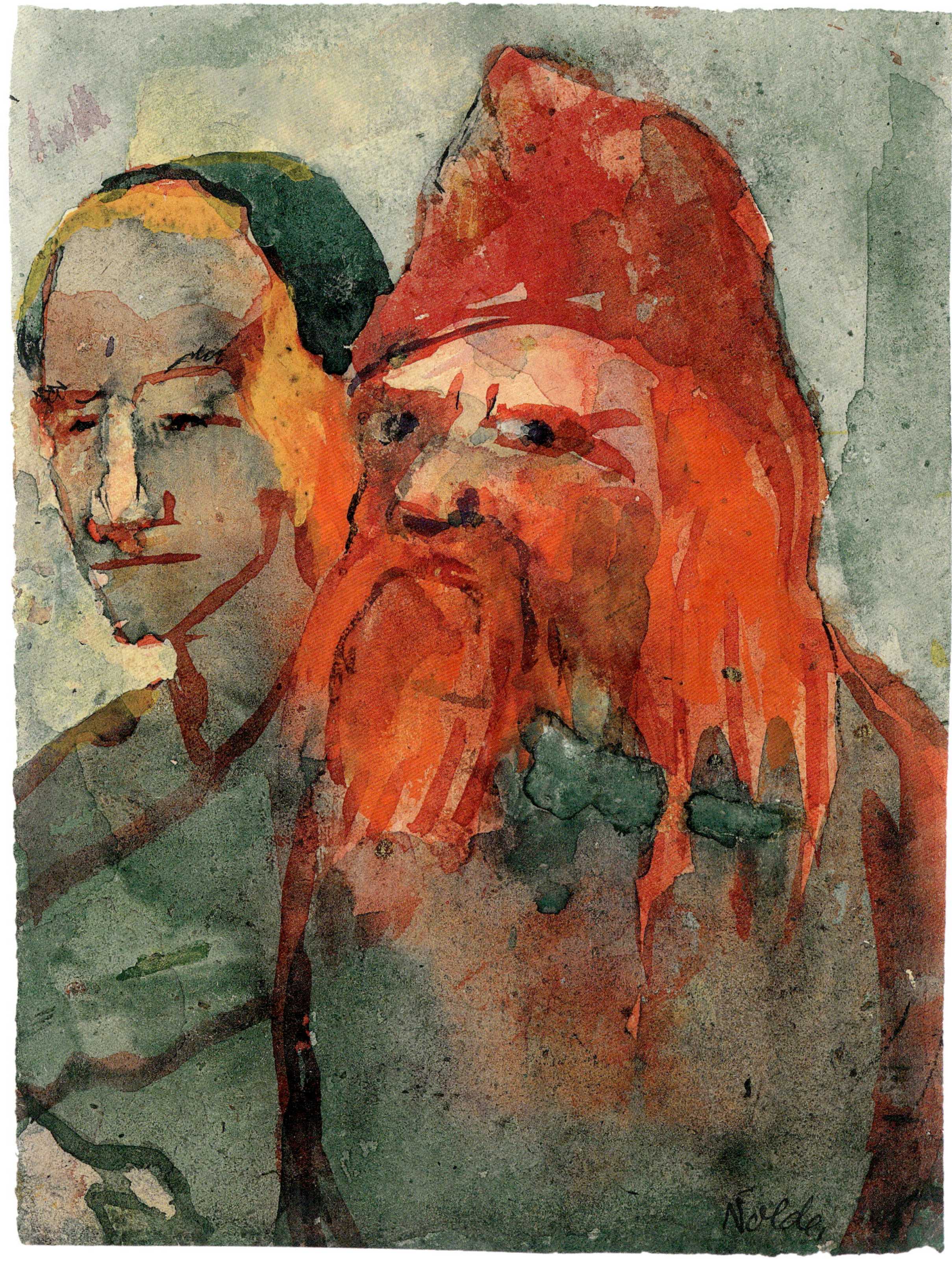

73 | Altes Bauernpaar (roter Bart und Mütze)
Old Peasant Couple (Red Beard and Cap)

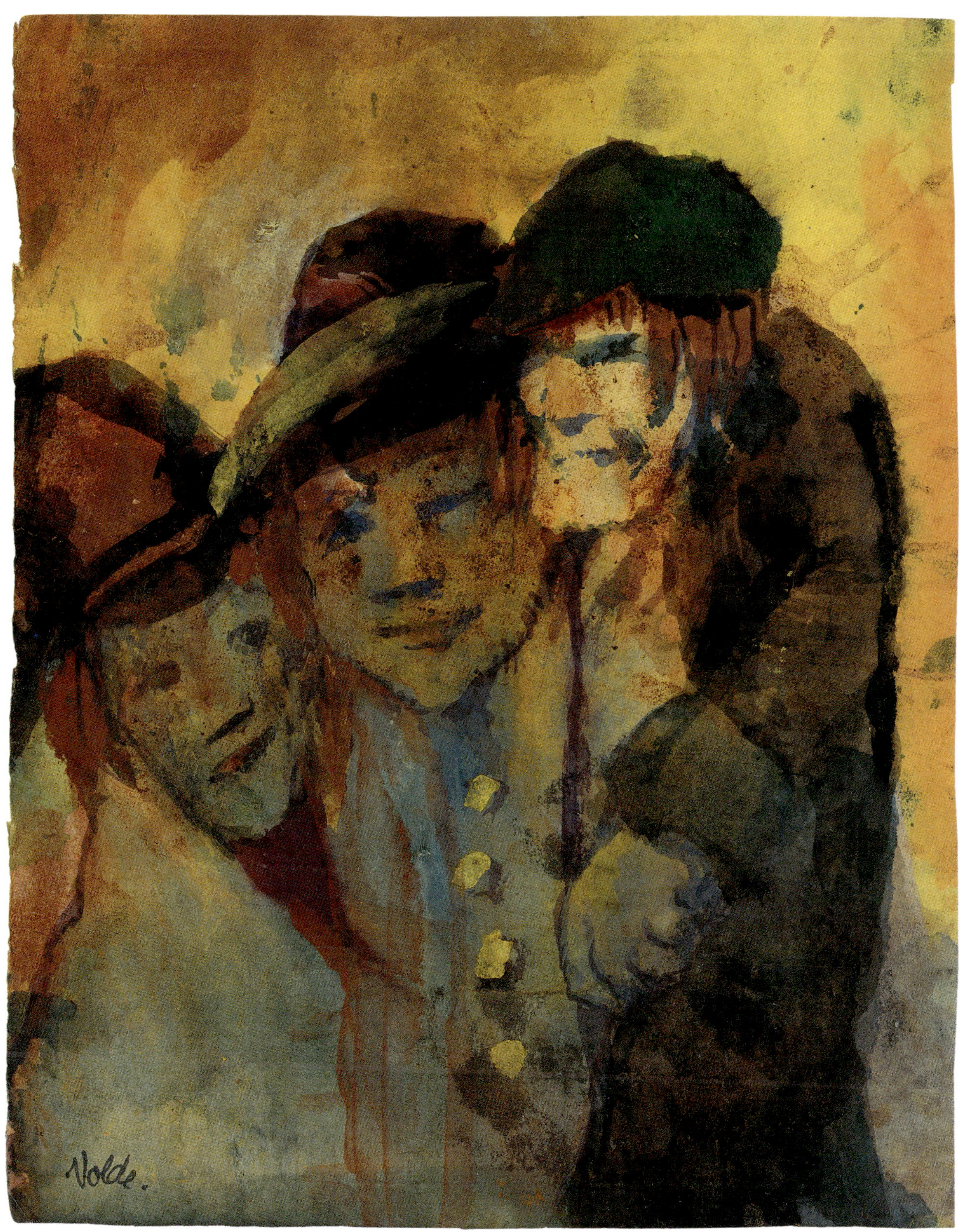

104 | Landstreicher
Tramps

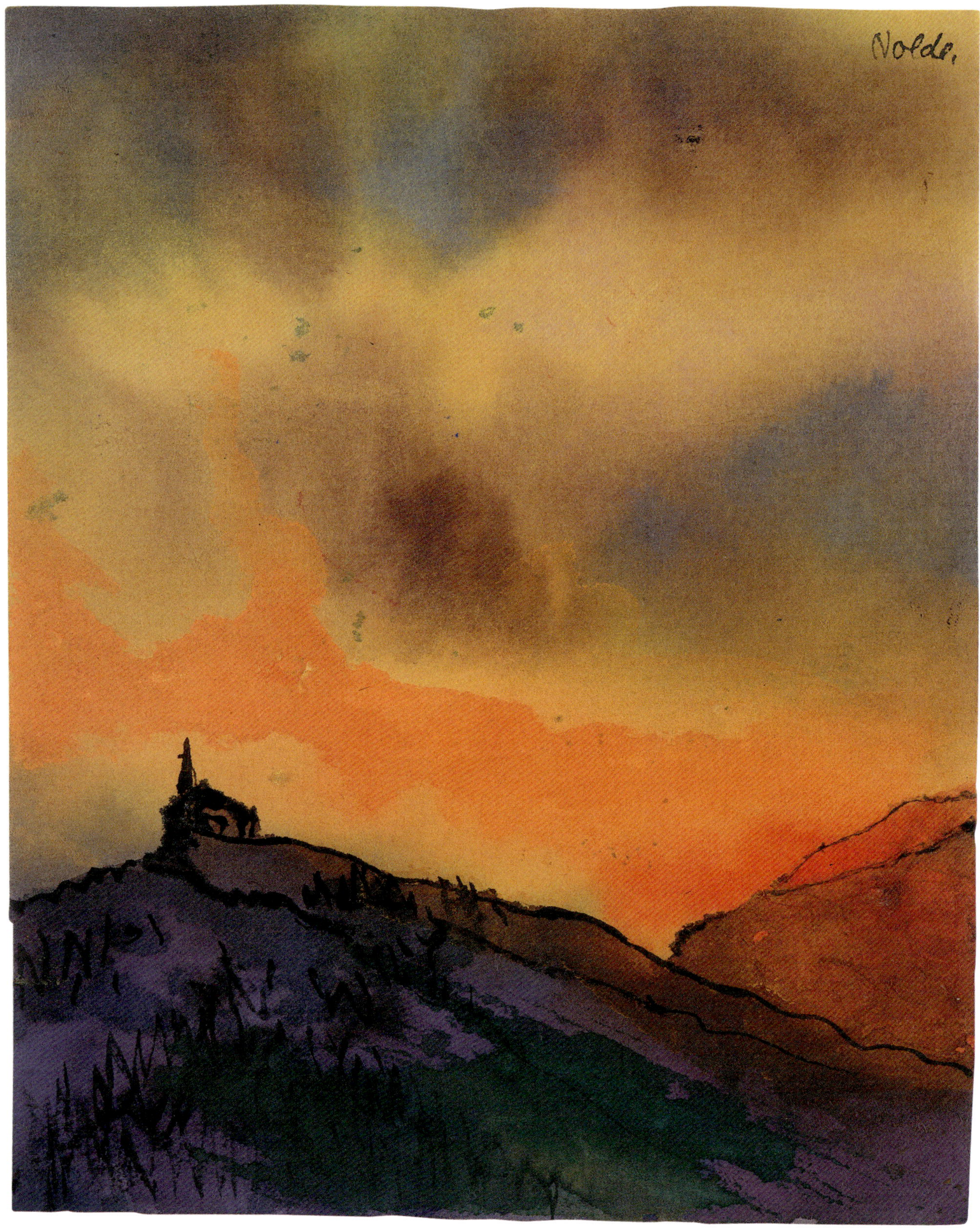

128 | Kapelle in den Bergen (Abendhimmel)
Chapel in the Mountains (Evening Sky)

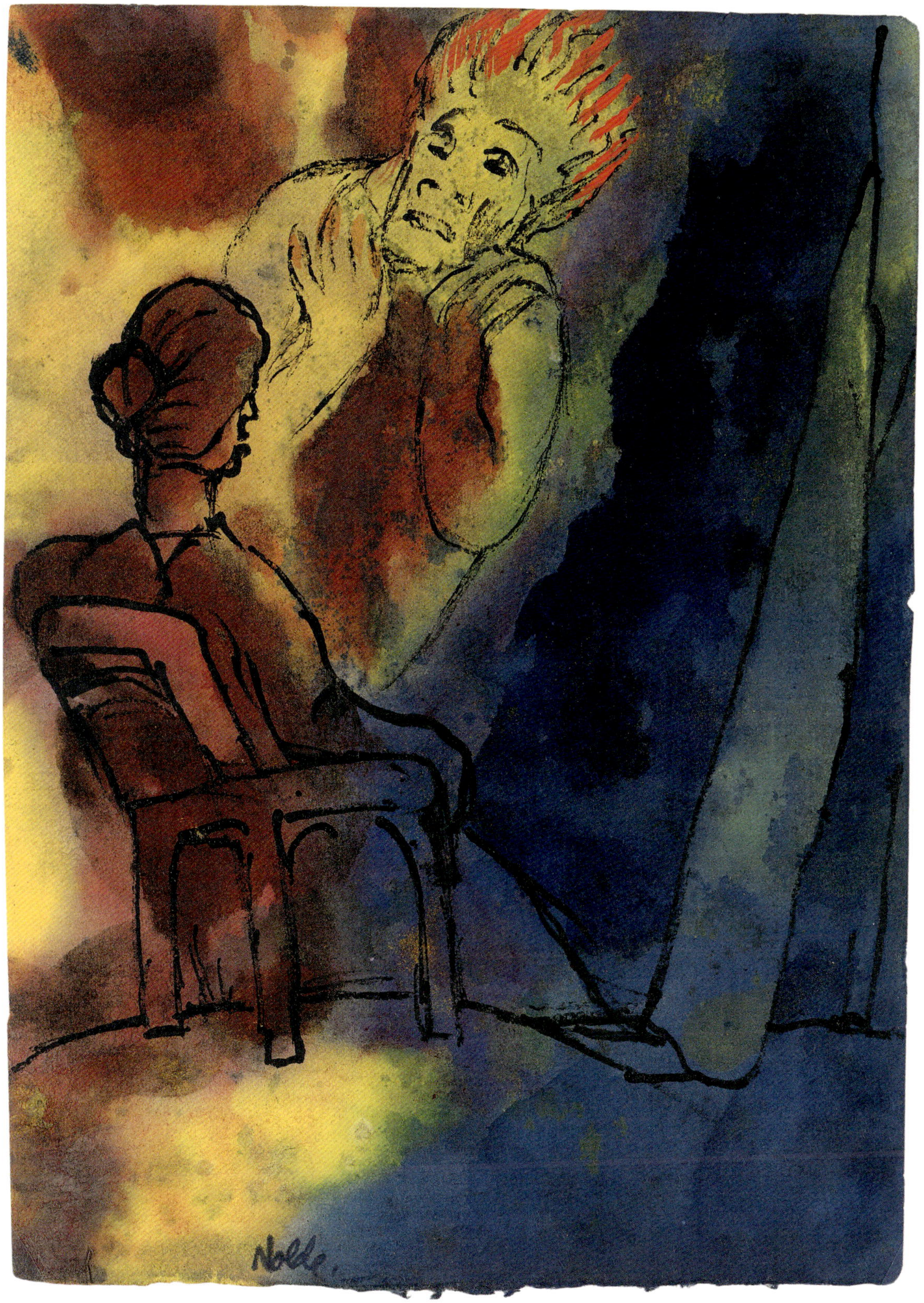

89 | Sitzende Frau (von rückwärts) und geisterhafte Erscheinung
Sitting Woman (from the rear) and Ghostly Apparition

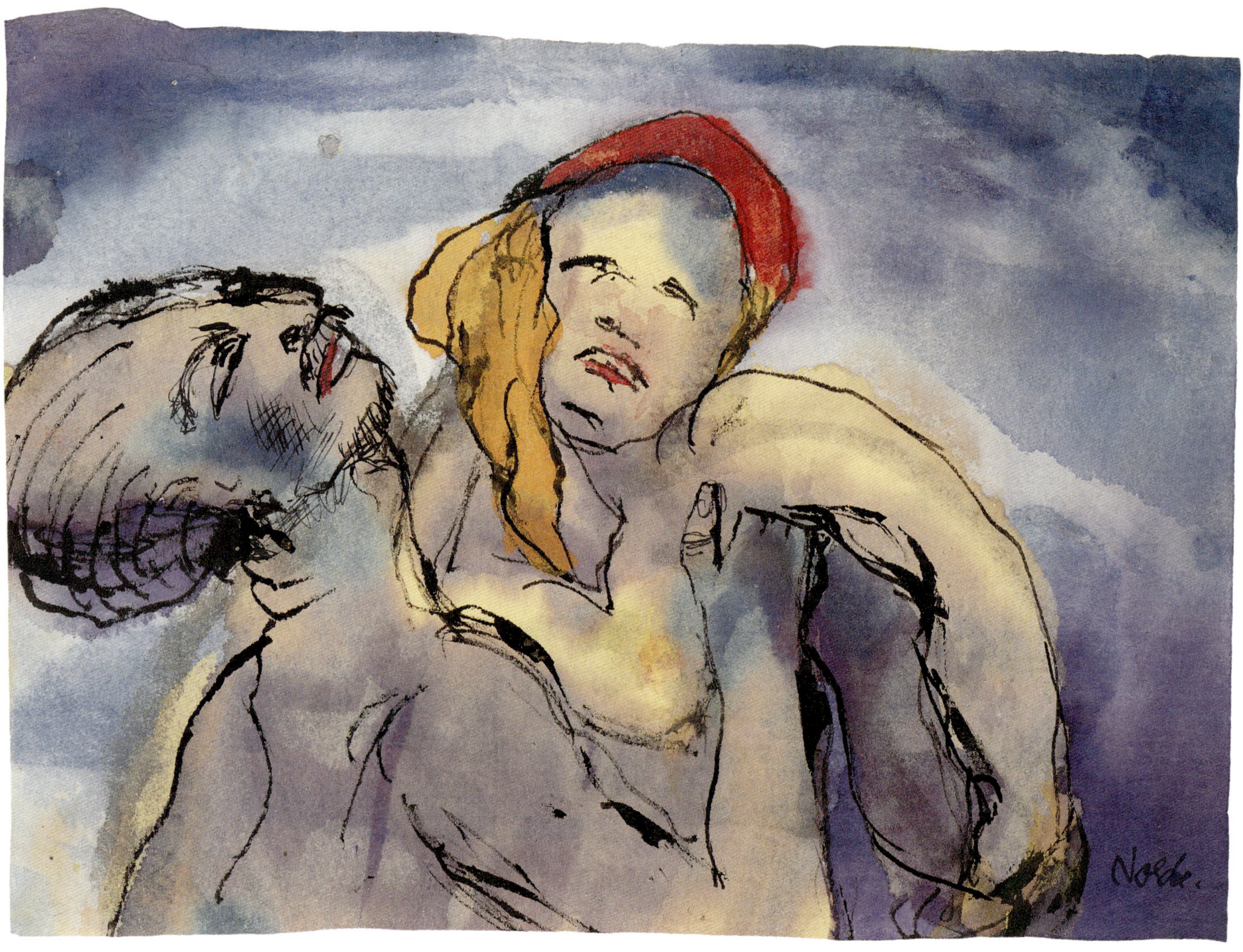

79 | Nacktes Paar
Naked Couple

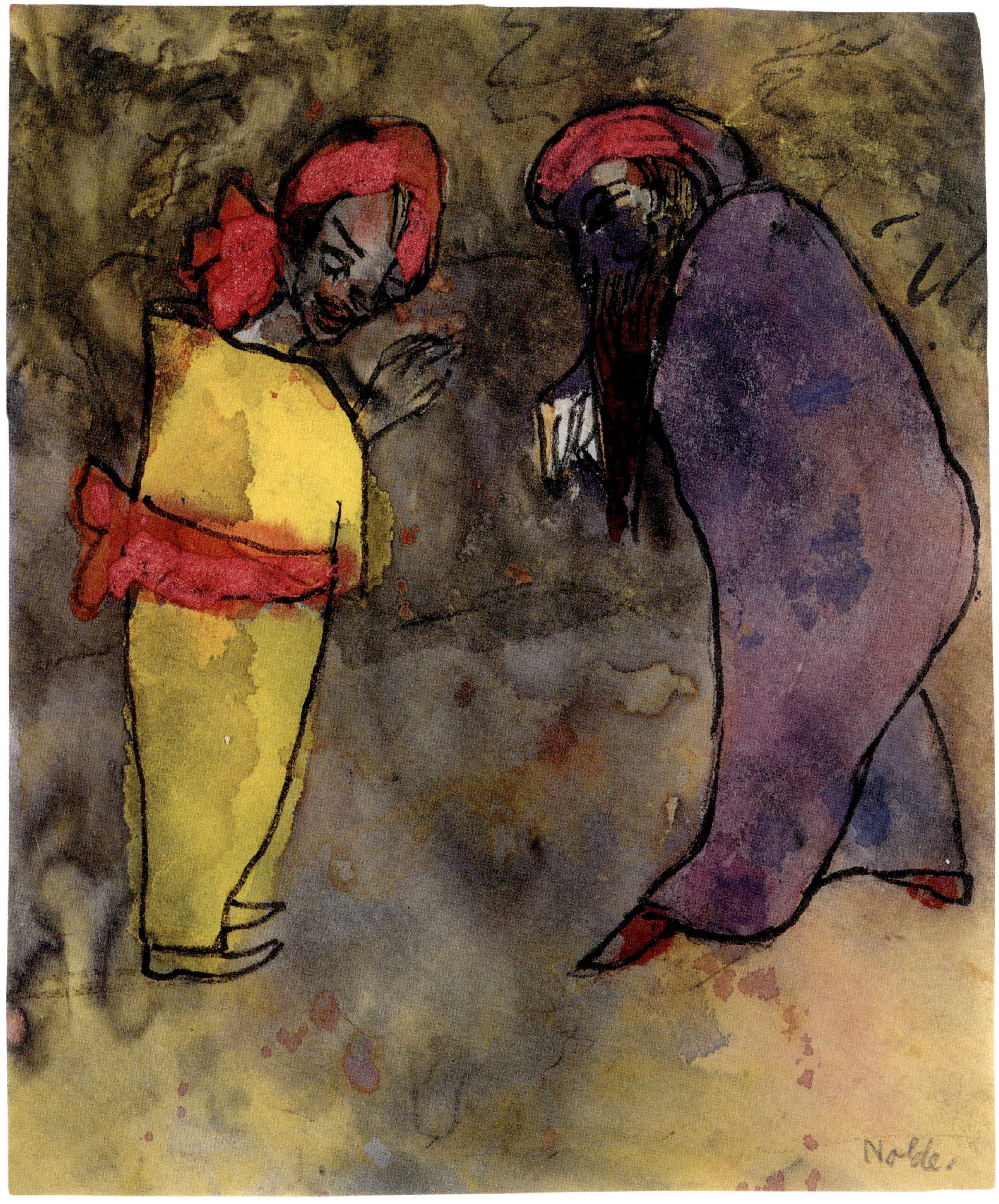

95 | Seltsames Paar (karminrote Schärpe)
Strange Couple (Carmine Red Sash)

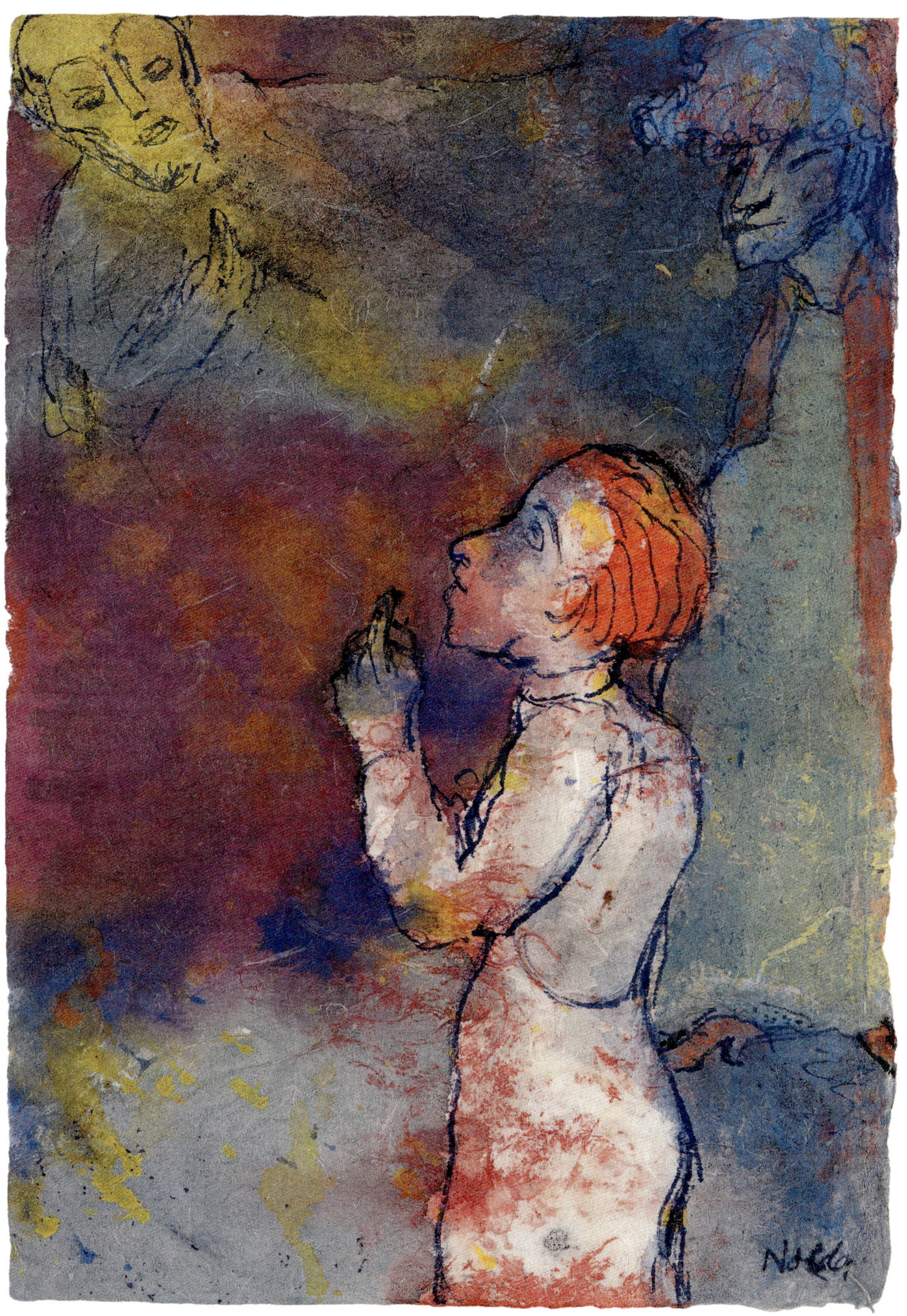

105 | Seltsames Gespräch – drei Gestalten
Strange Conversation – Three Figures

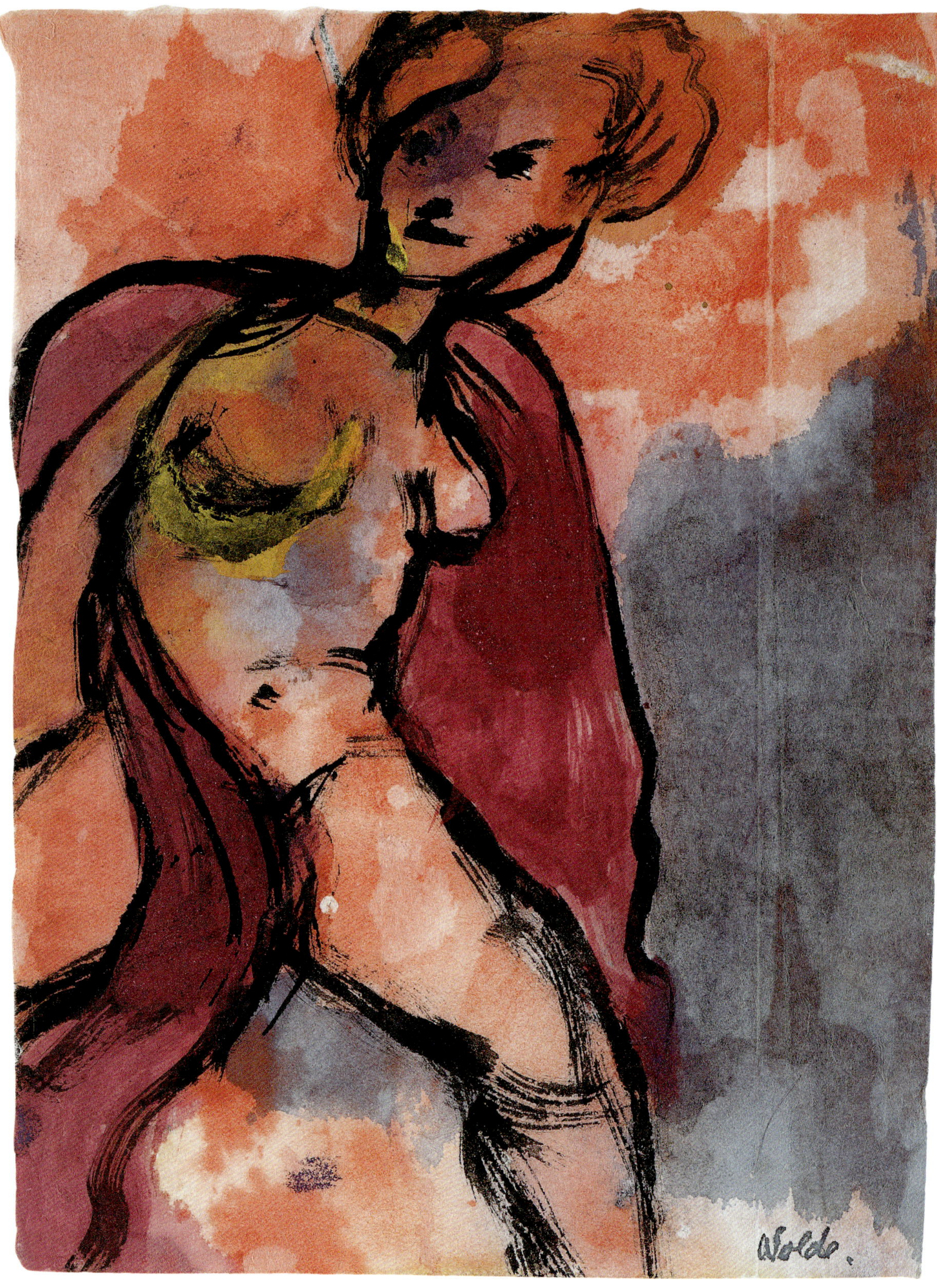

25 | Weiblicher Akt, schreitend mit rotem Tuch
Female Nude, Striding with Red Scarf

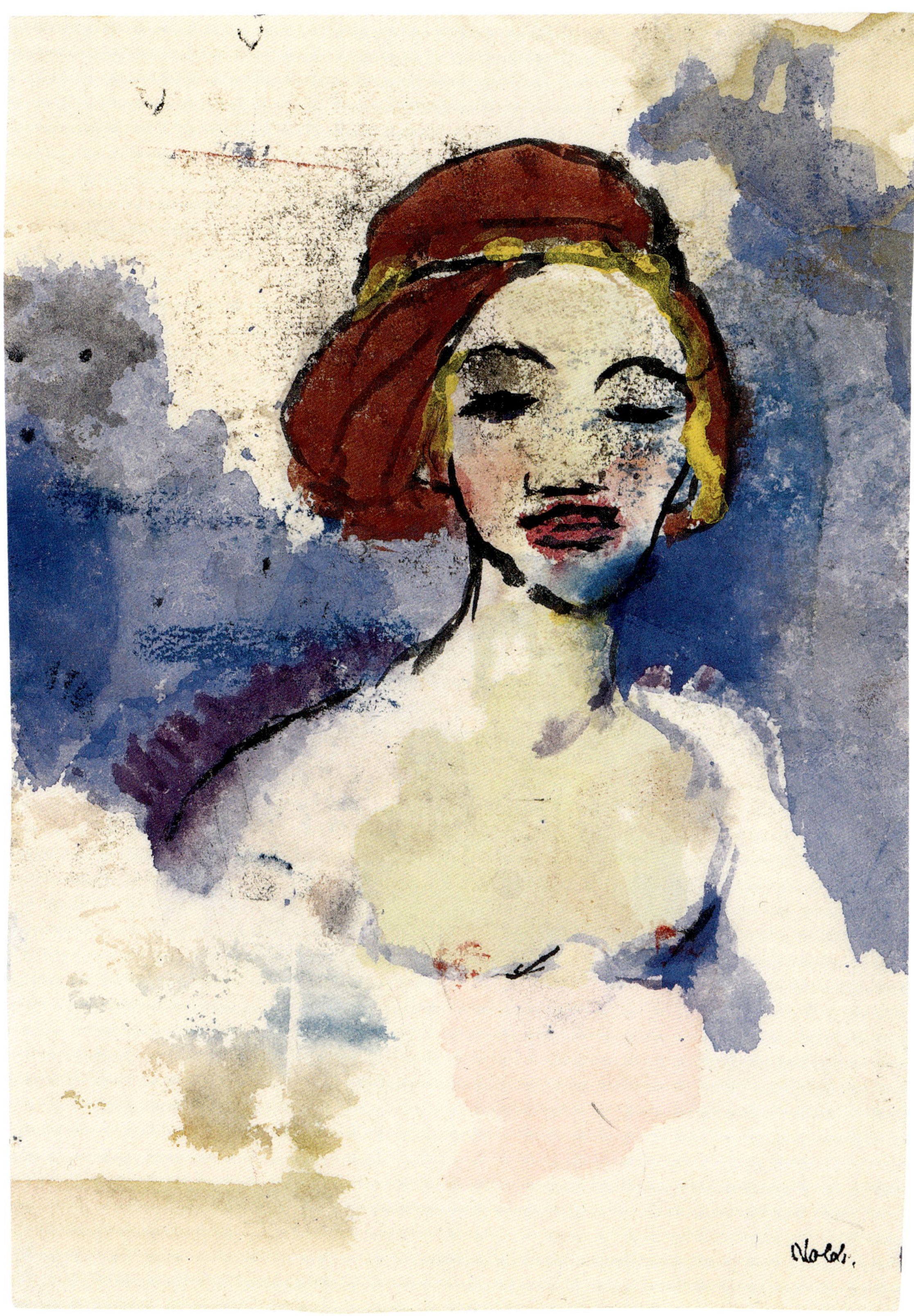

46 | Frauenporträt mit entblößten Schultern
Portrait of a Woman with Bare Shoulders

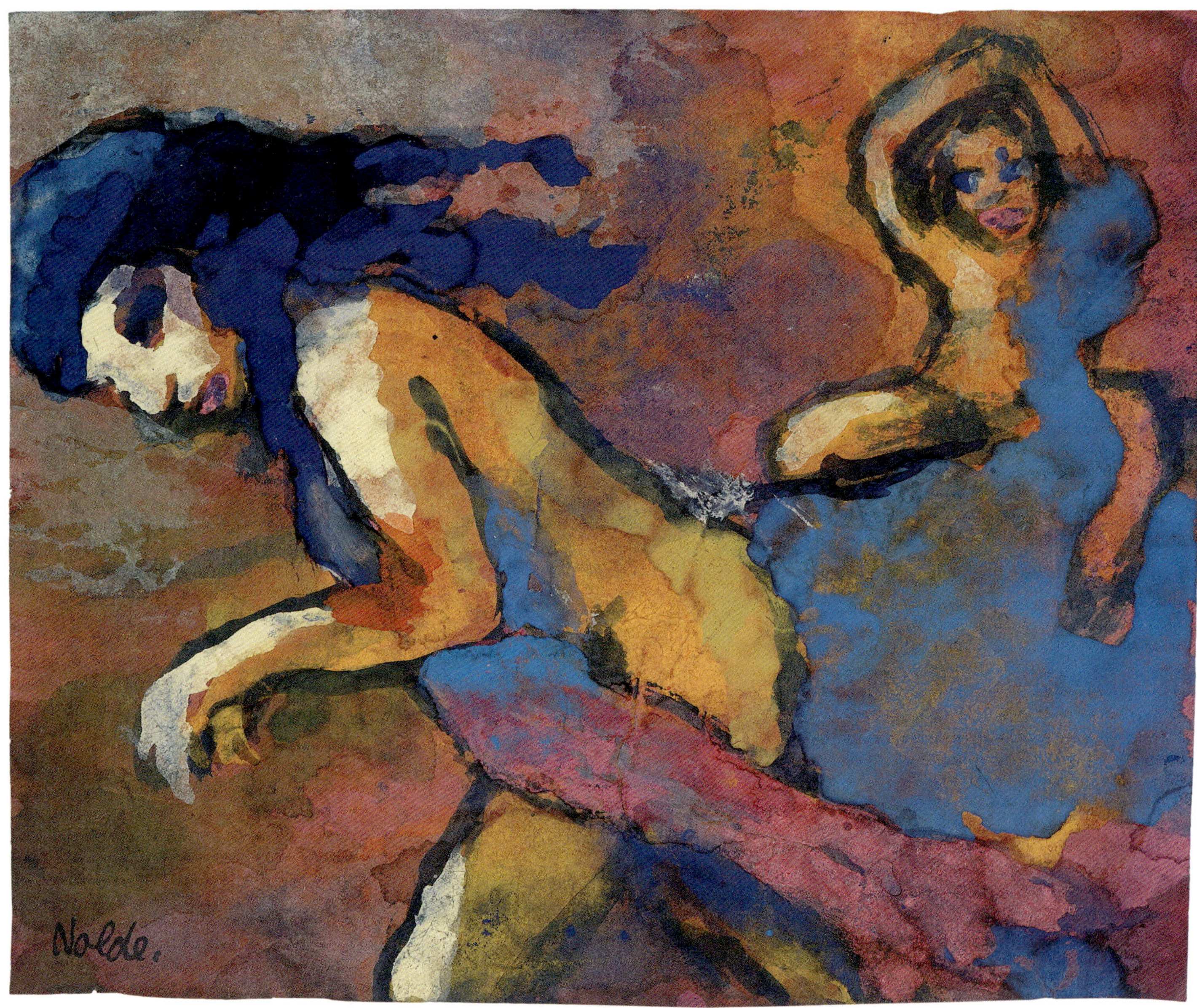

30 | **Zwei spielende Akte**
Two Playing Nudes

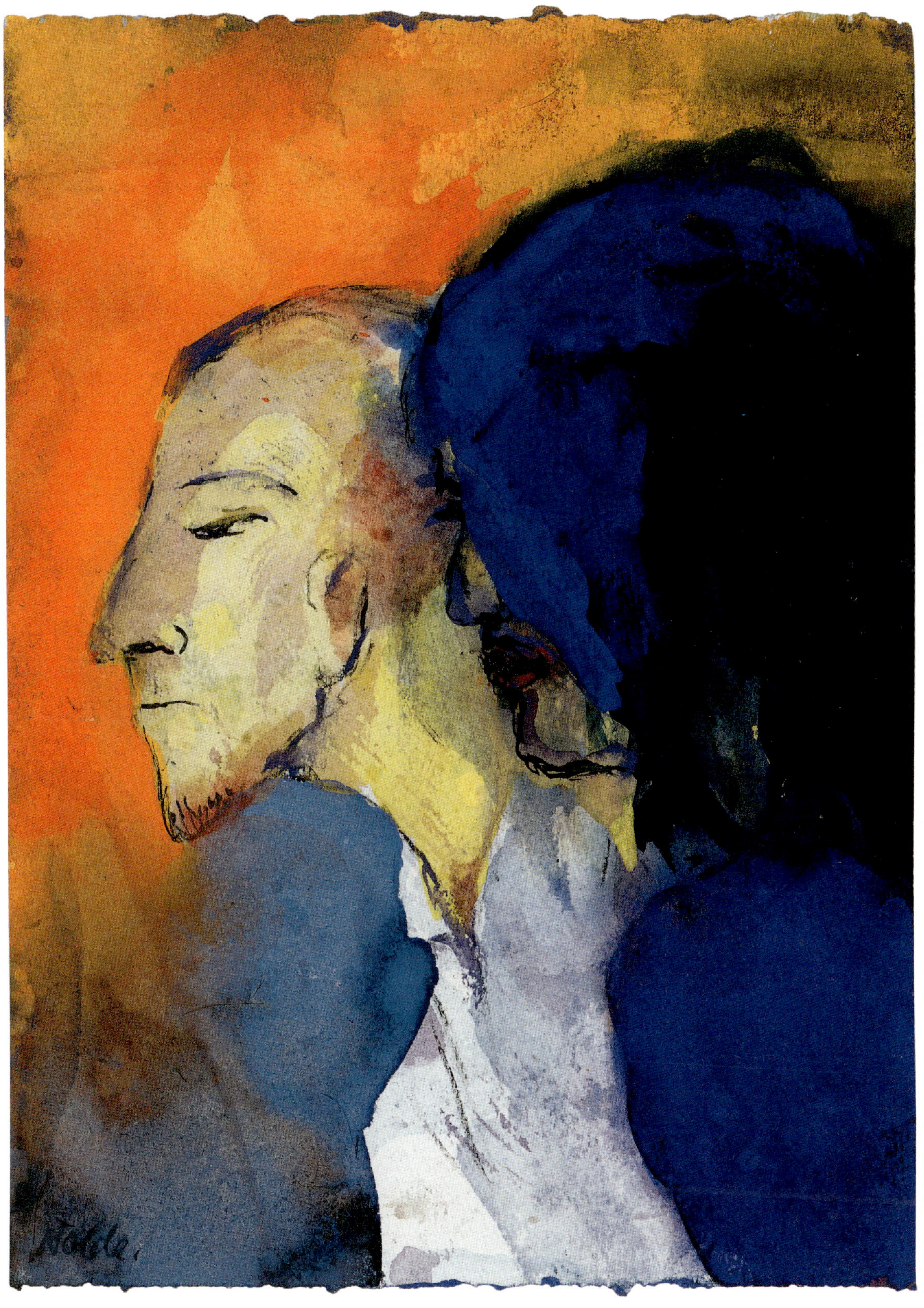

56 | Paar im Profil (blau und gelb)
Couple in Profile (Blue and Yellow)

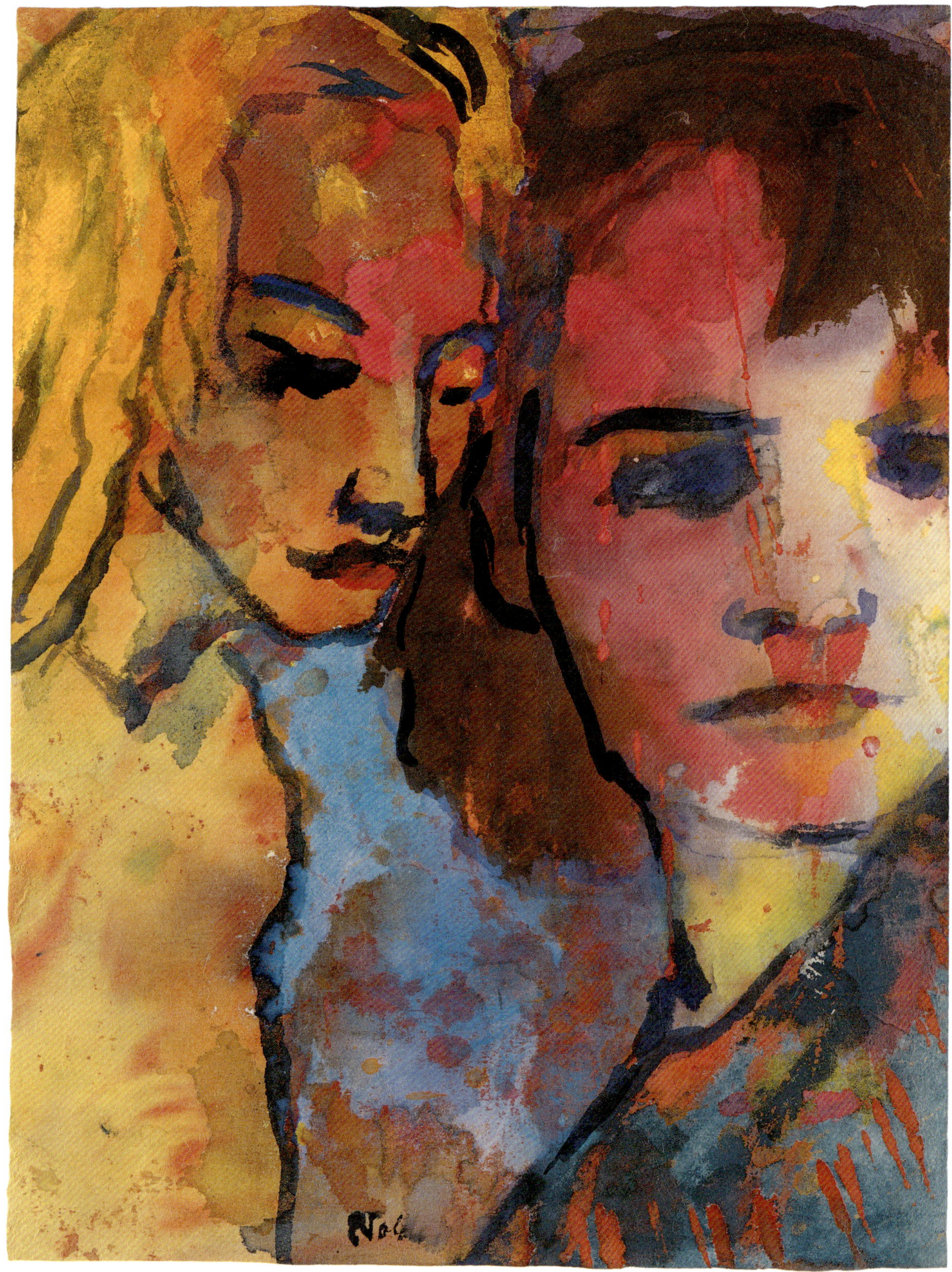

60 | Junges Paar
Young Couple

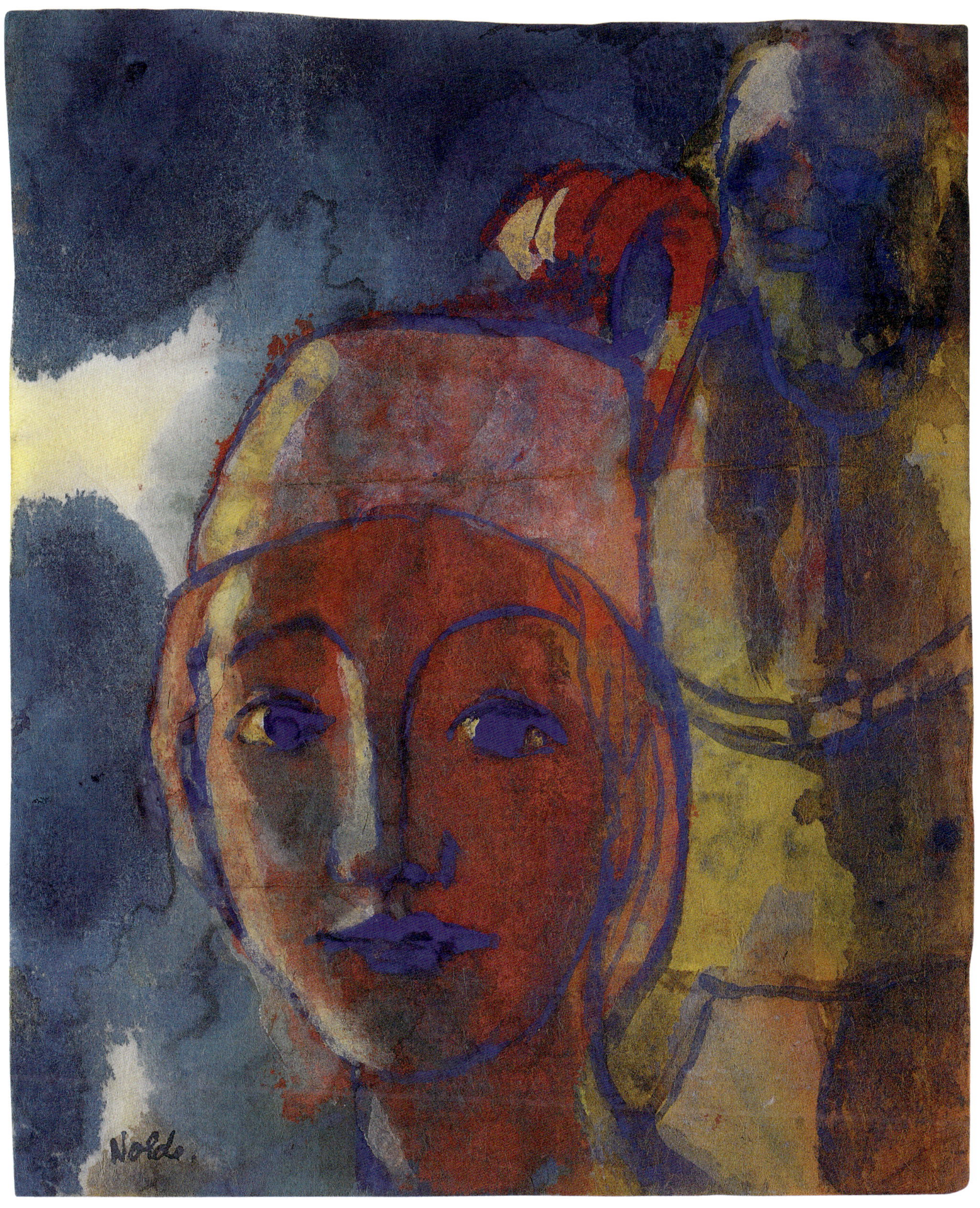

21 | Alter Mann und Kopf einer jungen Frau (roter Kopf mit Kappe und Feder)
Old Man and Head of a Young Woman (Red Head with Cap and Feather)

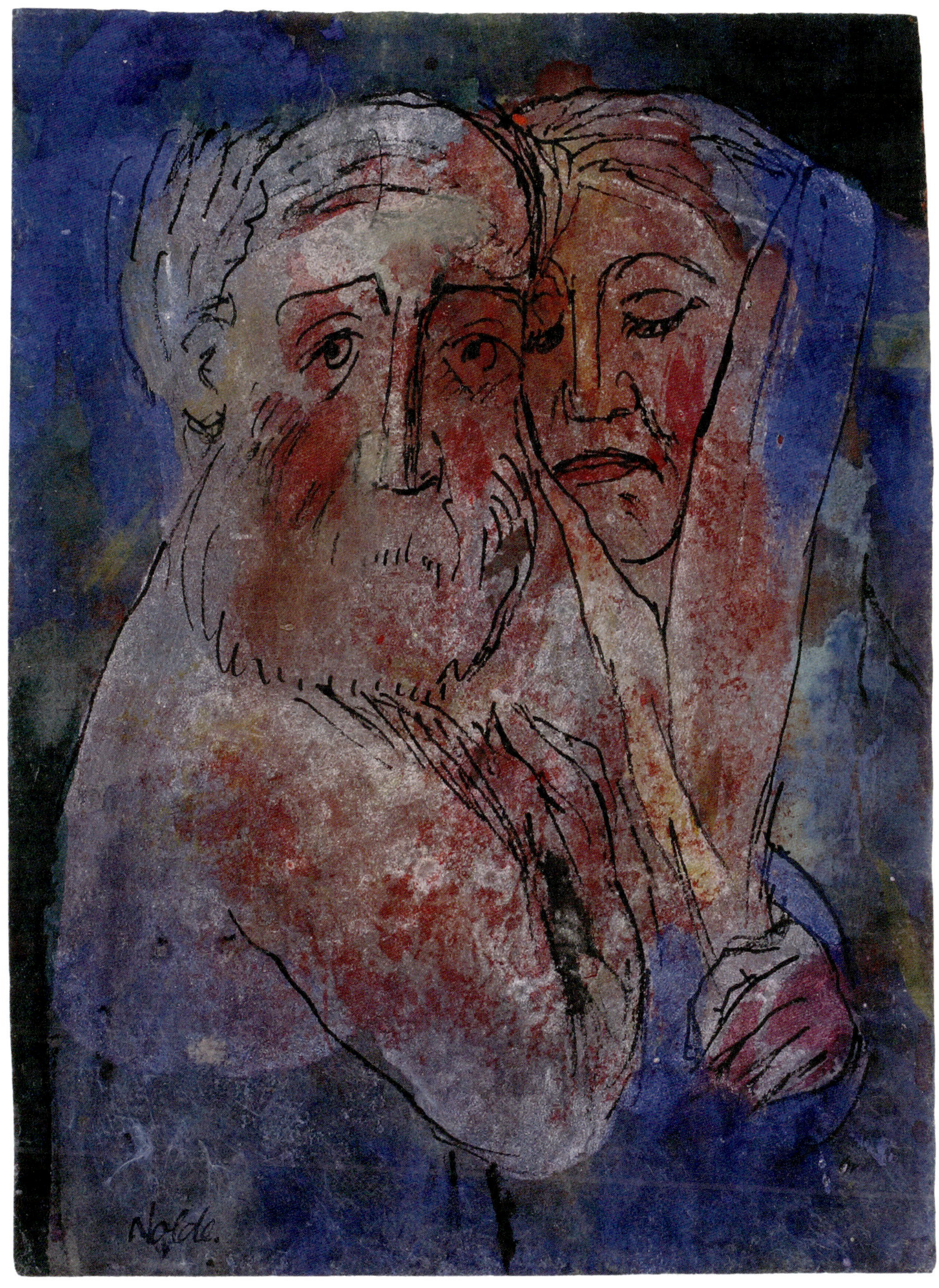

57 | Uraltes Paar
Very Old Couple

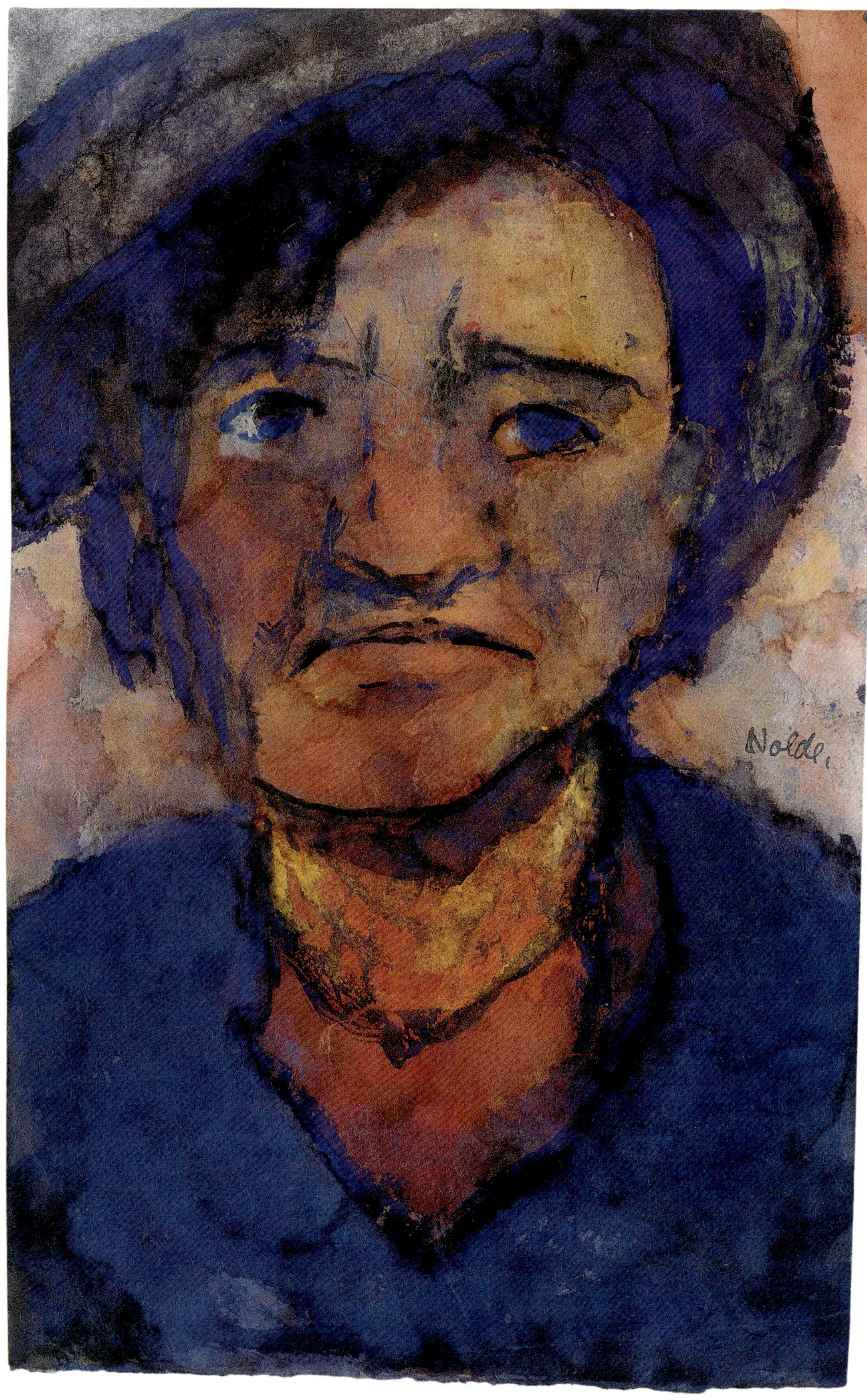

43 | Männerkopf mit Mütze (von vorn, vorwiegend blau)
Male Head with Cap (from the front, mainly blue)

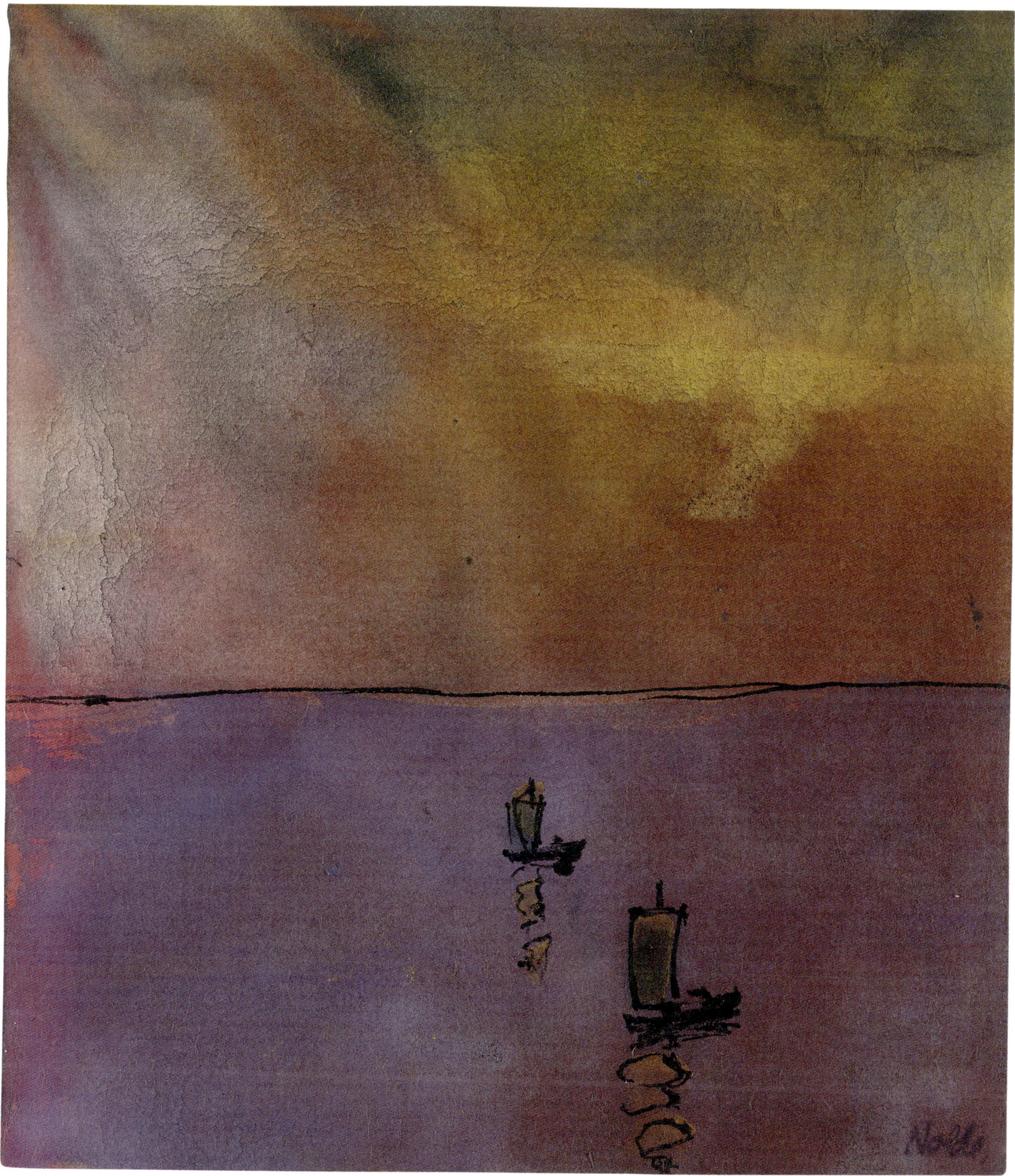

121 | Ruhige See mit zwei Seglern
Calm Sea with Two Sailboats

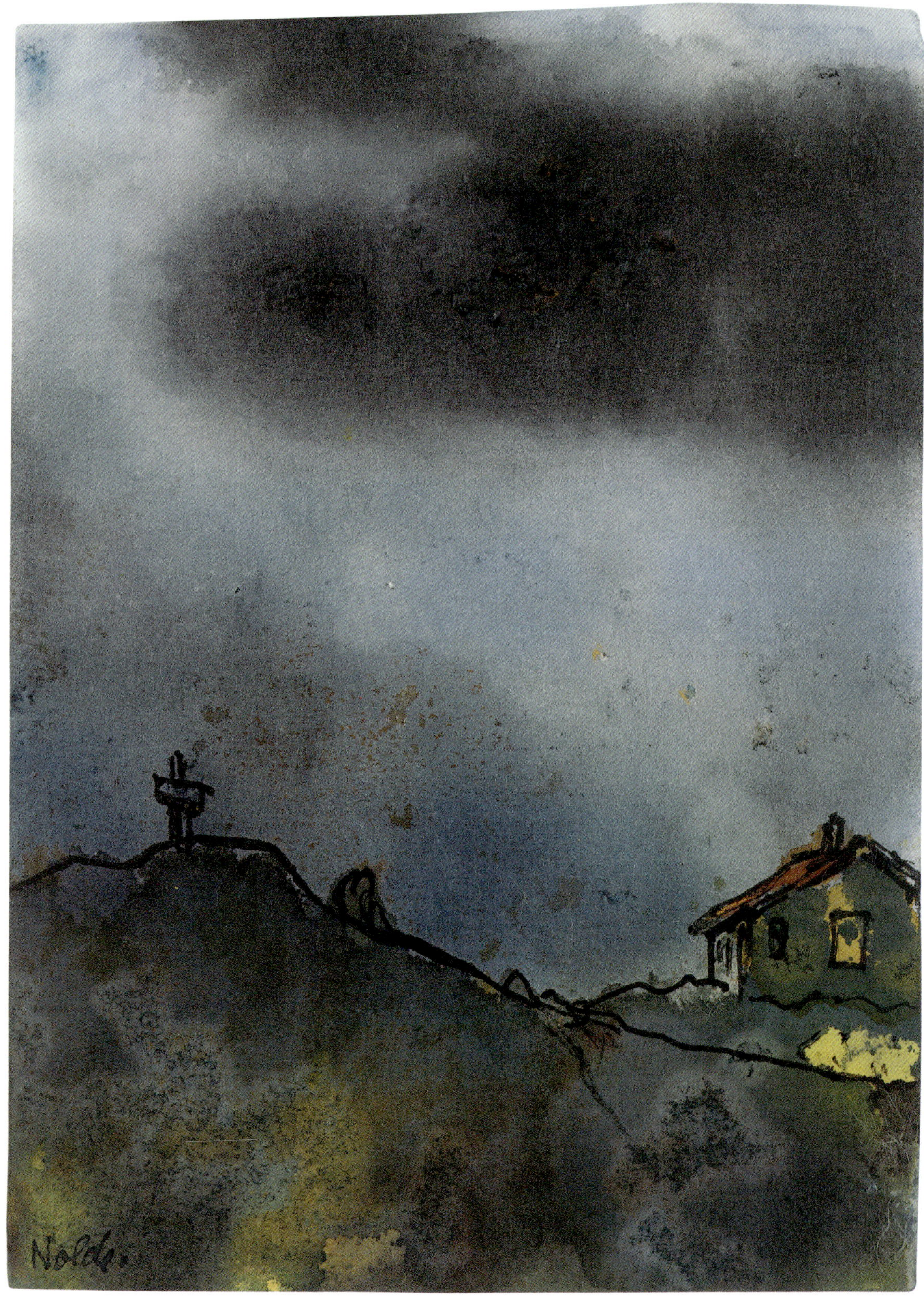

124 | Haus und Kreuz in den Bergen
House and Cross in the Mountains

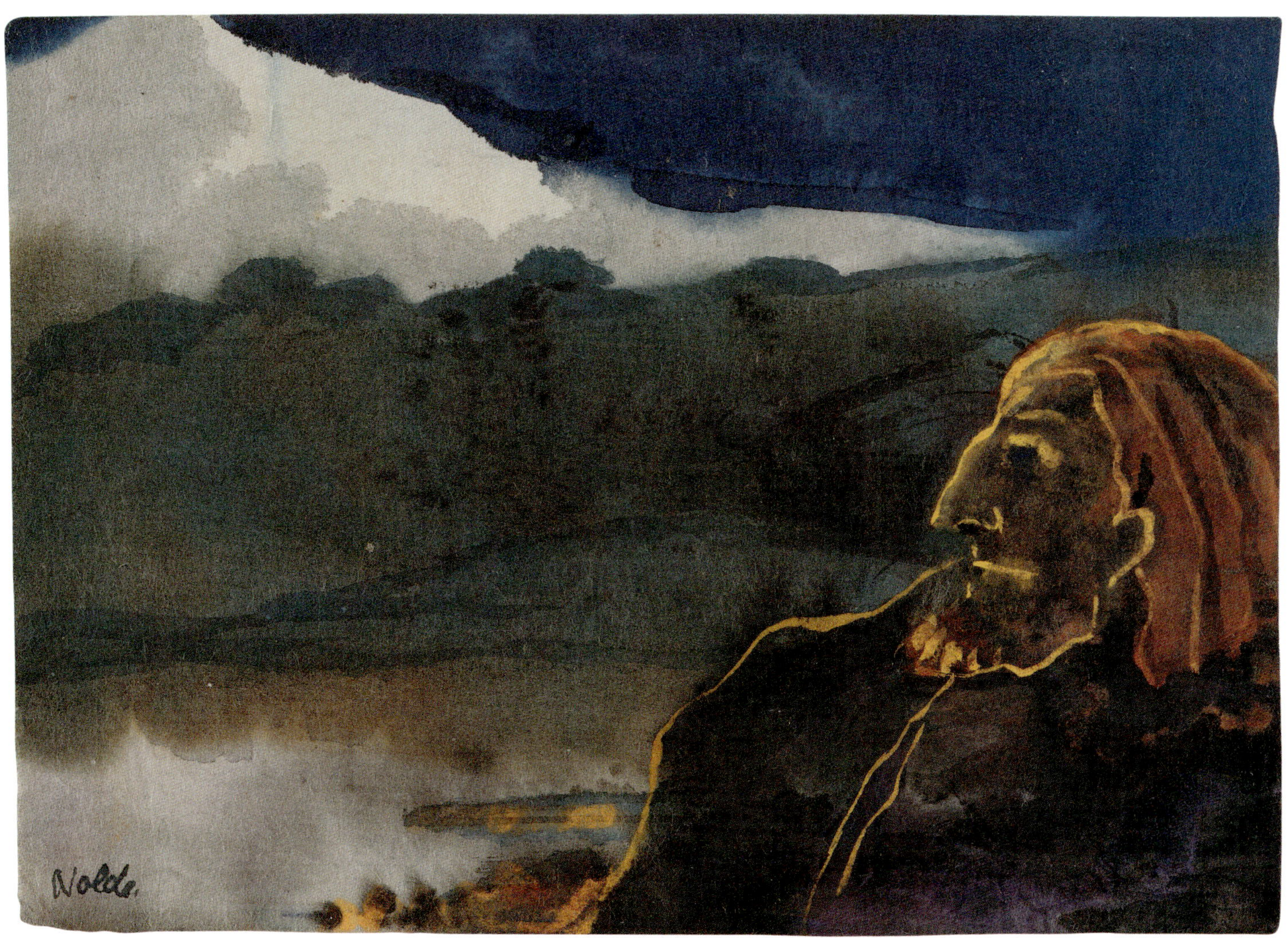

53 | Bärtiger Mann im Profil
(vor Berglandschaft)
Bearded Man in Profile
(in front of a Mountainous Landscape)

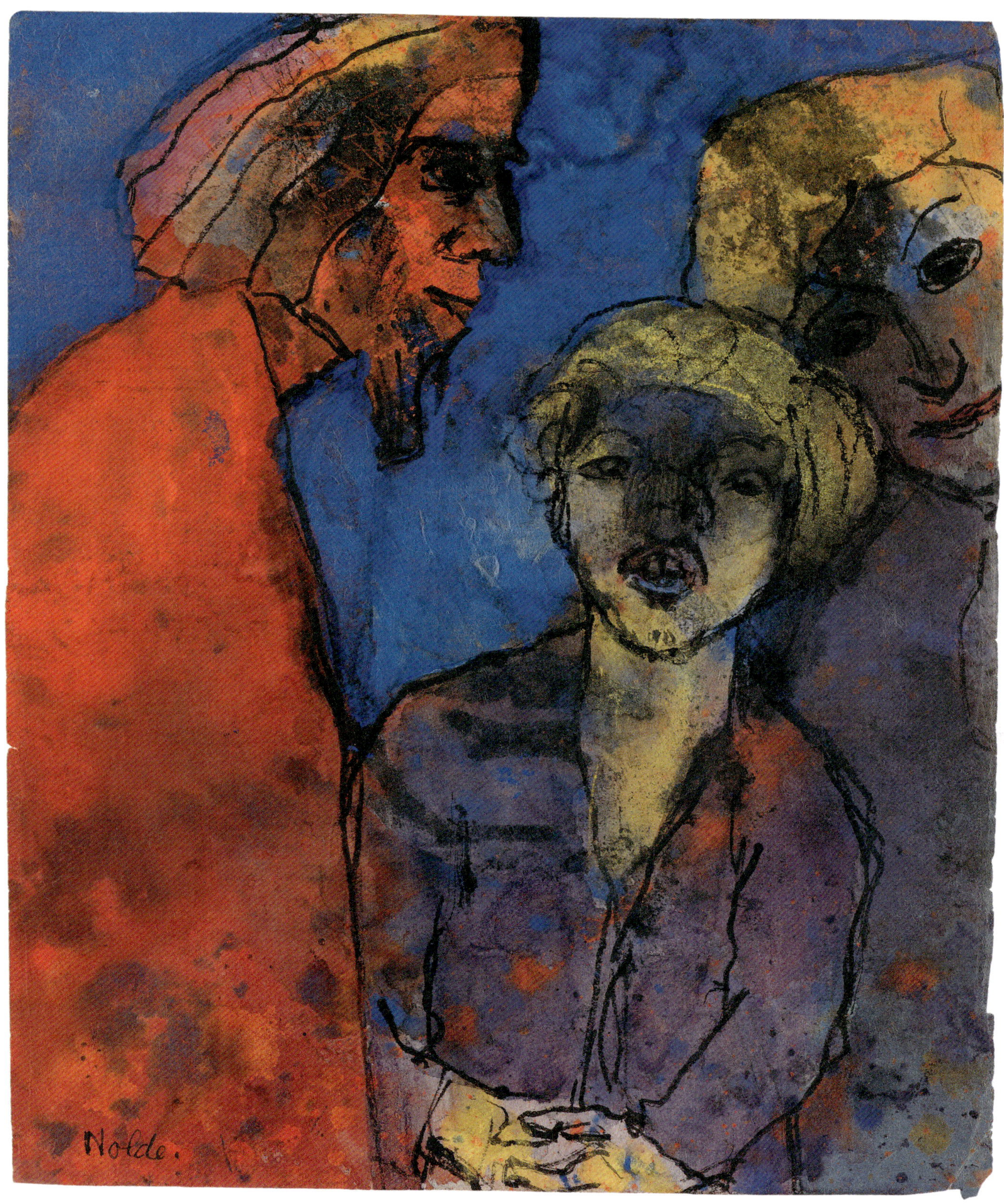

99 r | Blonder Knabe und Eltern
Blonde Boy and Parents

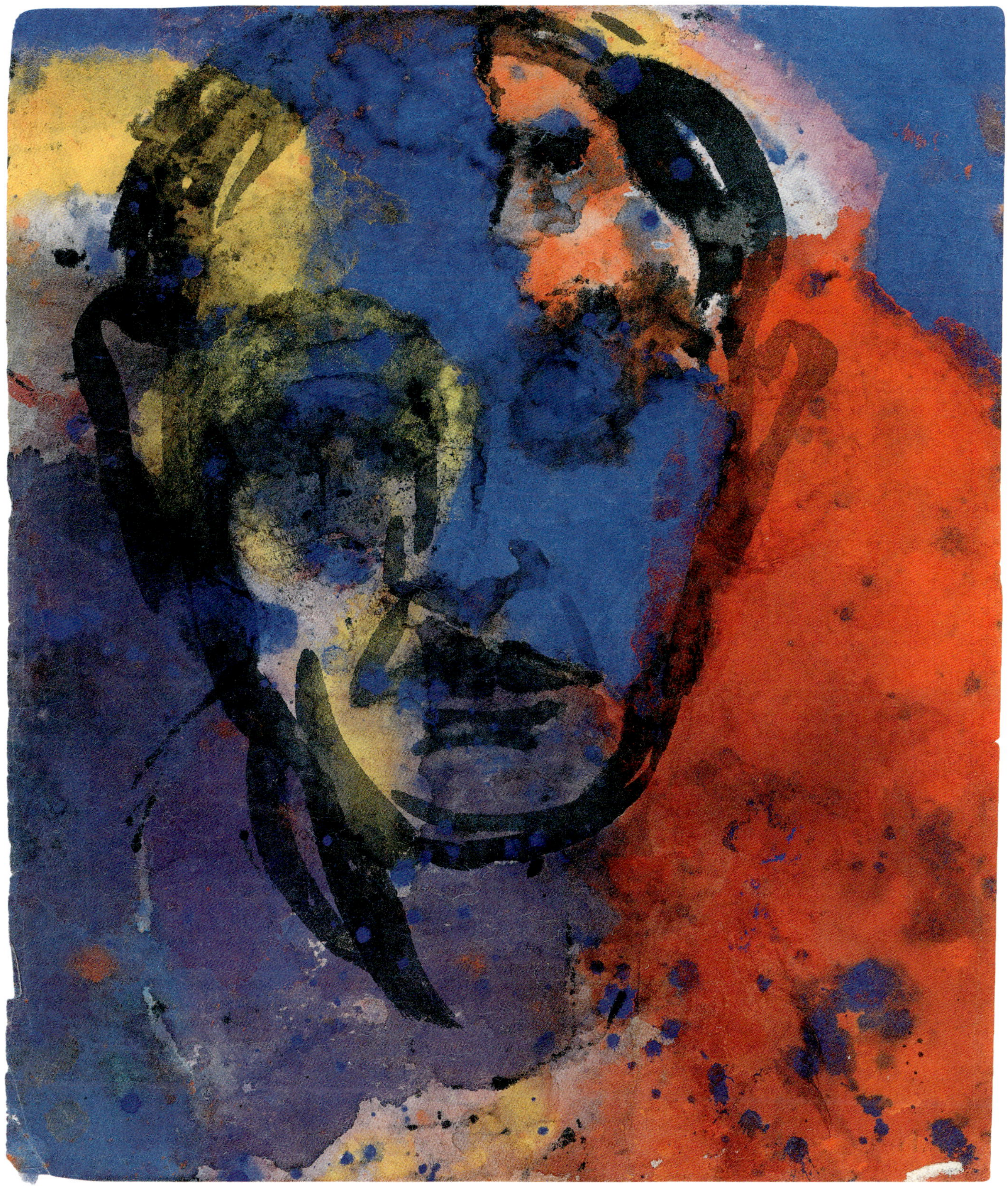

99 v | **Selbstbildnis**
Self-portrait

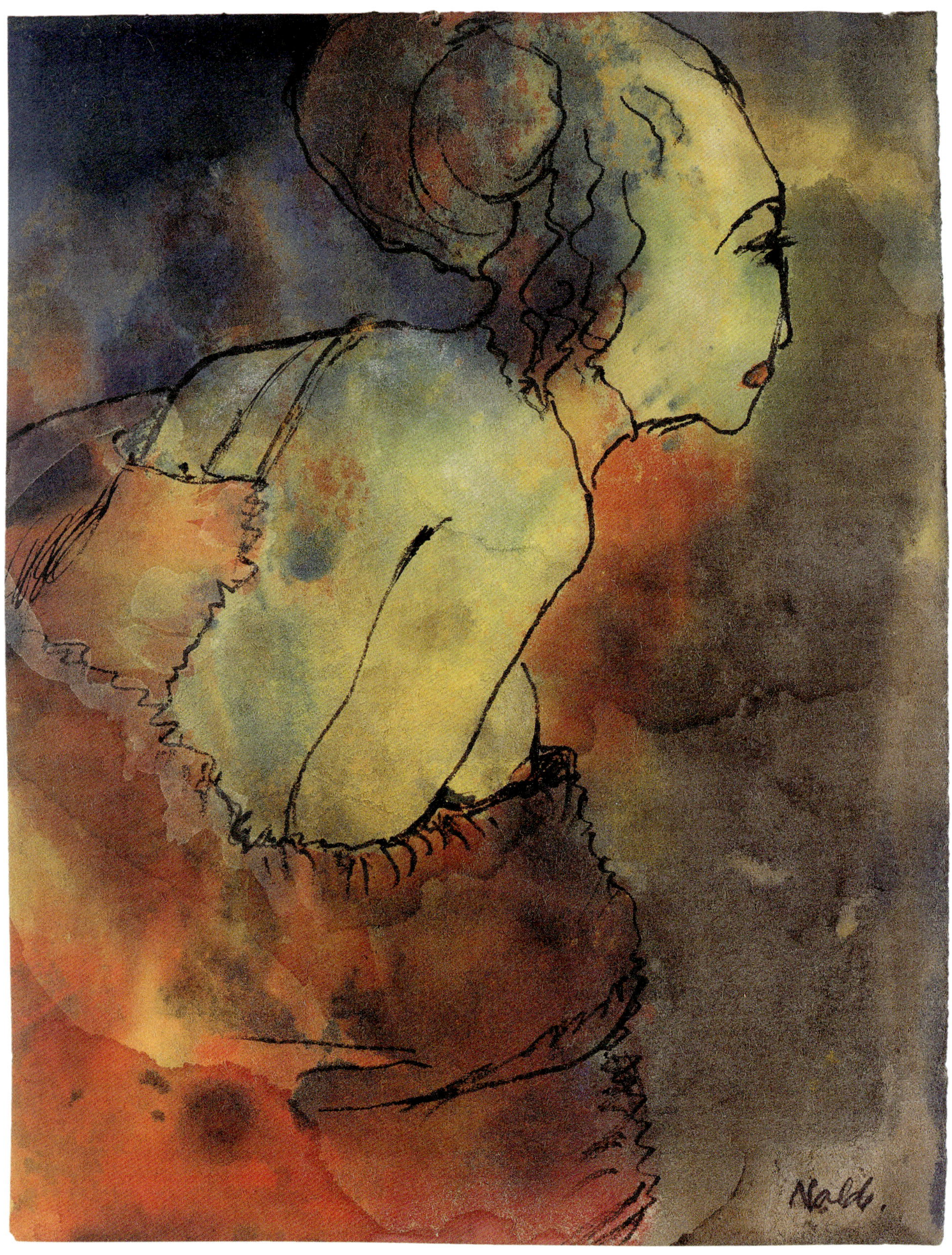

47 Frau mit entblößter Brust und Schulter (von halb rückwärts)
Woman with Bare Breasts and Shoulders (half from the rear)

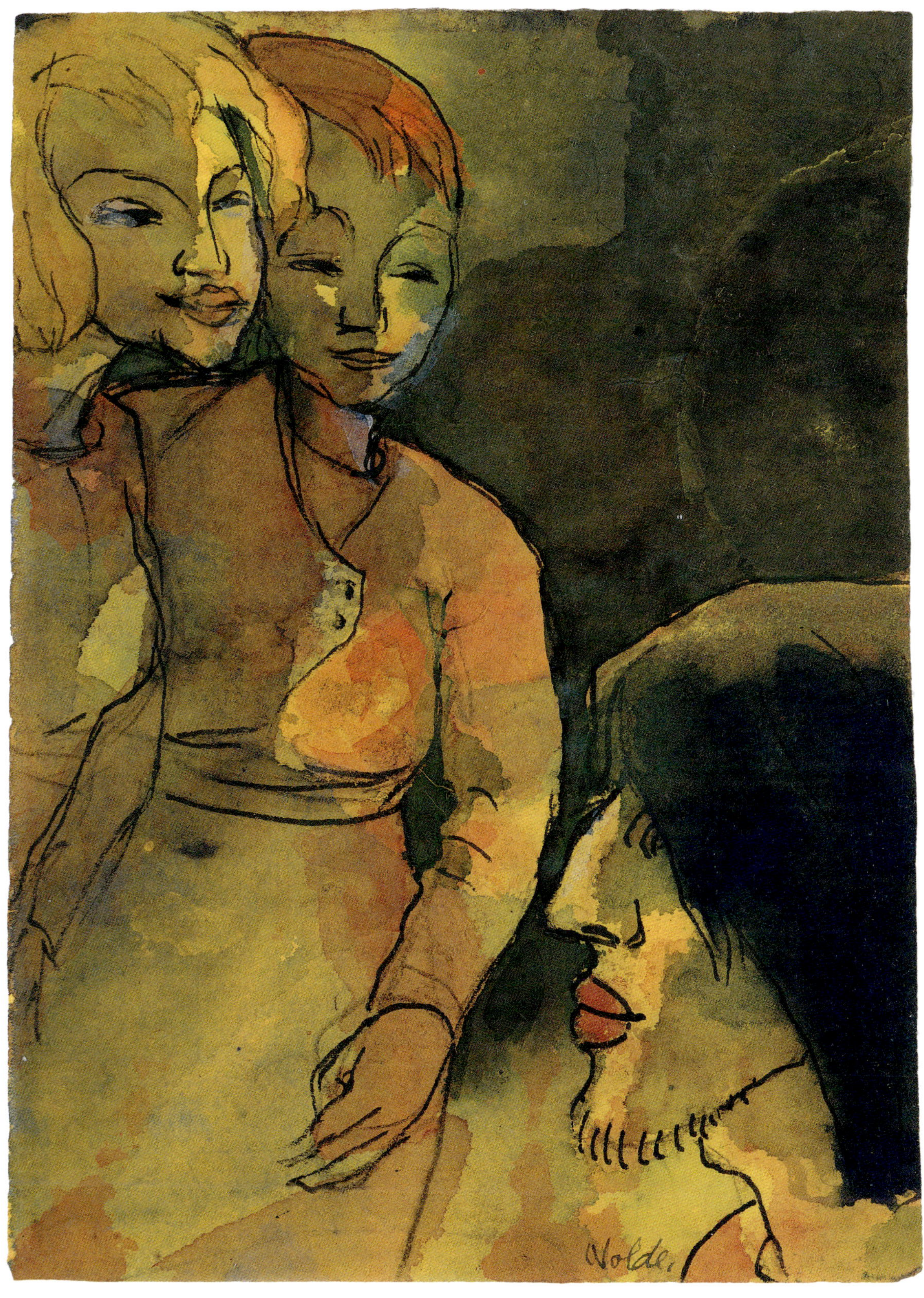

103 | Zwei junge Frauen und Kopf eines Mannes
Two Young Women and the Head of a Man

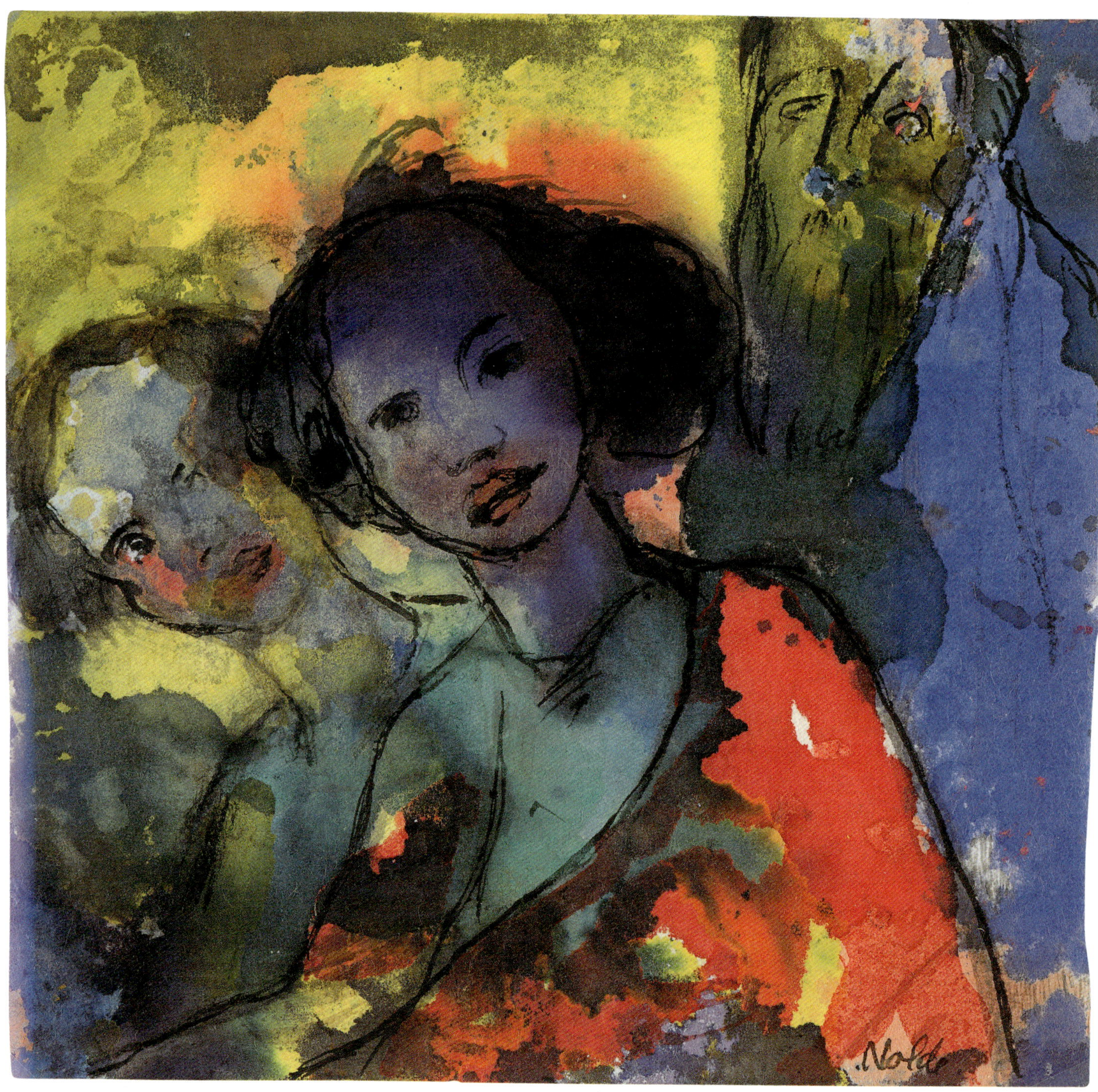

113 | »Junge Mädchen«
Young Girls

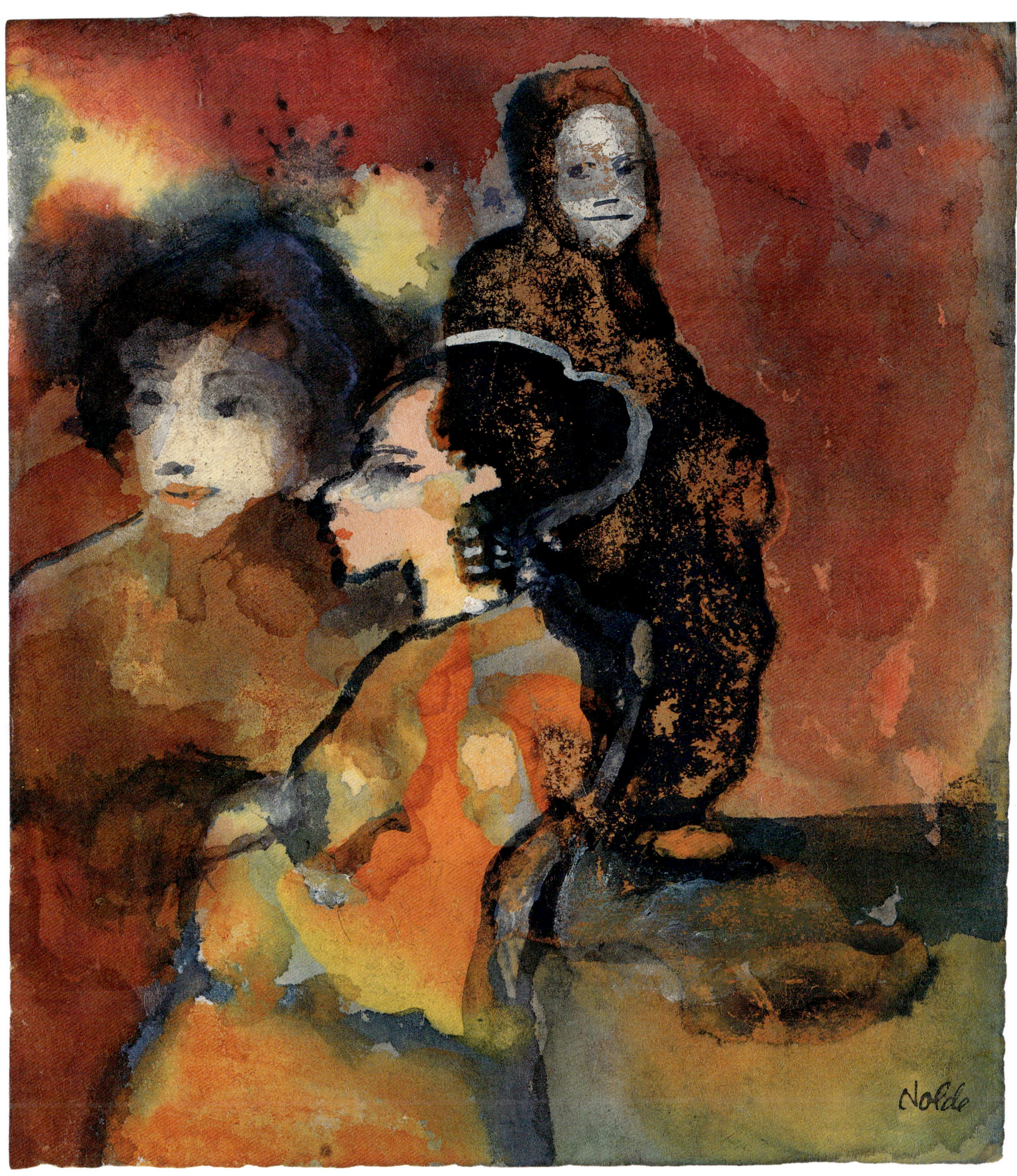

107 | Alte und zwei junge Frauen – Spanische Mädchen
Old Woman and Two Young Women – Spanish Girls

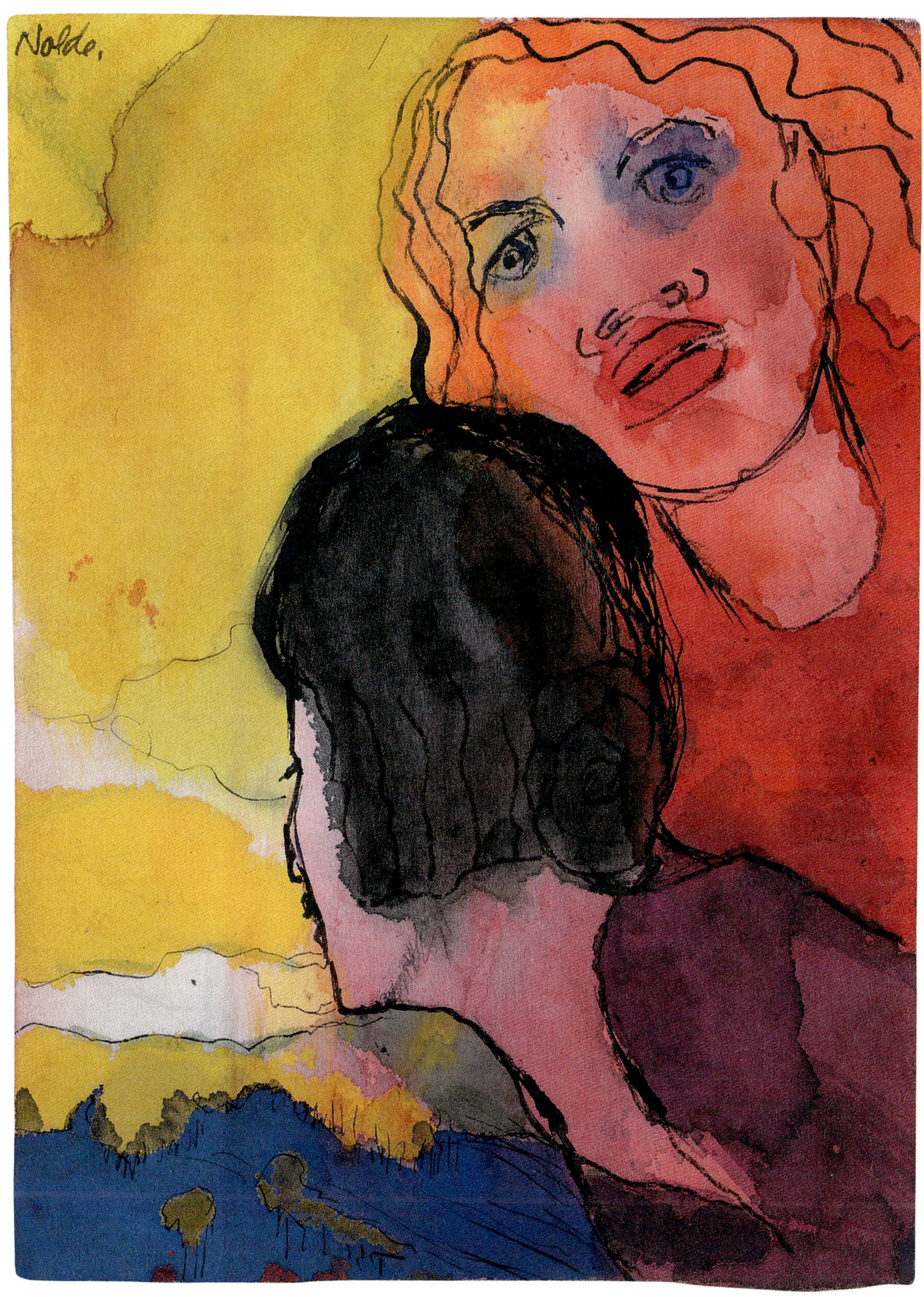

59 | Zwei Frauen, rot und violett, vor Landschaft mit gelbem Himmel
Two Women, Red and Violet, in front of a landscape with Yellow Sky

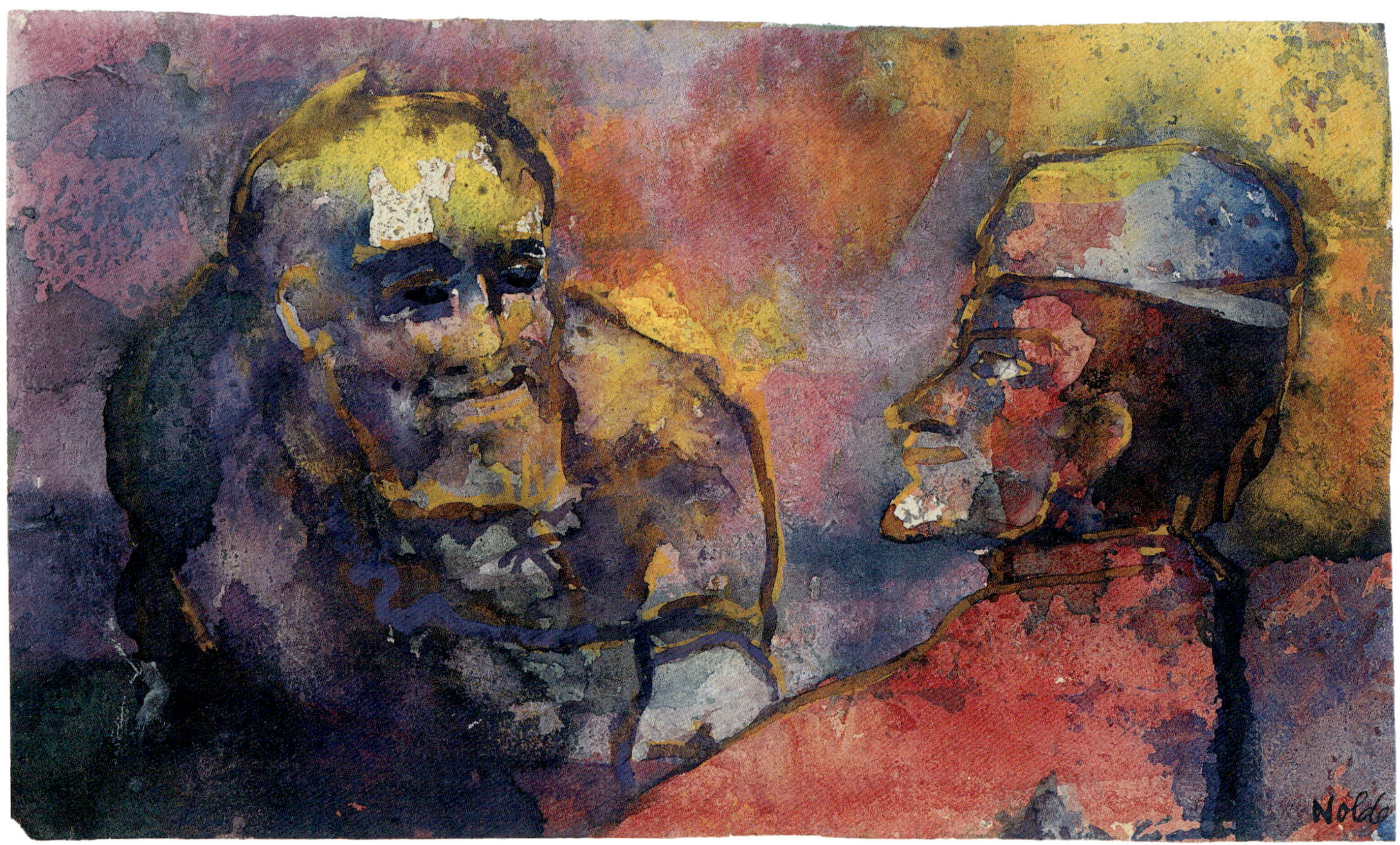

78 | Zwei Männer (im Gespräch)
Two Men (in Conversation)

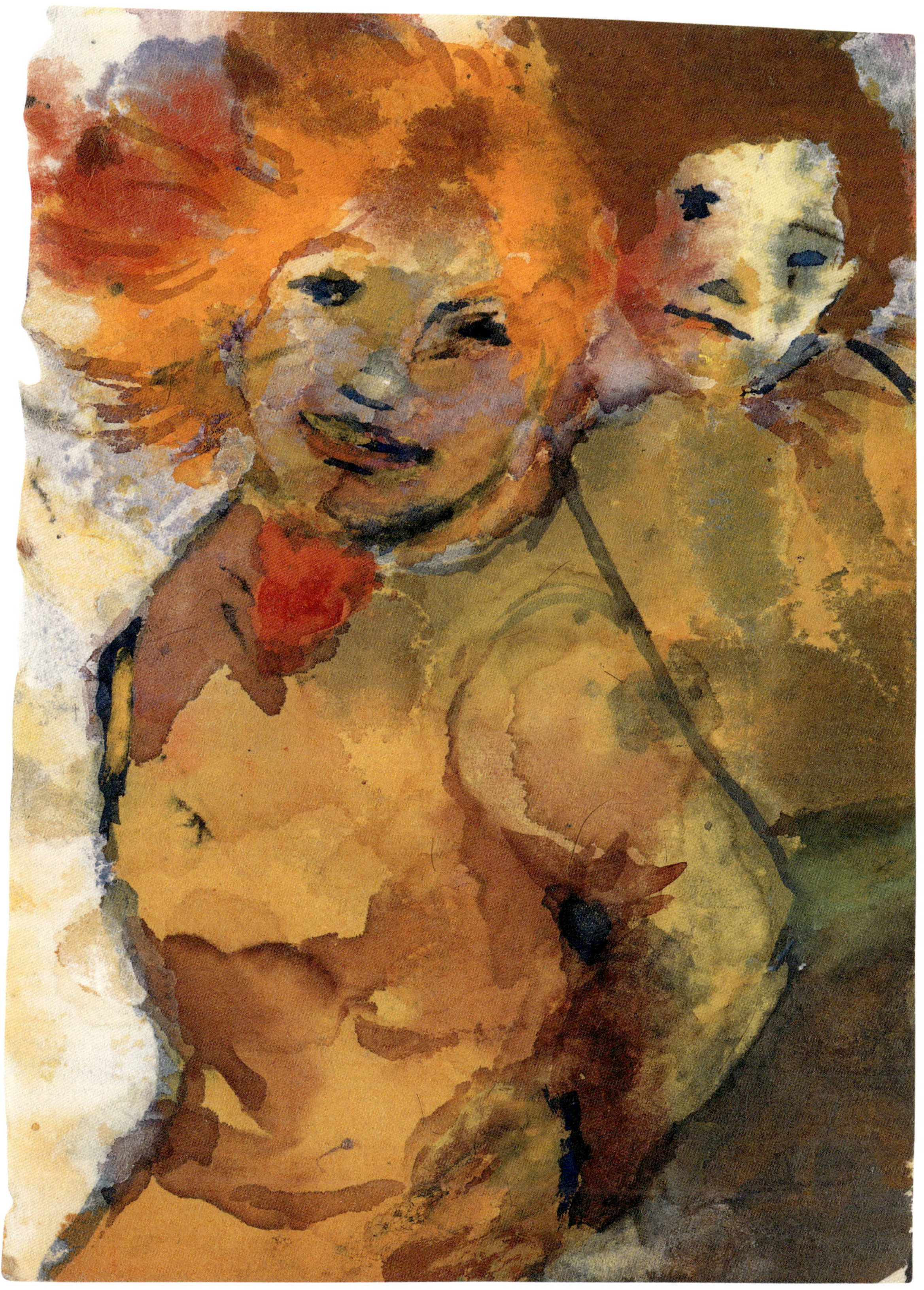

65 | Junge Frauen
Young Women

»Verstohlen hatte ich bisweilen in einem kleinen, halbversteckten Zimmer gearbeitet. Ich konnte es nicht lassen. Material beschaffen jedoch war mir entzogen, und es waren fast nur meine kleinen, besonderen Einfälle, die ich auf ganz kleine Blättchen hinmalen und festhalten konnte, meine ›ungemalten Bilder‹, die große, wirkliche Bilder werden sollen, wenn sie und ich es können.« (IV, 126)

"Now and then I worked furtively in a small, half-hidden room. I could not stop myself. I was not permitted to procure material and it was almost only my own small special ideas that I painted and was able to hold onto on very small pieces of paper, my "unpainted pictures," which would one day become large factual pictures when they and I were able." (IV, 126)

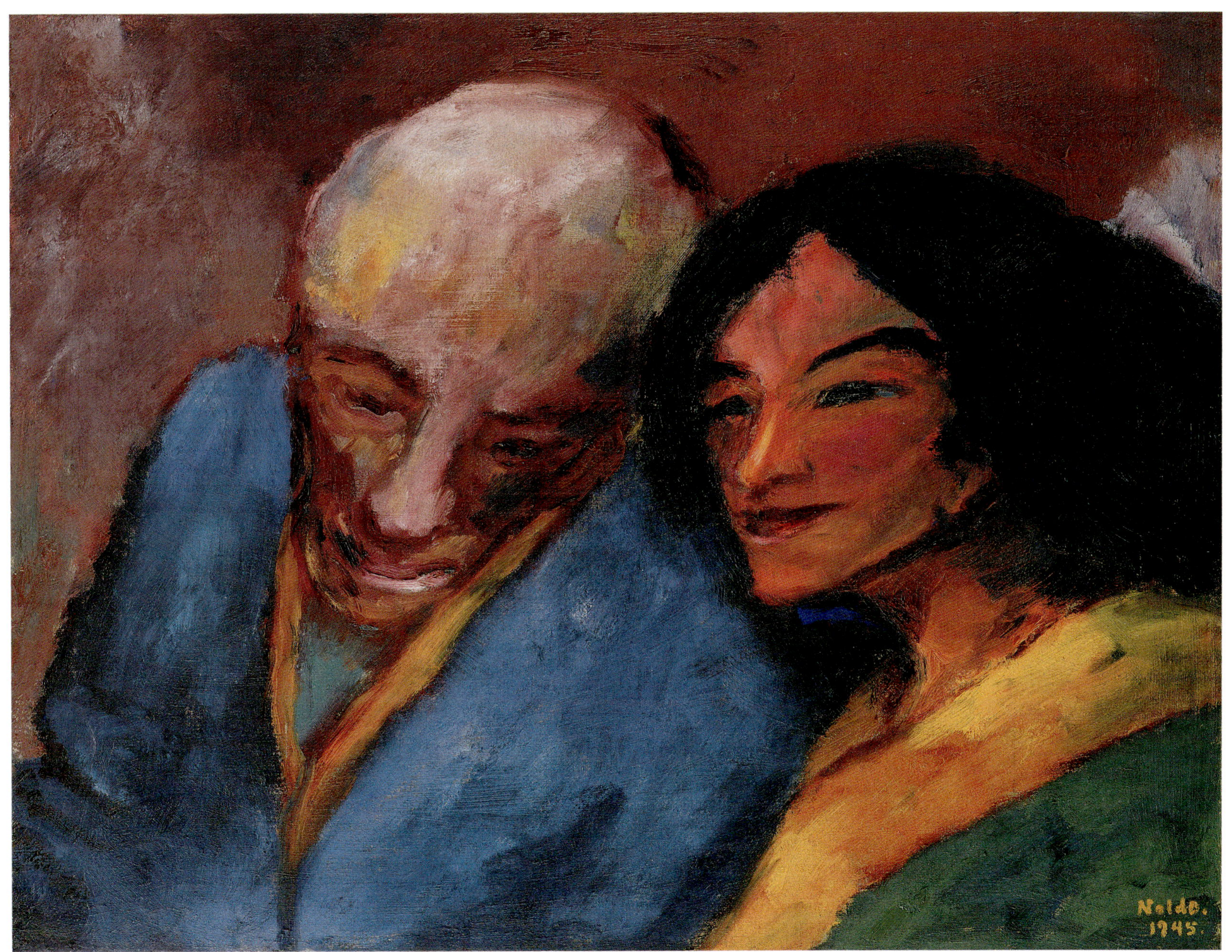

10 | »In schweren Stunden«, 1945
In Difficult Hours

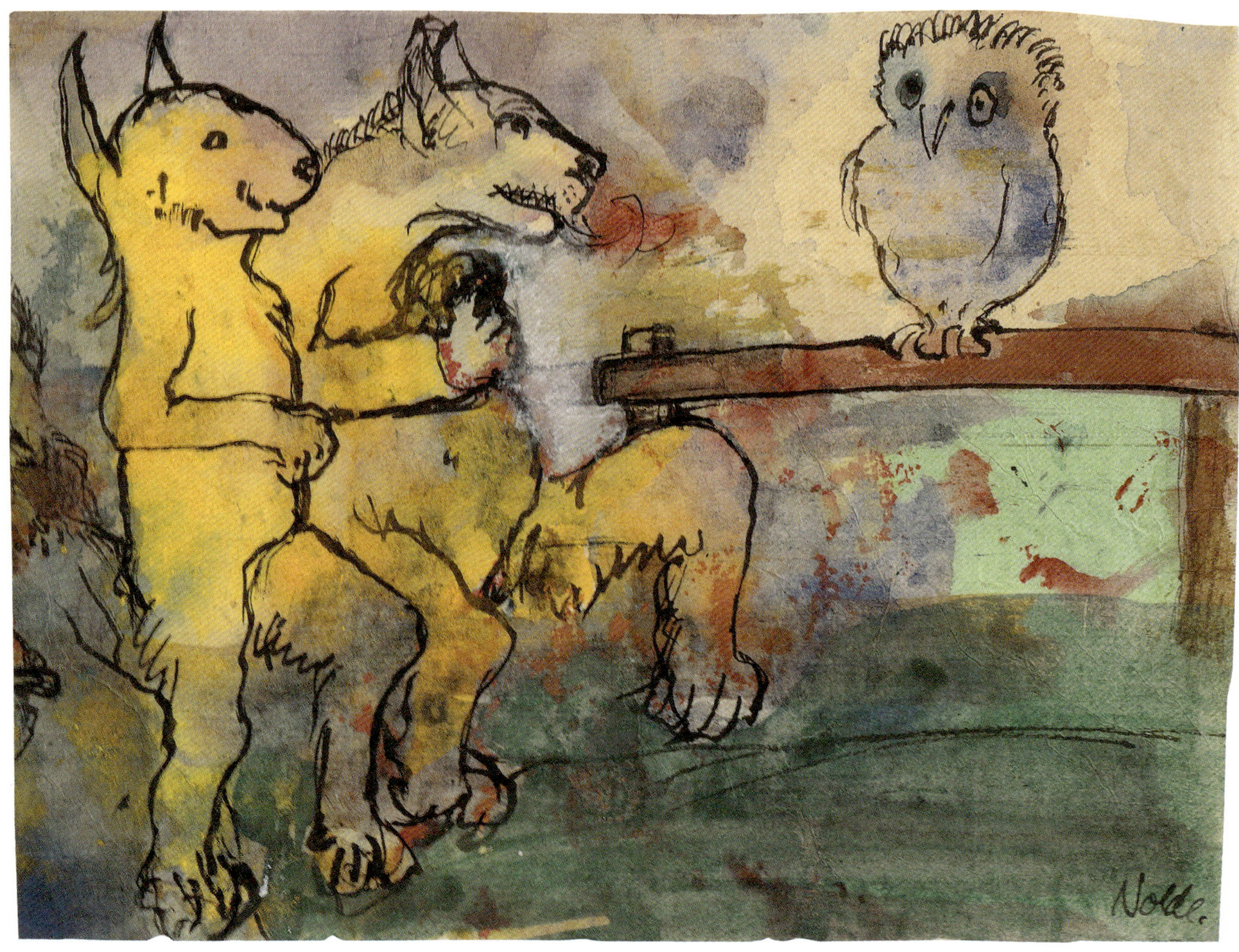

39 | »Triumph der Weisheit«
Triumph of Wisdom

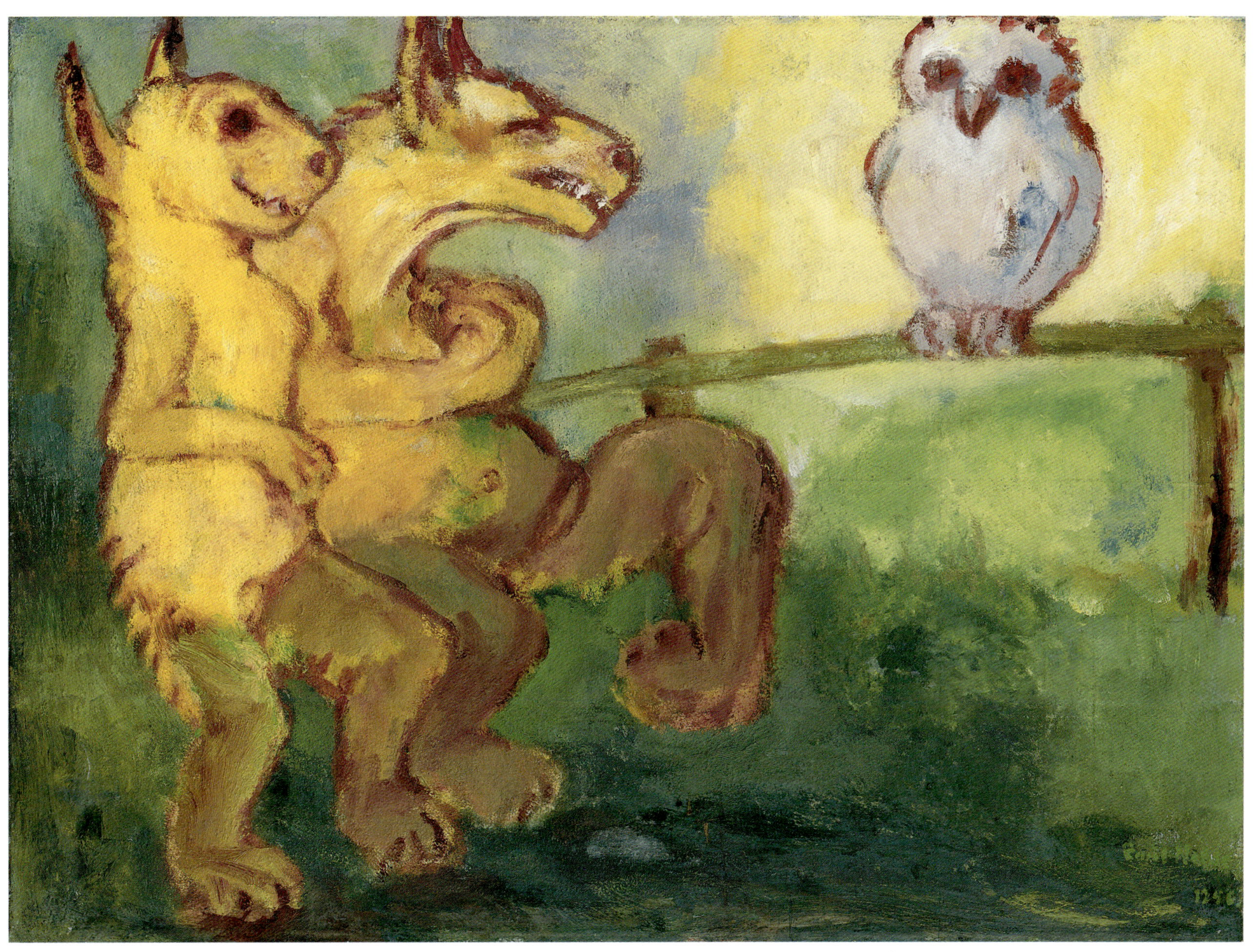

12 »Triumph der Weisheit«, 1946
Triumph of Wisdom

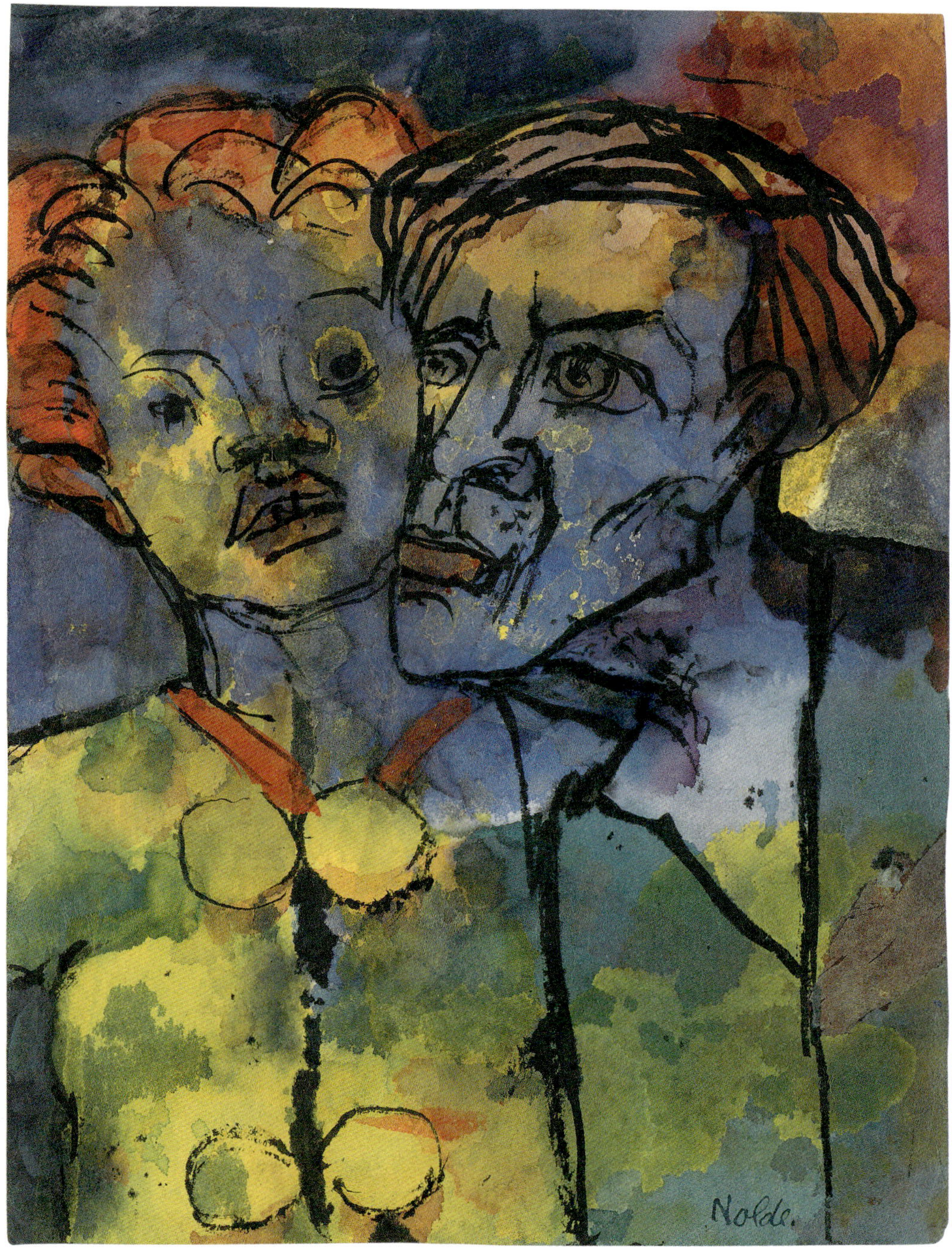

61 | »Mann und Frau«
Man and Woman

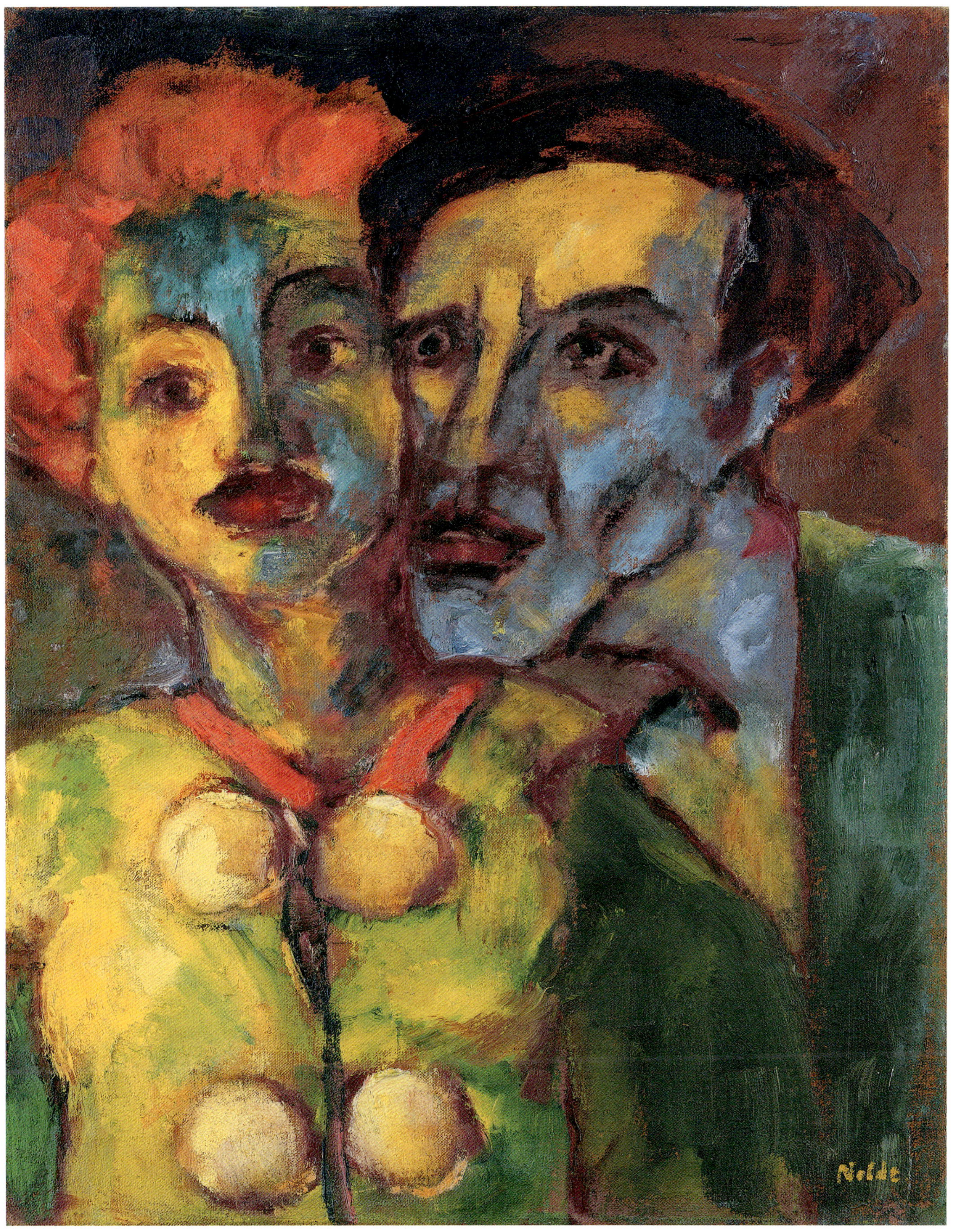

15 | »Mann und Frau«, 1947
Man and Woman

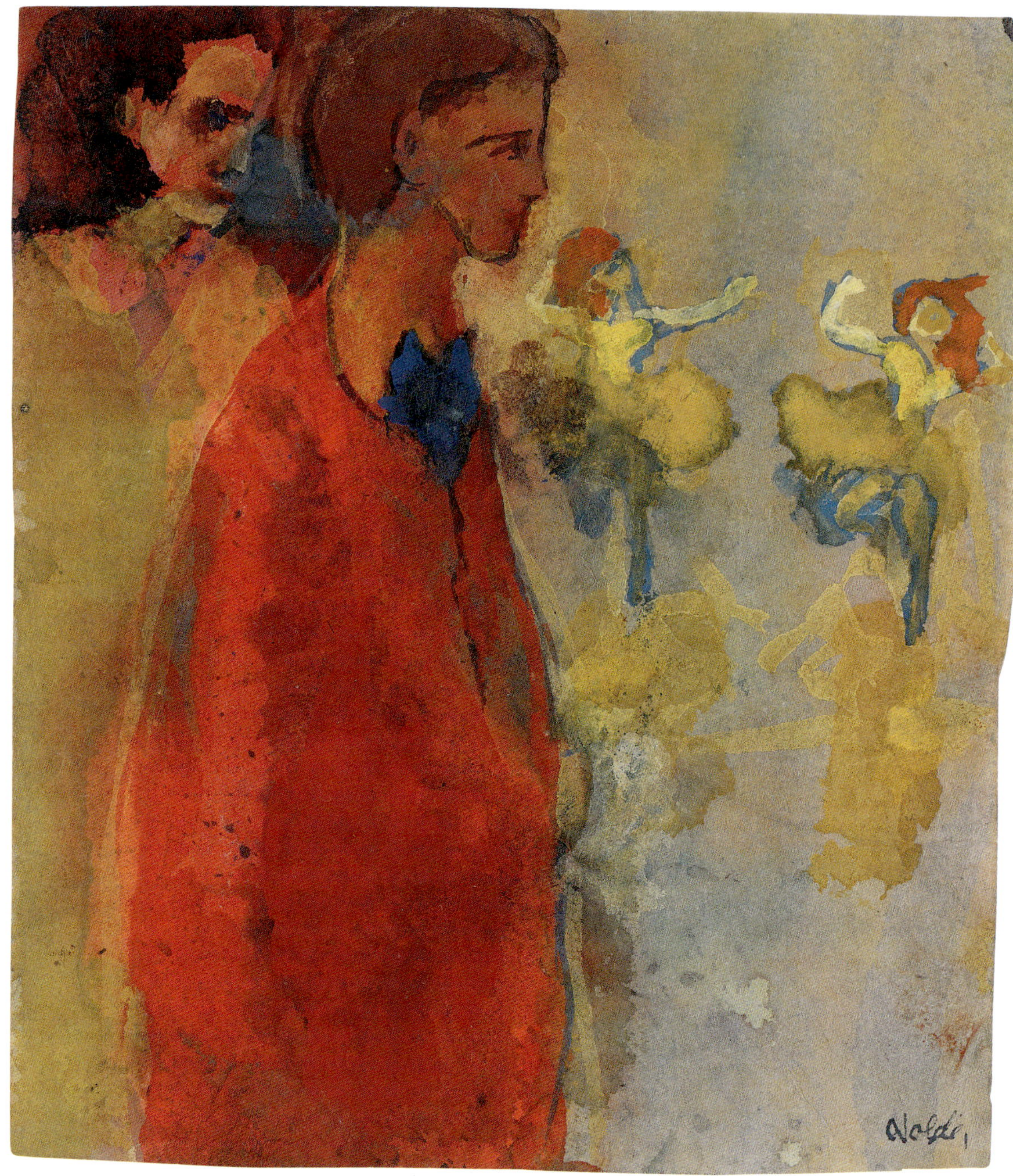

88 »Junge Tänzerinnen«
Young Dancers

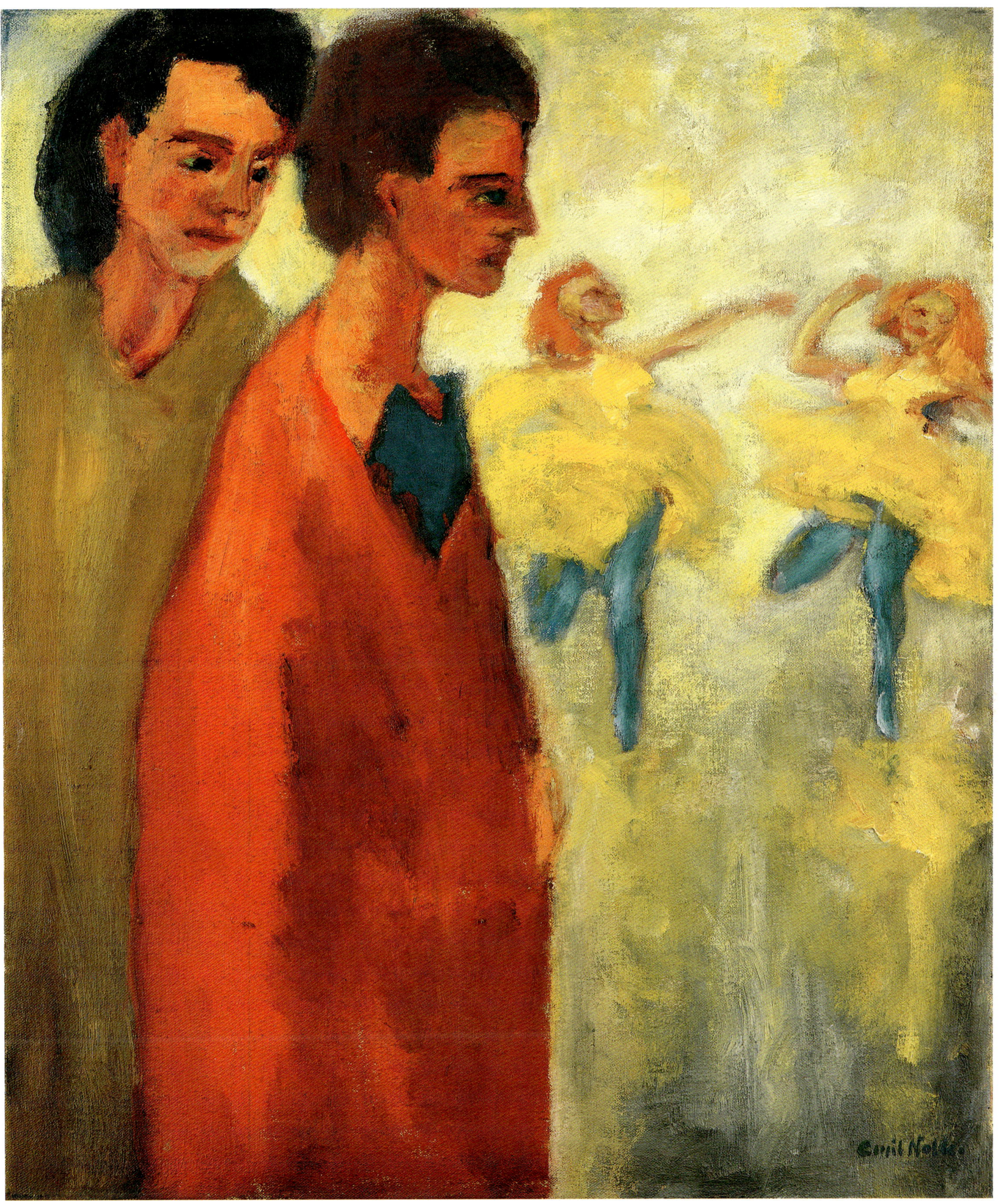

11 | »Junge Tänzerinnen«, 1945
Young Dancers

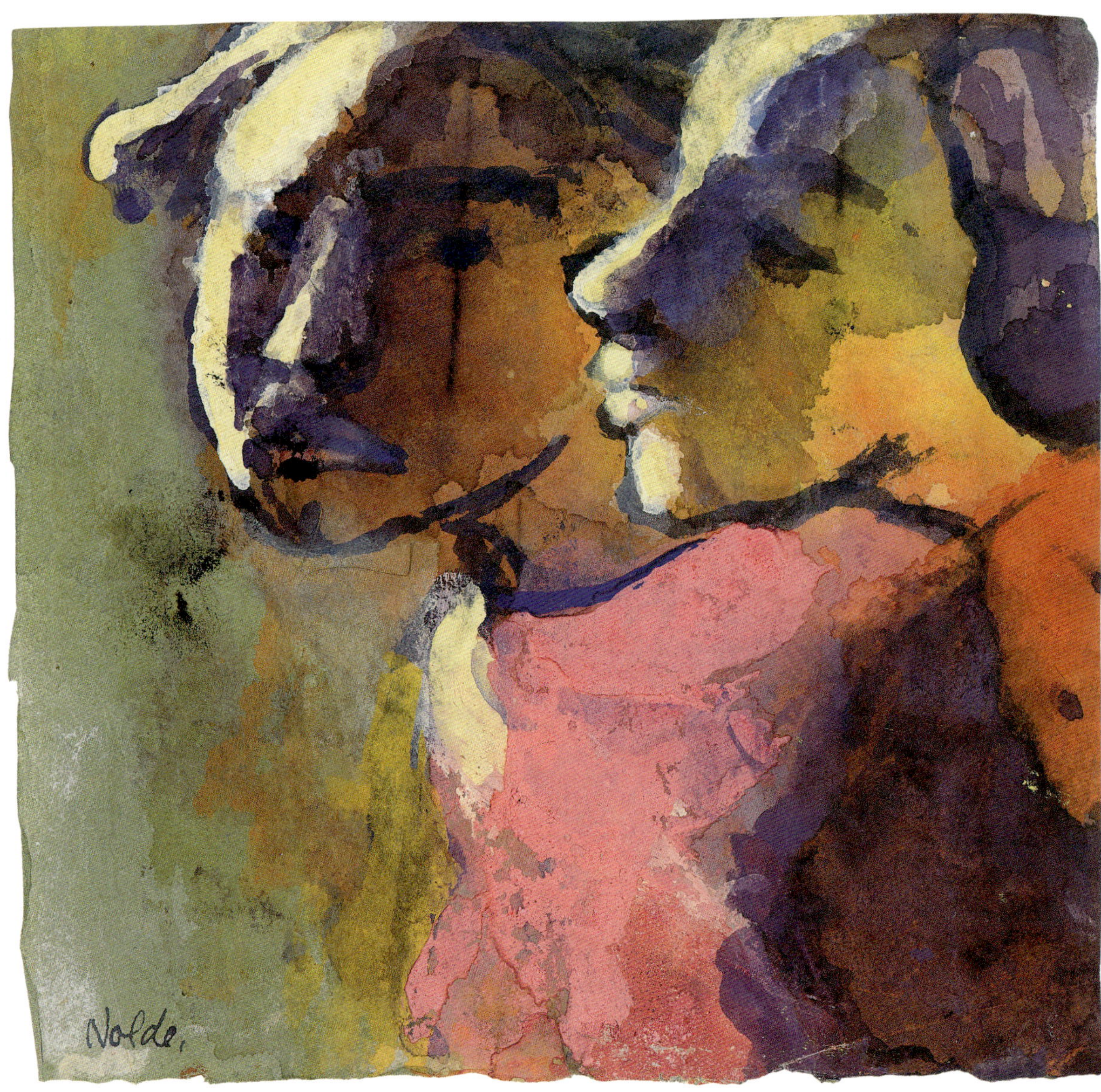

58 | »Licht und Farbe«
Light and Colour

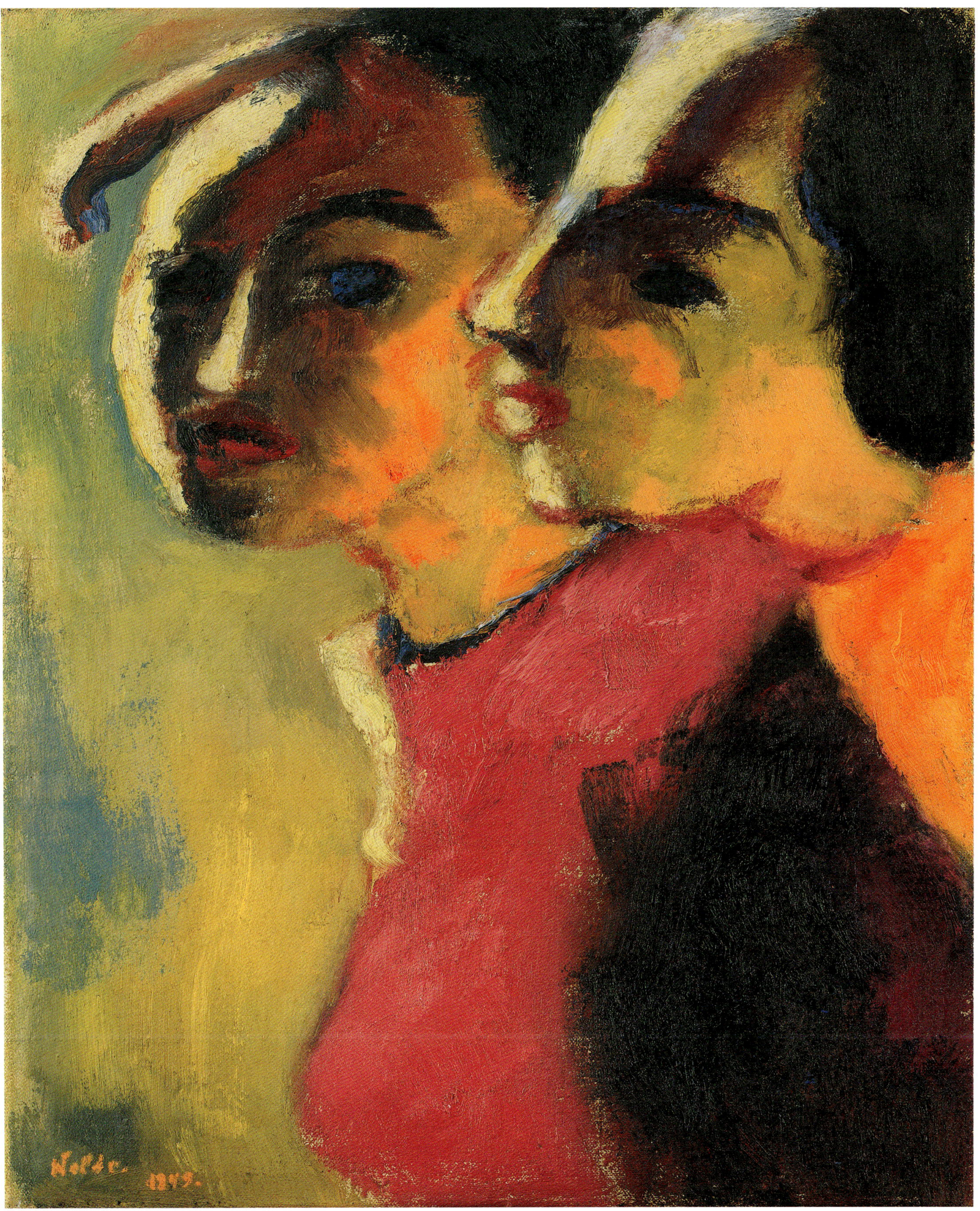

16 | »Licht und Farbe«, 1949
Light and Colour

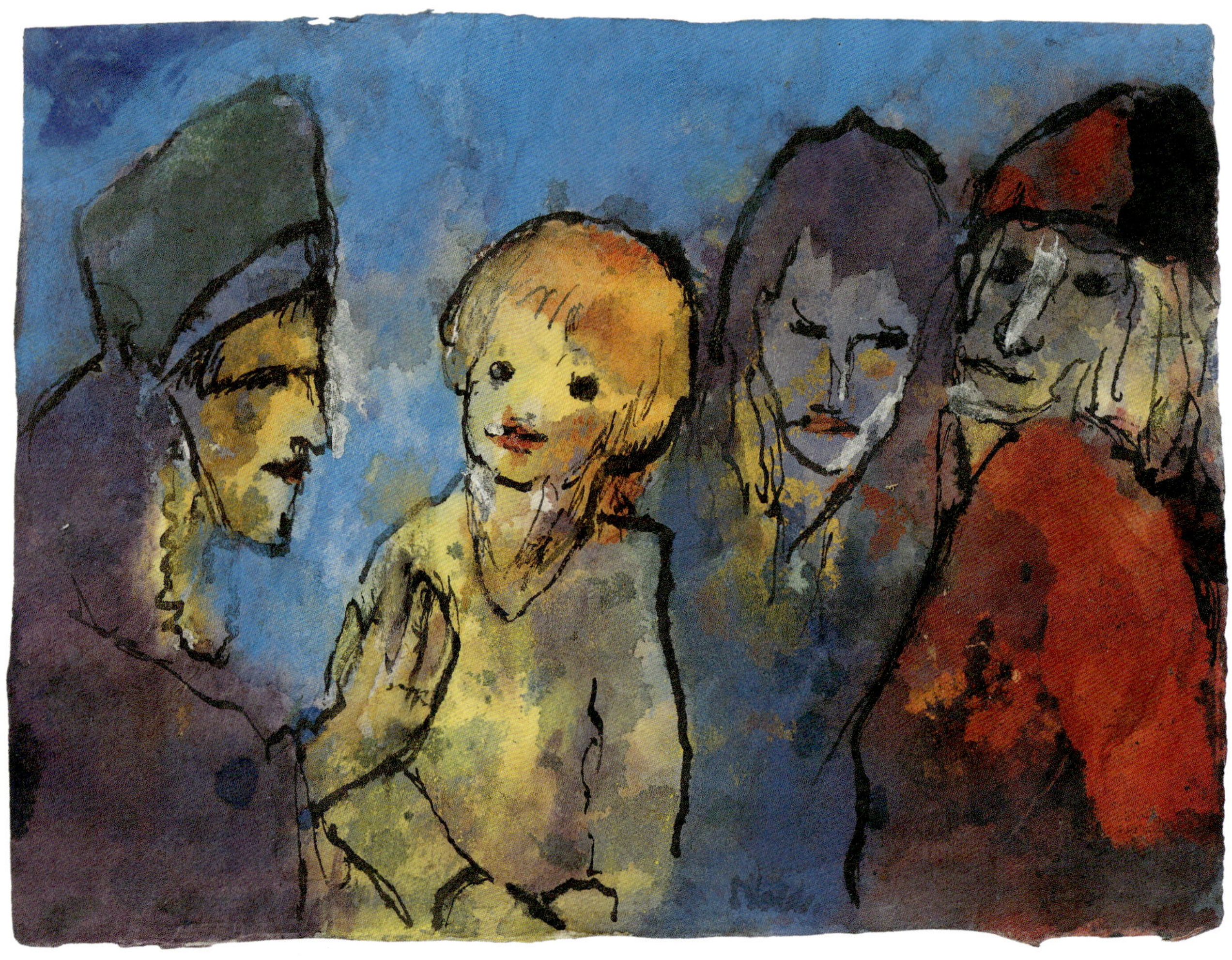

114 | »Jesus und die Schriftgelehrten«
Jesus and the Scribes

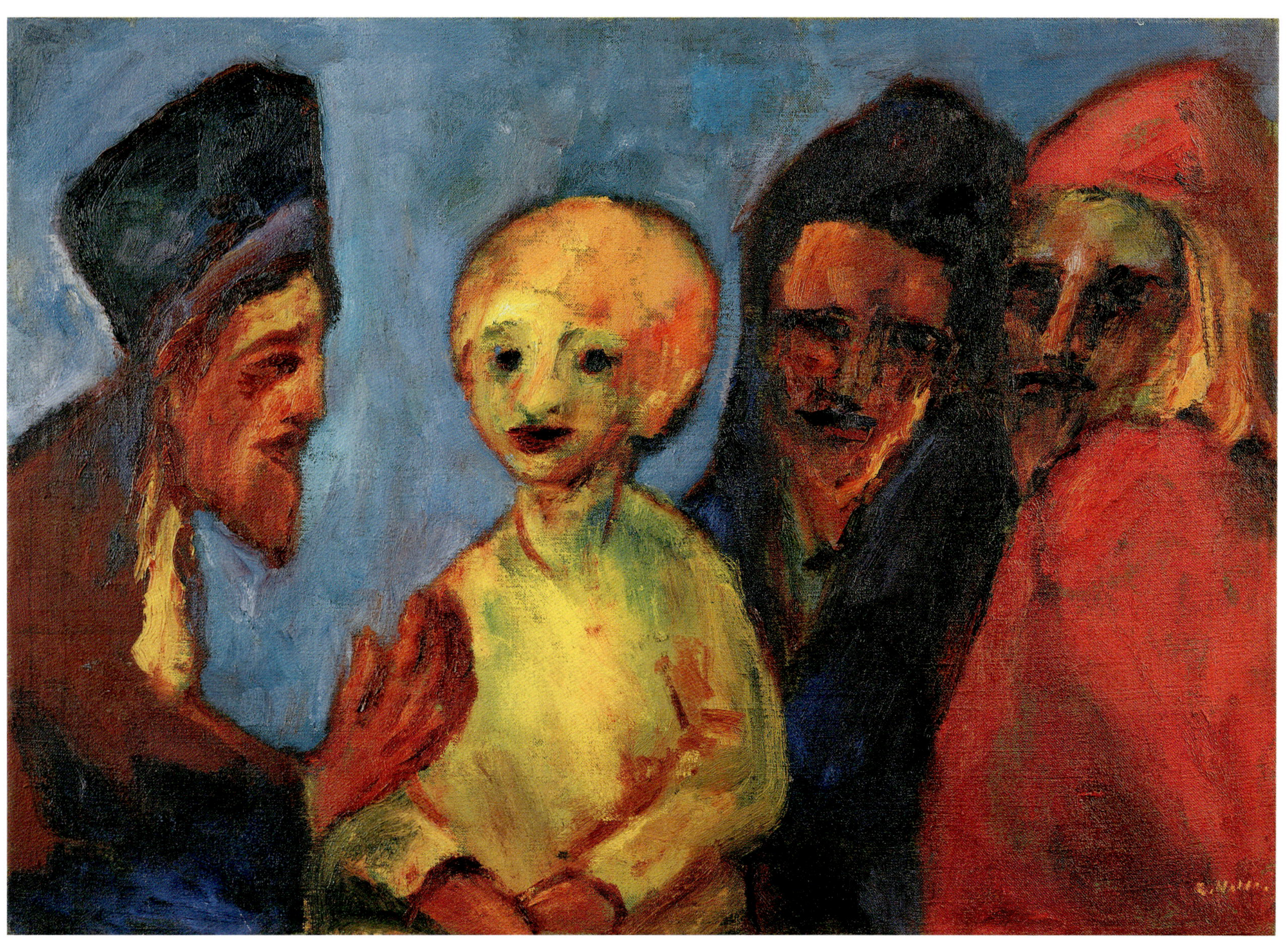

17 | »Jesus und die Schriftgelehrten«, 1951
Jesus and the Scribes

Biographische Übersicht

1867–1891 Emil Nolde, eigentlich Hansen, wird am 7. August als Sohn eines Bauern im Dorf Nolde bei Tondern im deutsch-dänischen Grenzgebiet geboren.
Ausbildung in Flensburg als Holzbildhauer und Zeichner.
München, Karlsruhe: als Schnitzer in Möbelfabriken, ab 1889 in Berlin.

1892–1897 St. Gallen: Lehrer für farbiges und ornamentales Zeichnen sowie Modellieren.
Landschaftsaquarelle, Zeichnungen von Bergbauern, erstes Gemälde »Bergriesen«.
Finanzieller Erfolg durch die Publikation grotesker Alpendarstellungen als »Bergpostkarten«.
Aufgabe seiner Lehrtätigkeit, um freier Maler zu werden.

1898–1900 München: Besuch der Malschule von Friedrich Fehr, der Hoelzel-Schule in Dachau.
Paris: Académie Julian, Studien im Louvre.

1901–1902 Kopenhagen: Sommer im Fischerdorf Lildstrand in Nordjütland.
Februar 1902 Heirat mit der dänischen Schauspielschülerin Ada Vilstrup.
Änderung des Namens von Hansen in Nolde.
Atelier in Berlin, im Sommer in Jütland, danach Flensburg.

1903–1905 Fischerhaus auf der Ostseeinsel Alsen (bis 1916) mit einem Bretteratelier am Strand, im Winter zumeist in Berlin.
1904/05 Italienaufenthalt: Taormina, Ischia.
Herbst 1905 in Berlin: Radierfolge der »Phantasien«.

1906–1909 Mitglied der Künstlergruppe »Brücke« bis Herbst 1907, erste Holzschnitte.
Freundschaft mit Karl Ernst Osthaus und Gustav Schiefler, Begegnung mit Edvard Munch.
Aquarell-Folge im Dorf Cospeda bei Jena.
Mitglied der Berliner Secession.
1909 im Dorf Ruttebüll nahe der Nordsee erste biblische Bilder.

1910–1912 Bilder vom Hamburger Hafen. Ruttebüll: neue Folge biblischer Bilder.
Atelier in Berlin in der Tauentzienstraße (bis 1929).
Ausschluss aus der Berliner Secession, Mitglied der »Neuen Sezession«.
Bilder vom Berliner Nachtleben, Theateraquarelle. Studien im Völkerkundemuseum. Besuch bei James Ensor in Ostende.
Werkkatalog der Graphik von Gustav Schiefler.
1911/12 das neunteilige Werk »Das Leben Christi«.

Biographical Overview

1867 – 1891 Emil Nolde, real name Hansen, was born on 7 August as the son of a farmer in the village of Nolde near Tønder on the German-Danish border. Trained in Flensburg as a wood sculptor and draughtsman, in Munich and Karlsruhe as a wood carver in furniture factories; from 1889 in Berlin.
1892 – 1897 St. Gallen: teacher of coloured and ornamental drawing as well as modelling. Landscape watercolours, portrait drawings of mountain farmers, first painting "Mountain Giant". Financial success through the publication of grotesque Alpine representations as "mountain postcards". Relinquished his teaching position to become a freelance painter.
1898 – 1900 Munich: attended Friedrich Fehr's painting school and the Hoelzel School in Dachau. Paris: Académie Julian, studies in the Louvre.
1901 – 1902 Copenhagen: summer in the north Jutland fishing village of Lildstrand. February 1902 marriage to the Danish drama student Ada Vilstrup. Name change from Hansen to Nolde. Studio in Berlin, summer months in Jutland, afterwards in Flensburg.
1903 – 1905 Fisherman's cottage on the Baltic Sea island of Als with a shack on the seashore serving as his studio, the winter months were usually spent in Berlin. 1904/05 sojourn in Italy: Taormina, Ischia. Autumn of 1905 in Berlin: "Fantasies" engraving series.
1906 – 1909 Member of "Die Brücke" artists' group until the autumn of 1907; first woodcuts. Friendship with Karl Ernst Osthaus and Gustav Schiefler, meeting with Edvard Munch. Series of watercolours in the village of Cospeda near Jena. Member of the Berlin Secession. 1909 first biblical pictures in the village of Ruttebüll near the North Sea coast.
1910 – 1912 Pictures of Hamburg harbour. Ruttebüll: new series of biblical pictures. Studio on Tauentzienstraße in Berlin (until 1929). Expelled from the Berlin Secession, member of the New Secession. Pictures of Berlin nightlife, theatre watercolours. Studies in the Ethnology Museum. Visited James Ensor in Ostend. Catalogue of his prints by Gustav Schiefler. 1911/12 the nine-part work "The Life of Christ."
1913 – 1914 Flensburg: 13 large-format colour lithographs, ceramics. Purchase of the Utenwarf farmstead near Ruttebüll. South Seas trip as a member of the "Medical-Demographic German-New Guinea Expedition": Moscow, Siberia, Korea, Japan, China, New

1913–1914 Flensburg: 13 großformatige Farblithographien, Keramik. Erwerb des Bauernhauses Utenwarf bei Ruttebüll.
Südsee-Reise als Mitglied der »Medizinisch-demographischen Deutsch-Neuguinea-Expedition«: Moskau, Sibirien, Korea, Japan, China, Neuguinea. Rückkehr über Java, Birma, Ägypten, Italien nach Berlin, weiter nach Alsen.

1915–1925 1915 88 Gemälde, darunter die »Grablegung«. Umzug von Alsen nach Utenwarf. 1919 Mitglied im »Arbeitsrat für Kunst« in Berlin. Nordseehallig Hooge: Folge phantastischer Aquarelle. 1920 Volksabstimmung im deutsch-dänischen Grenzgebiet, Utenwarf wird dänisch, Nolde dänischer Staatsbürger.
1921 Reisen nach Paris, England, Spanien. Monographie von Max Sauerlandt.
1924 Italien: Venedig, Rapallo, Florenz, Arezzo, dann Wien.

1926–1932 Aufgabe von Utenwarf, Bau des Wohn- und Atelierhauses Seebüll. »Jubiläumsausstellung« in Dresden. Ehrendoktor der Universität Kiel. Zweiter Band von Schieflers Graphikkatalog. Entwurf Mies van der Rohes für ein Haus in Berlin, das Vorhaben scheitert. Umzug in die Bayernallee.
Sommer bis Spätherbst 1930 auf der Insel Sylt.
1931 Mitglied der Preußischen Akademie der Künste. Erster Band der Autobiographie. Bis 1935 »Phantasien«, Folge großformatiger Aquarelle.

1933–1945 Zunehmende Angriffe der Nationalsozialisten auf Noldes Malerei.
1934 zweiter Band der Autobiographie. Mitglied in der Nationalsozialistischen Arbeitsgemeinschaft Nordschleswig (NSAN), die 1935 in der NSDAP-N (Nordschleswig) aufging. In Hamburg Operation an Magenkrebs.
1937 Beschlagnahme von 1052 Werken Emil Noldes in deutschen Museen, Ausstellung »Entartete Kunst«. Besuch bei Paul Klee in Bern.
1941 Ausschluss aus der »Reichskunstkammer« und Malverbot. Rückzug nach Seebüll, heimliche Folge der »Ungemalten Bilder«, über 1300 kleinformatiger Aquarelle.
1944 wird Noldes Berliner Atelier durch eine Brandbombe zerstört.

1946–1955 Testamentarische Verfügung der »Stiftung Seebüll Ada und Emil Nolde«.
1946 Tod von Ada Nolde.
1948 Heirat mit Jolanthe Erdmann, Tochter des befreundeten Pianisten und Komponisten Eduard Erdmann.
Verleihung des Professoren-Titels, Stephan-Lochner-Medaille der Stadt Köln, Graphik-Preis der XXV. Biennale Venedig, Kunstpreis der Stadt Kiel, Orden »Pour le mérite«. 1951 letzte Gemälde, bis 1955 Aquarelle.

1956 Emil Nolde stirbt am 13. April in Seebüll.
Errichtung der Nolde Stiftung Seebüll.

Guinea. Return trip via Java, Burma, Egypt, Italy and Berlin; to Als.

1915 – 1925 1915 88 paintings including "The Entombment of Christ." Moved from Als to Utenwarf. 1919 member of the "Working Council for Art" in Berlin. North Sea Hallig Hooge: series of fantastic watercolours. 1920 plebiscite in the German-Danish frontier region; Utenwarf became Danish, Nolde a Danish citizen. 1921 trips to Paris, England, Spain. Monograph by Max Sauerlandt. 1924 Italy: Venice, Rapallo, Florence, Arezzo; and Vienna.

1926 – 1932 Nolde gave up the farmstead at Utenwarf and constructed Seebüll House. "Anniversary Exhibition" in Dresden. Honorary doctorate from Kiel University.
Second volume of Schiefler's catalogue of Nolde's prints. Mies van der Rohe designs a house in Berlin but the project falls through. Moved to Bayernallee. Summer until late Autumn 1930 on island of Sylt. 1931 Member of the Prussian Academy of the Arts. First volume of memoirs, to 1935 the "Fantasies" series of large-format watercolours.

1933 – 1945 Increasing attacks on Nolde's paintings by the National Socialists. 1934 second volume of memoirs. Nolde joined the local North Schleswig National Socialist Workers Association (NSAN) which was integrated into the North Schleswig branch of the Nazi party in 1935. Operation for cancer of the stomach in Hamburg.
1937 confiscation of 1052 works by Nolde in German museums; "Degenerate Art" exhibition. Visited Paul Klee in Bern. 1941 expelled from the "Reich Chamber of Art" and forbidden to exercise any professional activity in the arts. Withdrawal to Seebüll, secret series of "unpainted pictures": over 1300 watercolours in small formats. Nolde's Berlin studio destroyed by a firebomb in 1944.

1946 – 1955 His will provided for the establishment of the "Foundation Seebüll Ada and Emil Nolde."
1946 Death of Ada Nolde.
1948 marriage to Jolanthe Erdmann, daughter of his friend, the pianist and composer Eduard Erdmann. Awarded the title of professor, awarded the Stephan Lochner Medal of the City of Cologne, the graphics prize of the XXV Venice Biennale, the Art Prize of the City of Kiel, and the German Order of Merit. 1951 last paintings, until 1955 watercolours.

1956 Emil Nolde dies on 13 April in Seebüll. Establishment of the Nolde Foundation Seebüll.

Alle Werke befinden sich in der Sammlung der Nolde Stiftung Seebüll. Bei den Maßangaben steht Höhe vor Breite. Die in Anführungszeichen gesetzten Titel stammen von Nolde selbst. Die Angabe »Wvz. Urban« bezieht sich auf das Werkverzeichnis der Gemälde von Martin Urban (siehe Bibliographie).

Katalog

Gemälde

1 | Seite 14
»Schwüler Abend«, 1930
Ölfarben auf Sperrholz
73,5 x 100,5 cm
signiert unten rechts »E. Nolde.«
Wvz. Urban 1094

2
»Familie«, 1931
Ölfarben auf Leinwand
111,5 x 74 cm
signiert unten links »Emil Nolde.«
Wvz. Urban 1115

3
»Figur und Clematis«, 1935
Ölfarben auf Leinwand
89 x 67,5 cm
signiert unten rechts »Nolde«
Wvz. Urban 1145

4
»Meer und Himmel«, 1937
Ölfarben auf Leinwand
74 x 101 cm
signiert unten rechts »Emil Nolde«
Wvz. Urban 1181

5 | Seite 15
»Heudiemen am Sielzug«, 1939
Ölfarben auf Leinwand
67 x 88,5 cm
signiert unten Mitte »Nolde«
Wvz. Urban 1204

6
»Melkmädchen II«, 1939
Ölfarben auf Leinwand
73 x 100,5 cm
signiert unten rechts »Emil Nolde«
Wvz. Urban 1207

7
»Begegnung II«, 1940
Ölfarben auf Leinwand
56 x 70 cm
signiert unten rechts »Nolde«
Wvz. Urban 1237

8 | Seite 16
»Großer Mohn
(rot, rot, rot)«, 1942
Ölfarben auf Leinwand
73,5 x 89,5 cm
signiert unten rechts »Emil Nolde.«
Wvz. Urban 1241

9
»Lichte Dahlien und
Sonnenblumen«, 1943
Ölfarben auf Leinwand
73,5 x 88,5 cm
ohne Signatur
Wvz. Urban 1245

10 | Seite 127
»In schweren Stunden«, 1945
Ölfarben auf Leinwand
65 x 83 cm
signiert unten rechts »Nolde.
1945.«
Wvz. Urban 1257

11 | Seite 133
»Junge Tänzerinnen«, 1945
Ölfarben auf Leinwand
88 x 73,5 cm
signiert unten rechts »Emil Nolde«
Wvz. Urban 1258

12 | Seite 129
»Triumph der Weisheit«, 1946
Ölfarben auf Leinwand
67 x 88 cm
signiert unten rechts »Emil Nolde
1946«
Wvz. Urban 1278

13
»Fischer und Töchterchen«, 1946
Ölfarben auf Leinwand
73,5 x 100 cm
signiert unten rechts »Emil Nolde«
Wvz. Urban 1283

14
»Meer (III)«, 1947
Ölfarben auf Leinwand
67,5 x 88,5 cm
signiert unten rechts »E. Nolde.«
Wvz. Urban 1292

15 | Seite 131
»Mann und Frau«, 1947
Ölfarben auf Leinwand
88 x 68 cm
signiert unten rechts »Nolde«
Wvz. Urban 1295

16 | Seite 135
»Licht und Farbe«, 1949
Ölfarben auf Leinwand
69 x 56 cm
signiert unten links »Nolde 1949«
Wvz. Urban 1336

17 | Seite 137
»Jesus und die
Schriftgelehrten«, 1951
Ölfarben auf Leinwand
73 x 100,5 cm
signiert unten rechts »E. Nolde.«
Wvz. Urban 1346

»Ungemalte Bilder« 1938–1945

»Ungemalte Bilder« nannte Nolde die kleinformatigen Aquarelle und Gouachen, die er in der Zeit der nationalsozialistischen Diktatur schuf, als ihm das Arbeiten verboten war.

18
Alter Mann mit Kind
auf dem Arm
20,1 x 17,2 cm
signiert unten rechts »Nolde.«
Inventar-Nr. Ung. 43

19
Alter Mann und junge Frau
(Frau mit leuchtend gelbem Haar)
24 x 18 cm
signiert unten rechts »Nolde«
Inventar-Nr. Ung. 64

20 | Seite 88
Alter Mann und junge Frau
(im Profil)
17,2 x 14,3 cm
signiert unten rechts »Nolde.«
Inventar-Nr. Ung. 67

21 | Seite 109
Alter Mann und Kopf einer
jungen Frau (roter Kopf mit
Kappe und Feder)
21,5 x 17,2 cm
signiert unten links »Nolde.«
Inventar-Nr. Ung. 88

22
»Fischer und Töchterchen«
17,1 x 23,1 cm
signiert oben rechts »Nolde.«
Inventar-Nr. Ung. 94

23
Alter Mann und junge Frau
(mit Hüten)
16,6 x 20,9 cm
signiert unten links »Nolde.«
Inventar-Nr. Ung. 116

24 | Seite 74
Alter Mann mit junger Frau
22,9 x 18,3 cm
signiert unten rechts »Nolde.«
Inventar-Nr. Ung. 118

25 | Seite 104
Weiblicher Akt,
schreitend mit rotem Tuch
23,3 x 16,3 cm
signiert unten rechts »Nolde.«
Inventar-Nr. Ung. 175

26
Tanzende nackte Frau und Kind
26,5 x 23 cm
signiert unten rechts »Nolde.«
Inventar-Nr. Ung. 198

27 | Seite 38
Flötenspieler und
nackte Frau (hockend)
23,2 x 15,7 cm
signiert unten seitlich rechts »Nolde«
Inventar-Nr. Ung. 210

28 | Seite 85
Wildtanzende nackte
Mädchen vor Park
23 x 17,8 cm
signiert oben rechts »Nolde«
Inventar-Nr. Ung. 211

29
Die Nackte
23,5 x 17,5 cm
signiert unten rechts »Nolde.«
Inventar-Nr. Ung. 230

30 | Seite 106
Zwei spielende Akte
17,1 x 20 cm
signiert unten links »Nolde.«
Inventar-Nr. Ung. 247

31
Troll und nacktes Mädchen
26,3 x 22,3 cm
signiert unten rechts »Nolde.«
Inventar-Nr. Ung. 256

32
»Sommergäste«
19 x 13,5 cm
signiert unten rechts »Nolde«
Inventar-Nr. Ung. 267

33 | Seite 51
Groteskes Tier in Hundegestalt
23,4 x 17,2 cm
signiert unten links »Nolde.«
Inventar-Nr. Ung. 272

34 | Seite 61
Blaue Fische im Aquarium
18,6 x 24 cm
signiert unten rechts »Nolde«
Inventar-Nr. Ung. 280

35 | Seite 92
Roter Clown und Waldgeist
22,7 x 16 cm
signiert unten links »Nolde.«
Inventar-Nr. Ung. 283

36
Drei blassblaue Köpfe im Spiegel
15,5 x 16,1 cm
signiert unten links »Nolde«
Inventar-Nr. Ung. 295

37
Chinese vor brennender Stadt
23 x 17,3 cm
signiert unten links »Nolde.«
Inventar-Nr. Ung. 299

38 | Seite 82
Gehörnte violette Gestalt
24,3 x 17 cm
signiert oben rechts »Nolde.«
Inventar-Nr. Ung. 301

39 | Seite 128
»Triumph der Weisheit«
15,5 x 20,3 cm
signiert unten rechts »Nolde«
Inventar-Nr. Ung. 308

40
Marterszene
15,5 x 24,5 cm
signiert unten links »Nolde.«
Inventar-Nr. Ung. 316

41
»Nächtliche Gestalten«
23,6 x 17,9 cm
signiert oben links »Nolde.«
Inventar-Nr. Ung. 317

42 | Seite 41
Alter Bärengeist über
schlafendem König
Aquarell
22,9 x 16,1 cm
signiert unten rechts »Nolde.«
Inventar-Nr. Ung. 325

43 | Seite 112
Männerkopf mit Mütze
(von vorn, vorwiegend blau)
26,6 x 16 cm
signiert seitlich rechts »Nolde.«
Inventar-Nr. Ung. 341

44
Frau mit rotem Haar und
rotem Kleid (rechts Hund)
24,4 x 16,2 cm
signiert seitlich rechts »Nolde.«
Inventar-Nr. Ung. 349

45 | Seite 63
Gelbes Frauenprofil
mit rotem Haar
29,1 x 21 cm
signiert unten rechts »Nolde.«
Inventar-Nr. Ung. 353

46 | Seite 105
Frauenporträt mit
entblößten Schultern
27,2 x 18,9 cm
signiert unten rechts »Nolde.«
Inventar-Nr. Ung. 367

47 | Seite 118
Frau mit entblößter Brust und
Schulter (von halb rückwärts)
22,7 x 17,3 cm
signiert unten rechts »Nolde.«
Inventar-Nr. Ung. 368

48 | Seite 90
Wikinger mit Drachenstock
24,4 x 17,6 cm
signiert unten rechts »Nolde.«
Inventar-Nr. Ung. 378

49 | Seite 68
Singender alter Mann
mit Notenblatt
23,5 x 17,8 cm
signiert unten rechts »Nolde.«
Inventar-Nr. Ung. 379

50
Junger Mann mit
strahlendem Licht
17,1 x 16,5 cm
ohne Signatur
Inventar-Nr. Ung. 388

51 | Seite 71
Schlittschuhläufer
25,6 x 18 cm
ohne Signatur
Inventar-Nr. Ung. 395

52
Blauer Reiter vor
rotem Hintergrund
17,2 x 18 cm
signiert unten rechts »Nolde.«
Inventar-Nr. Ung. 397

53 | Seite 115
Bärtiger Mann im Profil
(vor Berglandschaft)
16,8 x 22,9 cm
signiert unten links »Nolde.«
Inventar-Nr. Ung. 399

54
Jüngling in blauer Badehose
am Meer sitzend
16,9 x 22,9 cm
signiert unten rechts »Nolde.«
Inventar-Nr. Ung. 403

55 | Seite 83
Gottvater mit Engeln
17 x 23,6 cm
signiert unten rechts »Nolde.«
Inventar-Nr. Ung. 404

56 | Seite 107
Paar im Profil (blau und gelb)
23,8 x 16,9 cm
signiert unten links »Nolde.«
Inventar-Nr. Ung. 418

57 | Seite 111
Uraltes Paar
23,5 x 17 cm
signiert unten links »Nolde.«
Inventar-Nr. Ung. 427

58 | Seite 134
»Licht und Farbe«
17 x 17,5 cm
signiert unten links »Nolde.«
Inventar-Nr. Ung. 437

59 | Seite 123
Zwei Frauen, rot und violett, vor
Landschaft mit gelbem Himmel
23,8 x 16,9 cm
signiert oben rechts »Nolde.«
Inventar-Nr. Ung. 475

60 | Seite 108
Junges Paar
22,8 x 17 cm
signiert unten Mitte »Nolde.«
(verwischt)
Inventar-Nr. Ung. 476

61 | Seite 130
»Mann und Frau«
23,9 x 18,2 cm
signiert unten rechts »Nolde.«
Inventar-Nr. Ung. 482

62 | Seite 93
Paar in Blau
17 x 14,5 cm
signiert unten links »Nolde.«
Inventar-Nr. Ung. 504

63 | Seite 58
Im Theater
22,8 x 14,5 cm
signiert unten rechts »Nolde.«
Inventar-Nr. Ung. 510

64 | Seite 57
Bauer und junge blonde Frau
26,8 x 19,2 cm
signiert unten links »Nolde.«
Inventar-Nr. Ung. 514

65 | Seite 125
Junge Frauen
21,3 x 15,2 cm
ohne Signatur
Inventar-Nr. Ung. 524

66
Mann und junge Frau
mit nackter Brust
23,5 x 17,2 cm
signiert unten rechts »Nolde.«
Inventar-Nr. Ung. 569

67
Junges Paar
(aneinandergeschmiegt)
20,3 x 15,4 cm
signiert unten rechts »Nolde.«
Inventar-Nr. Ung. 576

68
Tändelndes Paar
(grünes Kleid)
23,8 x 17,4 cm
signiert unten links »Nolde.«
Inventar-Nr. Ung. 589

69
Paar am Weintisch
22,1 x 15,9 cm
signiert unten rechts »Nolde.«
Inventar-Nr. Ung. 612

70
Paar in Hut und Mantel
23,5 x 17,2 cm
signiert unten rechts »Nolde.«
Inventar-Nr. Ung. 613

71
Altes Paar unter Wolkenhimmel
23,1 x 17,6 cm
signiert oben links »Nolde.«
Inventar-Nr. Ung. 616

72
Zwei Männer in grüngelbem Licht
21,3 x 15,8 cm
signiert unten rechts »Nolde.«
Inventar-Nr. Ung. 618

73 | Seite 96
Altes Bauernpaar
(roter Bart und Mütze)
21,9 x 16,5 cm
signiert unten rechts »Nolde.«
Inventar-Nr. Ung. 626

74
»Veteranen«
20,8 x 15,8 cm
signiert oben rechts »Nolde.«
Inventar-Nr. Ung. 634

75
Mann mit Kapuze und Jüngling
21,3 x 16,9 cm
signiert unten rechts »Nolde.«
Inventar-Nr. Ung. 640

76 | Seite 91
Altes Paar vor Blütensträuchern
23,5 x 17,9 cm
signiert unten rechts »Nolde.«
Inventar-Nr. Ung. 645

77 | Seite 87
Altes Paar mit hohen Mützen
23,7 x 17,8 cm
signiert unten links »Nolde.«
Inventar-Nr. Ung. 649

78 | Seite 124
Zwei Männer (im Gespräch)
14,9 x 24,5 cm
signiert unten rechts »Nolde.«
Inventar-Nr. Ung. 686

79 | Seite 100
Nacktes Paar
17,5 x 23 cm
signiert unten rechts »Nolde.«
Inventar-Nr. Ung. 690

80
Zwei alte Männer
im Pierrot-Kostüm
16,1 x 16,5 cm
signiert unten rechts »Nolde.«
Inventar-Nr. Ung. 702

81
Altes Paar (rote Konturen)
15,3 x 21,6 cm
signiert unten links »Nolde.«
Inventar-Nr. Ung. 705

82 | Seite 84
Ritter und junge Frau
15,4 x 21,9 cm
signiert unten rechts »Nolde.«
Inventar-Nr. Ung. 718

83 | Seite 77
Großer König
19,7 x 17,3 cm
signiert unten links »Nolde.«
Inventar-Nr. Ung. 734

84
Junges Paar, blau
und rosaviolett
19,8 x 15 cm
signiert unten links »Nolde.«
Inventar-Nr. Ung. 750

85
Paar mit Blumen (und Sonne)
17 x 22,2 cm
signiert unten links »Nolde.«
Inventar-Nr. Ung. 814

86
Paar in roten Gewändern
26,8 x 17,9 cm
signiert unten rechts »Nolde.«
Inventar-Nr. Ung. 831

87
Freundinnen (rot-grün-gelb)
25 x 19,6 cm
ohne Signatur
Inventar-Nr. Ung. 832

88 | Seite 132
»Junge Tänzerinnen«
20 x 17,3 cm
signiert unten rechts »Nolde.«
Inventar-Nr. Ung. 840

89 | Seite 99
Sitzende Frau (von rückwärts)
und geisterhafte Erscheinung
22,9 x 16,2 cm
signiert unten links »Nolde.«
Inventar-Nr. Ung. 848

90
Kostümiertes Paar im Tanzschritt
21,6 x 14,4 cm
signiert unten rechts »Nolde.«
Inventar-Nr. Ung. 862

91
Bärtiger Mann und blauer Geist
20,3 x 13,3 cm
signiert unten Mitte »Nolde.«
Inventar-Nr. Ung. 864

92
Zwei Frauen vor einem Tempel
23,4 x 14,4 cm
signiert seitlich rechts »Nolde.«
und oben rechts »Nolde.« (verwischt)
Inventar-Nr. Ung. 883

93 | Seite 48
Zwei Pierrots
(vor dunkelviolettem Grund)
19,2 x 11,4 cm
signiert unten links »Nolde.«
Inventar-Nr. Ung. 888

94 | Seite 73
Alter Herrscher
und junge Frau
20,9 x 15,9 cm
signiert unten rechts »Nolde.«
Inventar-Nr. Ung. 894

95 | Seite 101
Seltsames Paar
(karminrote Schärpe)
17,9 x 14,6 cm
signiert unten rechts »Nolde.«
Inventar-Nr. Ung. 899

96 | Seite 52
Drei Russen
24,1 x 18,4 cm
signiert seitlich rechts »Nolde.«
Inventar-Nr. Ung. 908

97 | Seite 95
Drei Wikinger
23,7 x 14,4 cm
signiert unten rechts »Nolde.«
Inventar-Nr. Ung. 918

98
Frau zwischen zwei
Männern mit Bärten
15,7 x 23,6 cm
signiert unten rechts »Nolde.«
Inventar-Nr. Ung. 923

99 | Seite 116 und 117
Blonder Knabe und Eltern
Verso Selbstbildnis
22,7 x 19,1 cm
signiert unten links »Nolde.«
Inventar-Nr. Ung. 931

100
Seltsames Paar und
Figur im Hintergrund
21,3 x 16,6 cm
signiert oben rechts »Nolde.«
Inventar-Nr. Ung. 938

101
Szene mit drei violetten Gestalten
25,5 x 18,6 cm
signiert unten rechts »Nolde.«
Inventar-Nr. Ung. 943

102 | Seite 67
Drei fliegende Gestalten
über einer Stadt
22,7 x 17,3 cm
ohne Signatur
Inventar-Nr. Ung. 944

103 | Seite 119
Zwei junge Frauen und
Kopf eines Mannes
23,7 x 16,9 cm
signiert unten Mitte rechts
»Nolde.«
Inventar-Nr. Ung. 959

104 | Seite 97
Landstreicher
25,8 x 19,7 cm
signiert unten links »Nolde.«
Inventar-Nr. Ung. 976

105 | Seite 103
Seltsames Gespräch –
drei Gestalten
25,3 x 17,3 cm
signiert unten rechts »Nolde.«
Inventar-Nr. Ung. 980

106
Frau und zwei Männer –
»Anklage«
25,8 x 21,8 cm
signiert unten rechts »Nolde.«
Inventar-Nr. Ung. 988

107 | Seite 121
Alte und zwei junge Frauen –
Spanische Mädchen
26,2 x 22,8 cm
signiert unten rechts »Nolde.«
Inventar-Nr. Ung. 989

108
Klagende Frau
(und zwei alte Männer)
18,3 x 13,3 cm
signiert unten rechts »Nolde.«
Inventar-Nr. Ung. 1018

109
Szene – Streitgespräch
16,5 x 16,7 cm
signiert unten rechts »Nolde.«
Inventar-Nr. Ung. 1027

110
»Begegnung II«
15,6 x 20,8 cm
signiert unten links »Nolde.«
Inventar-Nr. Ung. 1029

111
Blonde tanzende Frau
(Sommerwind)
13,9 x 16,7 cm
ohne Signatur
Inventar-Nr. Ung. 1038

112
Drei Figuren (hell vor blauviolett)
17,1 x 18,1 cm
signiert unten rechts »Nolde.«
Inventar-Nr. Ung. 1042

113 | Seite 120
»Junge Mädchen«
17 x 17,4 cm
signiert unten rechts »Nolde.«
Inventar-Nr. Ung. 1046

114 | Seite 136
»Jesus und die Schriftgelehrten«
17,1 x 22,4 cm
signiert unten rechts »Nolde.«
Inventar-Nr. Ung. 1073

115
Fremdling und drei Frauen
18,4 x 13,5 cm
signiert unten rechts »Nolde.«
Inventar-Nr. Ung. 1094

116
Streitende
18,5 x 25,4 cm
signiert unten links »Nolde.«
Inventar-Nr. Ung. 1099

117 | Seite 86
Herrin und Fremdling
17,1 x 22,5 cm
signiert unten rechts »Nolde.«
Inventar-Nr. Ung. 1114

118
Segelboot im Sturm
19,7 x 25,4 cm
signiert unten links »Nolde.«
Inventar-Nr. Ung. 1126

119
Zwei Segelboote im Sturm
17,2 x 26,6 cm
signiert unten rechts »Nolde.«
Inventar-Nr. Ung. 1127

120 | Seite 47
Blaue Felsenküste
21,6 x 15,7 cm
signiert unten rechts »Nolde.«
Inventar-Nr. Ung. 1164

121 | Seite 113
Ruhige See mit zwei Seglern
21,4 x 18,4 cm
signiert unten rechts »Nolde.«
Inventar-Nr. Ung. 1165

122
Meer mit dunklem Himmel
(und Dampfer)
17,1 x 15,9 cm
signiert seitlich links »Nolde.«
Inventar-Nr. Ung. 1176

123
»Blauer Tag am Meer«
15,8 x 15,3 cm
signiert oben rechts »Nolde.«
Inventar-Nr. Ung. 1184

124 | Seite 114
Haus und Kreuz in den Bergen
22,2 x 15,7 cm
signiert unten links »Nolde.«
Inventar-Nr. Ung. 1239

125
Bunte Herbstlandschaft
18,1 x 16,2 cm
signiert seitlich rechts »Nolde.«
Inventar-Nr. Ung. 1247

126 | Seite 42
Fjord und rote Sonne
14,3 x 16,8 cm
signiert unten rechts »Nolde.«
Inventar-Nr. Ung. 1251

127 | Seite 45
Berglandschaft mit Burgen
(Abendhimmel)
16,3 x 18,5 cm
signiert unten rechts »Nolde.«
Inventar-Nr. Ung. 1253

128 | Seite 98
Kapelle in den Bergen
(Abendhimmel)
19,1 x 15,2 cm
signiert oben rechts »Nolde.«
Inventar-Nr. Ung. 1260

129
See im Abendlicht
18,8 x 13,3 cm
signiert unten rechts »Nolde.«
Inventar-Nr. Ung. 1265

130
Abendlandschaft
(Häuser am Meer)
17,1 x 14,7 cm
signiert oben links »Nolde.«
Inventar-Nr. Ung. 1271

131 | Seite 94
Bergtannen
17,8 x 11,3 cm
signiert seitlich rechts »Nolde.«
Inventar-Nr. Ung. 1277

132 | Seite 89
Dunkler Bergrücken
mit Leuchtturm
12,8 x 15,9 cm
signiert oben links »Nolde.«
Inventar-Nr. Ung. 1278

133 | Seite 55
Landschaft mit
rauchendem Vulkan
20,3 x 14,9 cm
signiert unten rechts »Nolde.«
Inventar-Nr. Ung. 1292

134 | Seite 64
Brennendes Gehöft
16,4 x 12,3 cm
signiert unten rechts »Nolde.«
Inventar-Nr. Ung. 1294

135
Seltsames Paar auf
einem Berg
21,4 x 15 cm
signiert unten rechts »Nolde.«
Inventar-Nr. Ung. 1301

Noldes Sammlung

136
Ägyptische Figur
Bronze
Höhe: 24,5 cm (ohne Holzsockel)
Breite: 4 cm, Tiefe: 9 cm
Inventar-Nr. AE 1

All works are in the collection of the Nolde Foundation Seebüll. Dimensions are in the form "height x breadth". Titles of pictures within quotation marks (in German) are Nolde's own. "Catalogue raisonné Urban" refers to the catalogue raisonné by Martin Urban (see bibliography).

Catalogue

Paintings

1 | page 14
Close Evening, 1930
Oil on plywood
73.5 x 100.5 cm
Signed lower right "E. Nolde."
Catalogue raisonné Urban 1094

2
Family, 1931
Oil on canvas
111.5 x 74 cm
Signed lower left "Emil Nolde."
Catalogue raisonné Urban 1115

3
Figure and Clematis, 1935
Oil on canvas
89 x 67.5 cm
Signed lower right "Nolde"
Catalogue raisonné Urban 1145

4
Sea and Sky, 1937
Oil on canvas
74 x 101 cm
Signed lower right "Emil Nolde"
Catalogue raisonné Urban 1181

5 | page 15
Hay-Ricks by the Channel, 1939
Oil on canvas
67 x 88.5 cm
Signed lower centre "Nolde"
Catalogue raisonné Urban 1204

6
Milkmaids II, 1939
Oil on canvas
73 x 100.5 cm
Signed lower right "Emil Nolde"
Catalogue raisonné Urban 1207

7
Encounter II, 1940
Oil on canvas
56 x 70 cm
Signed lower right "Nolde"
Catalogue raisonné Urban 1237

8 | page 16
Large Poppies
(Red, Red, Red), 1942
Oil on canvas
73.5 x 89.5 cm
Signed lower right "Emil Nolde."
Catalogue raisonné Urban 1241

9
Light Dahlias and
Sunflowers, 1943
Oil on canvas
73.5 x 88.5 cm
Unsigned
Catalogue raisonné Urban 1245

10 | page 127
In Difficult Hours, 1945
Oil on canvas
65 x 83 cm
Signed lower right "Nolde. 1945."
Catalogue raisonné Urban 1257

11 | page 133
Young Dancers, 1945
Oil on canvas
88 x 73.5 cm
Signed lower right "Emil Nolde"
Catalogue raisonné Urban 1258

12 | page 129
Triumph of Wisdom, 1946
Oil on canvas
67 x 88 cm
Signed lower right
"Emil Nolde 1946"
Catalogue raisonné Urban 1278

13
Fisherman and
Young Daughter, 1946
Oil on canvas
73.5 x 100 cm
Signed lower right "Emil Nolde"
Catalogue raisonné Urban 1283

14
Sea (III), 1947
Oil on canvas
67.5 x 88.5 cm
Signed lower right "E. Nolde."
Catalogue raisonné Urban 1292

15 | page 131
Man and Woman, 1947
Oil on canvas
88 x 68 cm
Signed lower right "Nolde"
Catalogue raisonné Urban 1295

16 | page 135
Light and Colour, 1949
Oil on canvas
69 x 56 cm
Signed lower left "Nolde 1949"
Catalogue raisonné Urban 1336

17 | page 137
Jesus and the Scribes, 1951
Oil on canvas
73 x 100.5 cm
Signed lower right "E. Nolde."
Catalogue raisonné Urban 1346

"Unpainted pictures" 1938–1945

"Unpainted pictures" is the name given by Nolde to the small-format watercolours and gouaches he made during the time of his painting ban under the National Socialist dictatorship.

18
Old Man with a
Child on his Arm
20.1 x 17.2 cm
Signed lower right "Nolde."
Inv. no. Ung. 43

19
Old Man and Young Woman
(Woman with Bright Yellow Hair)
24 x 18 cm
Signed lower right "Nolde"
Inv. no. Ung. 64

20 | page 88
Old Man and Young Woman
(in Profile)
17,2 x 14.3 cm
Signed lower right "Nolde."
Inv. no. Ung. 67

21 | page 109
Old Man and Head of a Young
Woman (Red Head with
Cap and Feather)
21.5 x 17.2 cm
Signed lower left "Nolde."
Inv. no. Ung. 88

22
Fisherman and Young Daughter
17.1 x 23.1 cm
Signed upper right "Nolde."
Inv. no. Ung. 94

23
Old Man and Young Woman
(with Hats)
16.6 x 20.9 cm
Signed lower left "Nolde."
Inv. no. Ung. 116

24 | page 74
Old Man with Young Woman
22.9 x 18.3 cm
Signed lower right "Nolde."
Inv. no. Ung. 118

25 | page 104
Female Nude, Striding
with Red Scarf
23.3 x 16.3 cm
Signed lower right "Nolde."
Inv. no. Ung. 175

26
Dancing Naked Woman and Child
26.5 x 23 cm
Signed lower right "Nolde."
Inv. no. Ung. 198

27 | page 38
Flute Player and Nude Woman
(Squatting)
23.2 x 15.7 cm
Signed sideways lower right
"Nolde"
Inv. no. Ung. 210

28 | page 85
Wildly Dancing Girls
in front of a Park
23 x 17.8 cm
Signed upper right "Nolde"
Inv. no. Ung. 211

29
The Naked
23.5 x 17.5 cm
Signed lower right "Nolde."
Inv. no. Ung. 230

30 | page 106
Two Playing Nudes
17.1 x 20 cm
Signed lower left "Nolde."
Inv. no. Ung. 247

31
Troll and Naked Girl
26.3 x 22.3 cm
Signed lower right "Nolde."
Inv. no. Ung. 256

32
Summer Guests
19 x 13.5 cm
Signed lower right "Nolde"
Inv. no. Ung. 267

33 | page 51
Grotesque Dog-shaped Animal
23.4 x 17.2 cm
Signed lower left "Nolde."
Inv. no. Ung. 272

34 | page 61
Blue Fish in an Aquarium
18.6 x 24 cm
Signed lower right "Nolde"
Inv. no. Ung. 280

35 | page 92
Red Clown and Forest
and Wood Spirit
22.7 x 16 cm
Signed lower left "Nolde."
Inv. no. Ung. 283

36
Three Pale Blue Heads
in a Mirror
15.5 x 16.1 cm
Signed lower left "Nolde"
Inv. no. Ung. 295

37
Chinese in front of
a Burning City
23 x 17.3 cm
Signed lower left "Nolde."
Inv. no. Ung. 299

38 | page 82
Horned Violet Figure
24.3 x 17 cm
Signed upper right "Nolde."
Inv. no. Ung. 301

39 | page 128
Triumph of Wisdom
15.5 x 20.3 cm
Signed lower right "Nolde"
Inv. no. Ung. 308

40
Martyrdom Scene
15.5 x 24.5 cm
Signed lower left "Nolde."
Inv. no. Ung. 316

41
Nocturnal Figures
23.6 x 17.9 cm
Signed upper left "Nolde."
Inv. no. Ung. 317

42 | page 41
Old Bear Spirit over
a Sleeping King
22.9 x 16.1 cm
Signed lower right "Nolde."
Inv. no. Ung. 325

43 | page 112
Male Head with Cap
(from the front, mainly blue)
26.6 x 16 cm
Signed sideways right "Nolde."
Inv. no. Ung. 341

44
Woman with Red Hair wearing
a Red Dress (Dog at the right)
24.4 x 16.2 cm
Signed sideways right "Nolde."
Inv. no. Ung. 349

45 | page 63
Yellow Profile of a
Woman with Red Hair
29.1 x 21 cm
Signed lower right "Nolde."
Inv. no. Ung. 353

46 | page 105
Portrait of a Woman
with Bare Shoulders
27.2 x 18.9 cm
Signed lower right "Nolde."
Inv. no. Ung. 367

47 | page 118
Woman with Bare Breasts and
Shoulders (half from the rear)
22.7 x 17.3 cm
Signed lower right "Nolde."
Inv. no. Ung. 368

48 | page 90
Viking with Dragon Staff
24.4 x 17.6 cm
Signed lower right "Nolde."
Inv. no. Ung. 378

49 | page 68
Singing Old Man with Sheet
Music
23.5 x 17.8 cm
Signed lower right "Nolde."
Inv. no. Ung. 379

50
Young Man with Radiant Light
17.1 x 16.5 cm
Unsigned
Inv. no. Ung. 388

51 | page 71
Skater
25.6 x 18 cm
Unsigned
Inv. no. Ung. 395

52
Blue Rider against
a Red Background
17.2 x 18 cm
Signed lower right "Nolde."
Inv. no. Ung. 397

53 | page 115
Bearded Man in Profile (in front
of a Mountainous Landscape)
16.8 x 22.9 cm
Signed lower left "Nolde."
Inv. no. Ung. 399

54
Boy Wearing a Blue Bathing
Trunk Sitting at the Seashore
16.9 x 22.9 cm
Signed lower right "Nolde."
Inv. no. Ung. 403

55 | page 83
God the Father with Angels
17 x 23.6 cm
Signed lower right "Nolde."
Inv. no. Ung. 404

56 | page 107
Couple in Profile
(Blue and Yellow)
23.8 x 16.9 cm
Signed lower left "Nolde."
Inv. no. Ung. 418

57 | page 111
Very Old Couple
23,5 x 17 cm
Signed lower left "Nolde."
Inv. no. Ung. 427

58 | page 134
Light and Colour
17 x 17.5 cm
Signed lower left "Nolde."
Inv. no. Ung. 437

59 | page 123
Two Women, Red and Violet,
in front of a Landscape with
Yellow Sky
23.8 x 16.9 cm
Signed upper right "Nolde."
Inv. no. Ung. 475

60 | page 108
Young Couple
22.8 x 17 cm
Signed lower centre "Nolde."
(smudged)
Inv. no. Ung. 476

61 | page 130
Man and Woman
23.9 x 18.2 cm
Signed lower right "Nolde."
Inv. no. Ung. 482

62 | page 93
Couple in Blue
17 x 14.5 cm
Signed lower left "Nolde."
Inv. no. Ung. 504

63 | page 58
In the Theatre
22.8 x 14.5 cm
Signed lower right "Nolde."
Inv. no. Ung. 510

64 | page 57
Farmer and Young Blond Woman
26.8 x 19.2 cm
Signed lower left "Nolde."
Inv. no. Ung. 514

65 | page 125
Young Women
21.3 x 15.2 cm
Unsigned
Inv. no. Ung. 524

66
Man and Young Woman
with Naked Breasts
23.5 x 17.2 cm
Signed lower right "Nolde."
Inv. no. Ung. 569

67
Young Couple (Nestling
against each other)
20.3 x 15.4 cm
Signed lower right "Nolde."
Inv. no. Ung. 576

68
Flirting Couple (Green Dress)
23.8 x 17.4 cm
Signed lower left "Nolde."
Inv. no. Ung. 589

69
Couple Drinking Wine
22.1 x 15.9 cm
Signed lower right "Nolde."
Inv. no. Ung. 612

70
Couple wearing Hat and Coat
23.5 x 17.2 cm
Signed lower right "Nolde."
Inv. no. Ung. 613

71
Old Couple under Cloudy Sky
23.1 x 17.6 cm
Signed upper left "Nolde."
Inv. no. Ung. 616

72
Two Men in Greenish
Yellow Light
21.3 x 15.8 cm
Signed lower right "Nolde."
Inv. no. Ung. 618

73 | page 96
Old Peasant Couple
(Red Beard and Cap)
21.9 x 16.5 cm
Signed lower right "Nolde."
Inv. no. Ung. 626

74
Veterans
20.8 x 15.8 cm
Signed upper right "Nolde."
Inv. no. Ung. 634

75
Man Wearing Hood and a Boy
21.3 x 16.9 cm
Signed lower right "Nolde."
Inv. no. Ung. 640

76 | page 91
Old Couple in front of a Shrub
23.5 x 17.9 cm
Signed lower right "Nolde."
Inv. no. Ung. 645

77 | page 87
Old Couple with Tall Caps
23.7 x 17.8 cm
Signed lower left "Nolde."
Inv. no. Ung. 649

78 | page 124
Two Men (in Conversation)
14.9 x 24.5 cm
Signed lower right "Nolde."
Inv. no. Ung. 686

79 | page 100
Naked Couple
17.5 x 23 cm
Signed lower right "Nolde."
Inv. no. Ung. 690

80
Two Old Men in
Pierrot Costumes
16.1 x 16.5 cm
Signed lower right "Nolde."
Inv. no. Ung. 702

81
Old Couple (Red Outlines)
15.3 x 21.6 cm
Signed lower left "Nolde."
Inv. no. Ung. 705

82 | page 84
Knight and Young Woman
15.4 x 21.9 cm
Signed lower right "Nolde."
Inv. no. Ung. 718

83 | page 77
Great King
19.7 x 17.3 cm
Signed lower left "Nolde."
Inv. no. Ung. 734

84
Young Couple, Blue
and Pinkish Violet
19.8 x 15 cm
Signed lower left "Nolde."
Inv. no. Ung. 750

85
Couple with Flowers (and Sun)
17 x 22.2 cm
Signed lower left "Nolde."
Inv. no. Ung. 814

86
Couple Wearing Red Robes
26.8 x 17.9 cm
Signed lower right "Nolde."
Inv. no. Ung. 831

87
Girlfriends (Red, Green, Yellow)
25 x 19.6 cm
Unsigned
Inv. no. Ung. 832

88 | page 132
Young Dancers
20 x 17.3 cm
Signed lower right "Nolde."
Inv. no. Ung. 840

89 | page 99
Sitting Woman (from the rear)
and Ghostly Apparition
22.9 x 16.2 cm
Signed lower left "Nolde."
Inv. no. Ung. 848

90
Costumed Couple
Executing a Dance Step
21.6 x 14.4 cm
Signed lower right "Nolde."
Inv. no. Ung. 862

91
Bearded Man and Blue Spirit
20.3 x 13.3 cm
Signed lower centre "Nolde."
Inv. no. Ung. 864

92
Two Women in front
of a Temple
23.4 x 14.4 cm
Signed sideways right "Nolde." and
upper right "Nolde." (smudged)
Inv. no. Ung. 883

93 | page 48
Two Pierrots (on dark
purple ground)
19.2 x 11.4 cm
Signed lower left "Nolde."
Inv. no. Ung. 888

94 | page 73
Old Ruler and Young Woman
20.9 x 15.9 cm
Signed lower right "Nolde."
Inv. no. Ung. 894

95 | page 101
Strange Couple
(Carmine Red Sash)
17.9 x 14.6 cm
Signed lower right "Nolde."
Inv. no. Ung. 899

96 | page 52
Three Russians
24.1 x 18.4 cm
Signed sideways right "Nolde."
Inv. no. Ung. 908

97 | page 95
Three Vikings
23.7 x 14.4 cm
Signed lower right "Nolde."
Inv. no. Ung. 918

98
Woman Between
Two Bearded Men
15.7 x 23.6 cm
Signed lower right "Nolde."
Inv. no. Ung. 923

99 | page 116 and 117
Blonde Boy and Parents
Verso Self-portrait
22.7 x 19.1 cm
Signed lower left "Nolde."
Inv. no. Ung. 931

100
Strange Couple and Figure
in the Background
21.3 x 16.6 cm
Signed upper right "Nolde."
Inv. no. Ung. 938

101
Scene with Three Violet Figures
25.5 x 18.6 cm
Signed lower right "Nolde."
Inv. no. Ung. 943

102 | page 67
Three Flying Figures
over a City
22.7 x 17.3 cm
Unsigned
Inv. no. Ung. 944

103 | page 119
Two Young Women
and the Head of a Man
23.7 x 16.9 cm
Signed mid lower right "Nolde."
Inv. no. Ung. 959

104 | page 97
Tramps
25.8 x 19.7 cm
Signed lower left "Nolde."
Inv. no. Ung. 976

105 | page 103
Strange Conversation –
Three Figures
25.3 x 17.3 cm
Signed lower right "Nolde."
Inv. no. Ung. 980

106
Woman and Two Men –
Accusation
25.8 x 21.8 cm
Signed lower right "Nolde."
Inv. no. Ung. 988

107 | page 121
Old Woman and Two Young
Women – Spanish Girls
26.2 x 22.8 cm
Signed lower right "Nolde."
Inv. no. Ung. 989

108
Wailing Woman
(and Two Old Men)
18.3 x 13.3 cm
Signed lower right "Nolde."
Inv. no. Ung. 1018

109
Scene – Verbal Dispute
16.5 x 16.7 cm
Signed lower right "Nolde."
Inv. no. Ung. 1027

110
Encounter II
15.6 x 20.8 cm
Signed lower left "Nolde."
Inv. no. Ung. 1029

111
Dancing Blond Woman
(Summer Wind)
13.9 x 16.7 cm
Unsigned
Inv. no. Ung. 1038

112
Three Figures (Light
against Bluish Violet)
17.1 x 18.1 cm
Signed lower right "Nolde."
Inv. no. Ung. 1042

113 | page 120
Young Girls
17 x 17.4 cm
Signed lower right "Nolde."
Inv. no. Ung. 1046

114 | page 136
Jesus and the Scribes
17.1 x 22.4 cm
Signed lower right "Nolde."
Inv. no. Ung. 1073

115
Stranger and Three Woman
18.4 x 13.5 cm
Signed lower right "Nolde."
Inv. no. Ung. 1094

116
Disputers
18.5 x 25.4 cm
Signed lower left "Nolde."
Inv. no. Ung. 1099

117 | page 86
Mistress and Stranger
17.1 x 22.5 cm
Signed lower right "Nolde."
Inv. no. Ung. 1114

118
Sailboat in a Storm
19.7 x 25.4 cm
Signed lower left "Nolde."
Inv. no. Ung. 1126

119
Two Sailboats in a Storm
17.2 x 26.6 cm
Signed lower right "Nolde."
Inv. no. Ung. 1127

120 | page 47
Rocky Blue Coast
21.6 x 15.7 cm
Signed lower right "Nolde."
Inv. no. Ung. 1164

121 | page 113
Calm Sea with Two Sailboats
21.4 x 18.4 cm
Signed lower right "Nolde."
Inv. no. Ung. 1165

122
Sea with Dark Sky
(and Steamboat)
17.1 x 15.9 cm
Signed sideways left "Nolde."
Inv. no. Ung. 1176

123
Blue Day at Sea
15.8 x 15.3 cm
Signed upper right "Nolde."
Inv. no. Ung. 1184

124 | page 114
House and Cross
in the Mountains
22.2 x 15.7 cm
Signed lower left "Nolde."
Inv. no. Ung. 1239

125
Colourful Autumn Landscape
18.1 x 16.2 cm
Signed sideways right "Nolde."
Inv. no. Ung. 1247

126 | page 42
Fjord and Red Sun
14.3 x 16.8 cm
Signed lower right "Nolde."
Inv. no. Ung. 1251

127 | page 45
Mountainous Landscape
with Castles (Evening Sky)
16.3 x 18.5 cm
Signed lower right "Nolde."
Inv. no. Ung. 1253

128 | page 98
Chapel in the Mountains
(Evening Sky)
19.1 x 15.2 cm
Signed upper right "Nolde."
Inv. no. Ung. 1260

129
Sea in Evening Light
18.8 x 13.3 cm
Signed lower right "Nolde."
Inv. no. Ung. 1265

130
Evening Landscape
(Houses at the Sea)
17.1 x 14.7 cm
Signed upper left "Nolde."
Inv. no. Ung. 1271

131 | page 94
Mountain Firs
17.8 x 11.3 cm
Signed sideways right "Nolde."
Inv. no. Ung. 1277

132 | page 89
Dark Mountain Ridge
with Lighthouse
12.8 x 15.9 cm
Signed upper left "Nolde."
Inv. no. Ung. 1278

133 | page 55
Landscape with
Fuming Volcano
20.3 x 14.9 cm
Signed lower right "Nolde."
Inv. no. Ung. 1292

134 | page 64
Burning Farmstead
16.4 x 12.3 cm
Signed lower right "Nolde."
Inv. no. Ung. 1294

135
Strange Couple on a Mountain
21.4 x 15 cm
Signed lower right "Nolde."
Inv. no. Ung. 1301

Nolde's Collection

136
Egyptian Statuette
Bronze
Height: 24.5 cm
(without wood base)
Width: 4 cm, Depth: 9 cm
Inv. no. AE 1

Ausgewählte Literatur
Selected Literature

Schriften von Emil Nolde
Emil Nolde's Writings

Emil Nolde, *Das eigene Leben* (1867–1902), Berlin 1931; 2. erweiterte Aufl., Flensburg 1949; 8. Aufl., Köln 2002

Emil Nolde, *Jahre der Kämpfe* (1902–1914), Berlin 1934; 2. von Nolde überarbeitete Aufl., Flensburg 1958; 7. Aufl., Köln 2002

Emil Nolde, *Welt und Heimat* (1913–1918), Köln 1965; 4. Aufl., Köln 2002

Emil Nolde, *Reisen – Ächtung – Befreiung* (1919–1946), Köln 1967; 6. Aufl., Köln 2002

Emil Nolde, *Mein Leben* (gekürzte Ausgabe der 4-bändigen Autobiographie), Köln 1976; Neuausgabe, Köln 2008

»Ich musste malen«, in: Der Spiegel, Hannover, 2. Jg., 1948, Nr. 52, S. 28

Briefe
Letters

Emil Nolde, *Briefe aus den Jahren 1894–1926*, hrsg. und mit Vorwort von Max Sauerlandt, Berlin 1927; 2. Aufl., Hamburg 1967; frz. Ausgabe: Übersetzung Olivier Mannoni, Arles 2008

Emil und Ada Nolde – Karl und Gertrud Osthaus, Briefwechsel, hrsg. von Herta Hesse-Friedlinghaus, Bonn 1985

Werkverzeichnisse
Catalogues Raisonnés

Gustav Schiefler, *Das graphische Werk Emil Noldes bis 1910,* Berlin 1911

Gustav Schiefler, *Das graphische Werk von Emil Nolde 1910–1925,* Berlin 1927

Neu bearb., ergänzt und mit Abbildungen versehen von Christel Mosel, Bd. 1: Die Radierungen, Köln 1966, Bd. 2: Holzschnitte und Lithographien, Köln 1967, neu bearb., ergänzt und mit einer Einführung von Martin Urban, 2 Bde., Köln 1995/96

Martin Urban, *Emil Nolde. Werkverzeichnis der Gemälde,* Bd. 1: 1895–1914, London u. a. 1987, Bd. 2: 1915–1951, London und München 1990

Monographien und Ausstellungskataloge (Auswahl)
Monographs and Exhibition Catalogues (Selection)

Max Sauerlandt, *Emil Nolde,* München 1921

Hans Fehr, *Emil Nolde. Ein Buch der Freundschaft,* Köln 1957

Werner Haftmann, *Emil Nolde,* Köln 1958, Amsterdam und New York 1959, Malmö 1960, Tokio 1970

Martin Urban, *Emil Nolde – Landschaften. Aquarelle und Zeichnungen,* Köln 1969; 2. erweiterte Ausgabe, Köln 1993

Martin Urban, *Emil Nolde – Blumen und Tiere. Aquarelle und Zeichnungen,* Köln 1965; 3. erweiterte Ausgabe, Köln 1994

Manfred Reuther, *Das Frühwerk Emil Noldes. Vom Kunstgewerbler zum Künstler,* Köln 1985

Emil Nolde. Druckgraphik. Aus der Sammlung der Nolde Stiftung Seebüll, hrsg. von Magdalena M. Moeller und Manfred Reuther, München 1999

Emil Nolde und die Südsee, hrsg. von Ingrid Brugger, Johann Georg Prinz von Hohenzollern, Manfred Reuther, München 2001

Manfred Reuther, *Emil Nolde. Meine biblischen und Legendenbilder,* Köln 2002

Emil Nolde – Blickkontakte. Frühe Porträts, hrsg. von Brigitte Reinhardt, Ostfildern-Ruit 2005

Emil Nolde – Paare, hrsg. von Nils Ohlsen, Ostfildern-Ruit 2006

Mario Giordano, *Emil Nolde für Kinder,* Köln 2006

Nolde in Berlin, Tanz Theater Cabaret, hrsg. von Manfred Reuther, Köln 2007

Emil Nolde. Die Südseereise, hrsg. von Manfred Reuther, Köln 2007

Emil Nolde. Begegnung mit dem Nordischen, hrsg. von Jutta Hülsewig-Johnen, Bielefeld 2008

Emil Nolde. Mein Wunderland von Meer zu Meer, hrsg. von Manfred Reuther, Köln 2008

Emil Nolde. Mein Garten voller Blumen, hrsg. von Manfred Reuther, Köln 2009

Emil Nolde (Ausst.-Kat. Grand Palais, Paris), hrsg. von Sylvain Amic, Paris 2008

»Ungemalte Bilder« 1938–1945
Unpainted Pictures 1938–1945

Werner Haftmann, *Emil Nolde. Ungemalte Bilder, Aquarelle und »Worte am Rande«,* Köln 1963, 2. veränderte Auflage, Köln, New York/ Washington 1971; 6. Auflage, Köln 1996

Martin Urban, *Emil Nolde – Ungemalte Bilder (1938–1945),* mit Texten von Ernst Bloch, Luise Rinser, Walter Jens, Emil Nolde, Seebüll 1971; 4. erweiterte Auflage, Seebüll 1985

Jolanthe Nolde, »Beim Malen zugeschaut«, in: *Emil Nolde* (Ausst.-Kat.), Villingen-Schwenningen 1974, S. 45 f.

Martin Urban, *Emil Nolde, »Unpainted Pictures«,* Seebüll 1987; 2. Auflage, Seebüll 1996

Emil Nolde, Ungemalte Bilder, hrsg. von Tilman Osterwold und Thomas Knubben, Ostfildern-Ruit 1999

Andreas Fluck, »Ausflüge ins Traumhafte und Visionäre. Emil Noldes groteske-fantastische Bilder«, in: *Emil Nolde, Begegnungen mit dem Nordischen,* hrsg. von Jutta Hülsewig-Johnen, Bielefeld 2008, S. 110 f.

Impressum

Umschlag: Großer König (Detail, Kat. 83)
Seite 1: Junge Frauen (Detail, Kat. 65)
Seite 2: Drei fliegende Gestalten über einer Stadt (Detail, Kat. 102)
Seite 3: Wildtanzende nackte Mädchen vor Park (Detail, Kat. 28)
Seite 4: »Worte am Rande«, Manuskript von Emil Nolde
Seite 8: Emil Nolde, 1937 (Foto: Helga Fietz, München)
Seite 20: Ada und Emil Nolde, Seebüll 1943
Seite 36: Emil Nolde, 1948 (Foto: Paul Senn, Stiftung FFV, Bern)
Seite 40: Johann Heinrich Füssli, »Der Nachtmahr«, 1790/91, Ölfarben auf Leinwand, 76 x 64 cm, Goethe-Museum, Frankfurt
Seite 42: Emil Nolde, »Sonnenaufgang«, um 1895, Aquarell, 8,4 x 10,2 cm, Nolde Stiftung Seebüll
Seite 44: John Martin, »Die siebte Plage«, 1823, Ölfarben auf Leinwand, 144,1 x 214 cm, Museum of Fine Arts, Boston, Francis Welch Fund, 60.1157 (Foto © 2009 Museum of Fine Arts, Boston)
Seite 46: Yves Klein, »Monochrom Blau«, 1957, Kunstharzfarbe auf Nessel, 40,3 x 60 x 2,5 cm, Landesmuseum für Kunst und Kulturgeschichte Münster
Seite 48: Georges Seurat, »Der Zirkus«, 1890, Ölfarben auf Leinwand, 185,5 x 152,5 cm, Musée d'Orsay, Paris
Seite 50: Walter Schnackenberg, »Lena Amsel«, 1918, Farblithografie, 120,1 x 83 cm (Foto: akg-images)
Seite 52: Gutzon Borglum, Mount Rushmore National Memorial, Black Hills, South Dakota, 1927–1941 (Foto: James Emmerson/gettyimages)
Seite 56: Parmigianino, »Selbstbildnis im Konvexspiegel«, um 1523/24, Ölfarben auf Holz, ø 24,4 cm, Kunsthistorisches Museum, Wien
Seite 58: Edgar Degas, »Drei Tänzerinnen hinter den Kulissen«, 1904–1906, Pastell auf Papier, 82 x 58 cm, Privatbesitz, Los Angeles
Seite 62: Emil Nolde, »Junge Dänin«, 1913, Lithographie, 68,5 x 57 cm, Nolde Stiftung Seebüll
Seite 66: Sandro Botticelli, »Die Geburt der Venus«, 1485, Tempera auf Leinwand, 172,5 x 278,5 cm, Galleria degli Uffizi, Florenz
Seite 68: James McNeill Whistler, »Symphonie in Weiß Nr. 2: Mädchen in Weiß«, 1864, Ölfarben auf Leinwand, 76,5 x 51,1 cm, Tate, London
Seite 70: Henry Raeburn, »Reverend Robert Walker beim Schlittschuhlaufen«, um 1795, Ölfarben auf Leinwand, 76,2 x 63,5 cm, National Galleries of Scotland, Edinburgh
Seite 74: Mark Rothko, »Weiß und Grün in Blau«, 1957, Ölfarben auf Leinwand, 21,84 x 17,78 cm, Privatsammlung, New York
Seite 146: »Junge Tänzerinnen« (Detail, Kat. 88)
Seite 147: Junges Paar (Detail, Kat. 60)
Seite 148: Groteskes Tier in Hundegestalt (Detail, Kat. 33)

Cover: Great King (detail, cat. 83)
Page 1: Young Women (detail, cat. 65)
Page 2: Three Flying Figures over a City (detail, cat. 102)
Page 3: Wildly Dancing Girls in front of a Park (detail, cat. 28)
Page 4: "Worte am Rande" [Words in the Margin], manuscript by Emil Nolde
Page 8: Emil Nolde, 1937 (photo: Helga Fietz, Munich)
Page 20: Ada and Emil Nolde, Seebüll 1943
Page 36: Emil Nolde, 1948 (photo: Paul Senn, Stiftung FFV, Bern)
Page 40: Henry Fuseli, "The Nightmare," 1790/91, oil on canvas, 76 x 64 cm, Goethe-Museum, Frankfurt
Page 42: Emil Nolde, "Sunrise," c. 1895, watercolour, 8.4 x 10.2 cm, Nolde Stiftung Seebüll
Page 44: John Martin, "Seventh Plague of Egypt," 1823, oil on canvas, 144.1 x 214 cm, Museum of Fine Arts, Boston, Francis Welch Fund, 60.1157 (photo © 2009 Museum of Fine Arts, Boston)
Page 46: Yves Klein, "Monochrome Blue," 1957, synthetic polymer medium on cotton, 40.3 x 60 x 2.5 cm, Landesmuseum für Kunst und Kulturgeschichte, Münster
Page 48: Georges Seurat, "The Circus," 1890, oil on canvas, 185.5 x 152.5 cm, Musée d'Orsay, Paris
Page 50: Walter Schnackenberg, "Lena Amsel," 1918, colour lithograph, 120.1 x 83 cm (photo: akg-images)
Page 52: Gutzon Borglum, Mount Rushmore National Memorial, Black Hills, South Dakota, 1927–1941 (photo: James Emmerson/gettyimages)
Page 56: Parmigianino, "Self-portrait in a Convex Mirror," c. 1523/24, oil on canvas, ø 24,4 cm, Kunsthistorisches Museum, Vienna
Page 58: Edgar Degas, "Three Dancers behind the Scenes," 1904–1906, pastel on paper, 82 x 58 cm, private collection, Los Angeles
Page 62: Emil Nolde, "Young Danish Woman," 1913, lithograph, 68.5 x 57 cm, Nolde Stiftung Seebüll
Page 66: Sandro Botticelli, "The Birth of Venus," 1485, tempera on canvas, 172.5 x 278.5 cm, Galleria degli Uffizi, Florence
Page 68: James McNeill Whistler, "Symphony in White, No. 2: The Little White Girl," 1864, oil on canvas, 76.5 x 51.1 cm, Tate, London
Page 70: Henry Raeburn, "Reverend Robert Walker Skating on Duddingston Loch," c. 1795, oil on canvas, 76.2 x 63.5 cm. National Galleries of Scotland, Edinburgh
S. 74: Mark Rothko, "White and Greens in Blue," 1957, oil on canvas, 21.84 x 17.78 cm, private collection, New York
Page 146: Young Dancers (detail, cat. 88)
Page 147: Young Couple (detail, cat. 60)
Page 148: Grotesque Dog-shaped Animal (detail, cat. 33)

Dieses Buch erscheint anlässlich der Ausstellung der Dependance Berlin der Nolde Stiftung Seebüll
»Mit verschnürten Händen –
›Ungemalte Bilder‹ von Emil Nolde«
26. Juni 2009 – 17. Januar 2010

This book is published in conjunction with the exhibition at the Berlin Branch of the Nolde Foundation Seebüll "With tied hands – The 'Unpainted Pictures' of Emil Nolde"
26 June 2009 – 17 January 2010

Herausgeber | Editor
Manfred Reuther, Nolde Stiftung Seebüll

Ausstellung | Exhibition
Jörg Garbrecht

Koordination | Project management
Sabine Bleßmann

Übersetzung ins Englische | Translation
Michael Wolfson

Fotografie | Photography
Fotowerkstatt Elke Walford, Hamburg

Gestaltungskonzept | Design concept
Heine/Lenz/Zizka, Frankfurt/Berlin

Gestaltung | Design
Christine Sieber

Produktion | Production management
Marcus Muraro

Gesamtherstellung | Production
Lösch MedienManufaktur, Waiblingen

ISBN 978-3-8321-9234-1
Printed in Germany

www.dumont-buchverlag.de

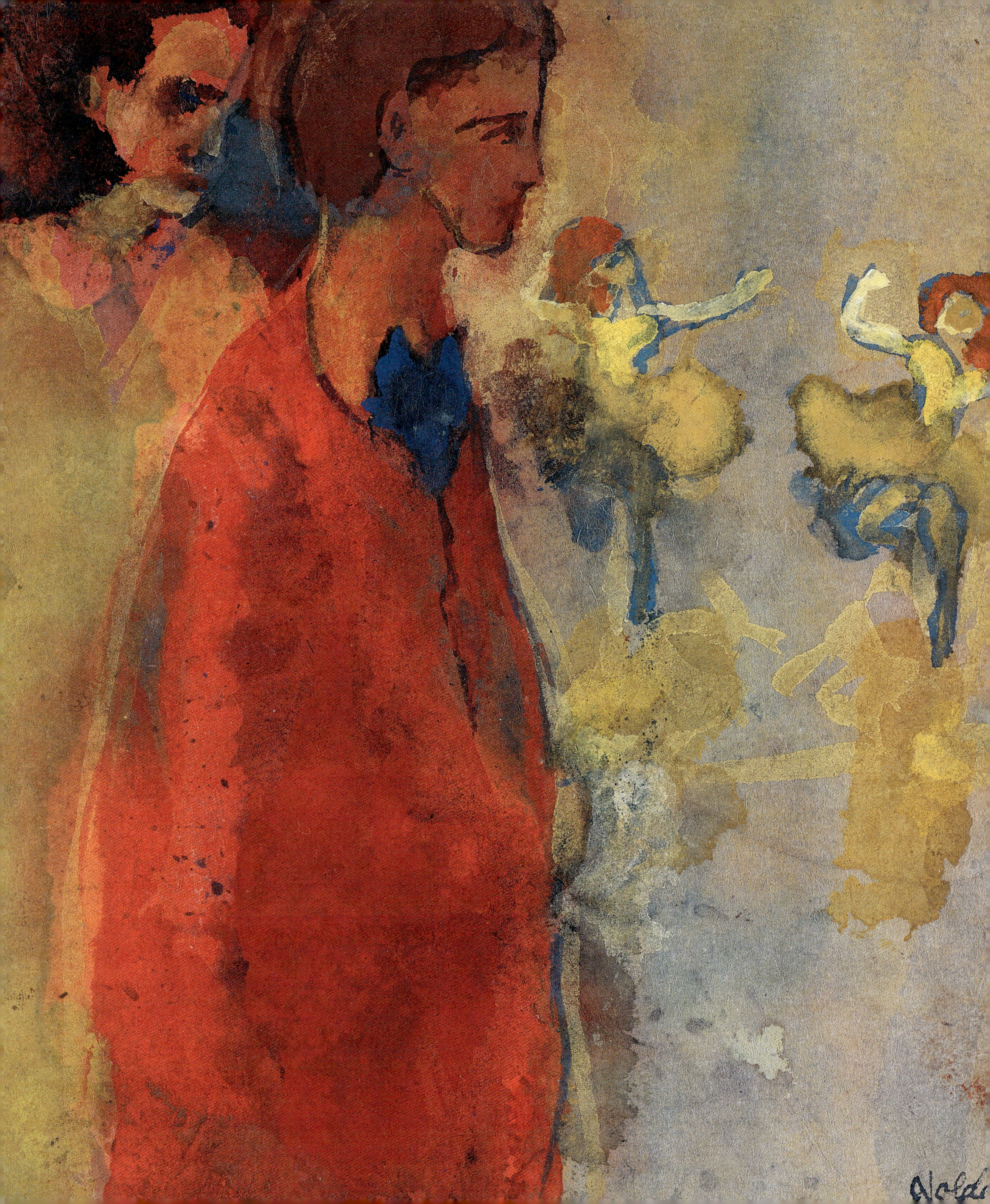

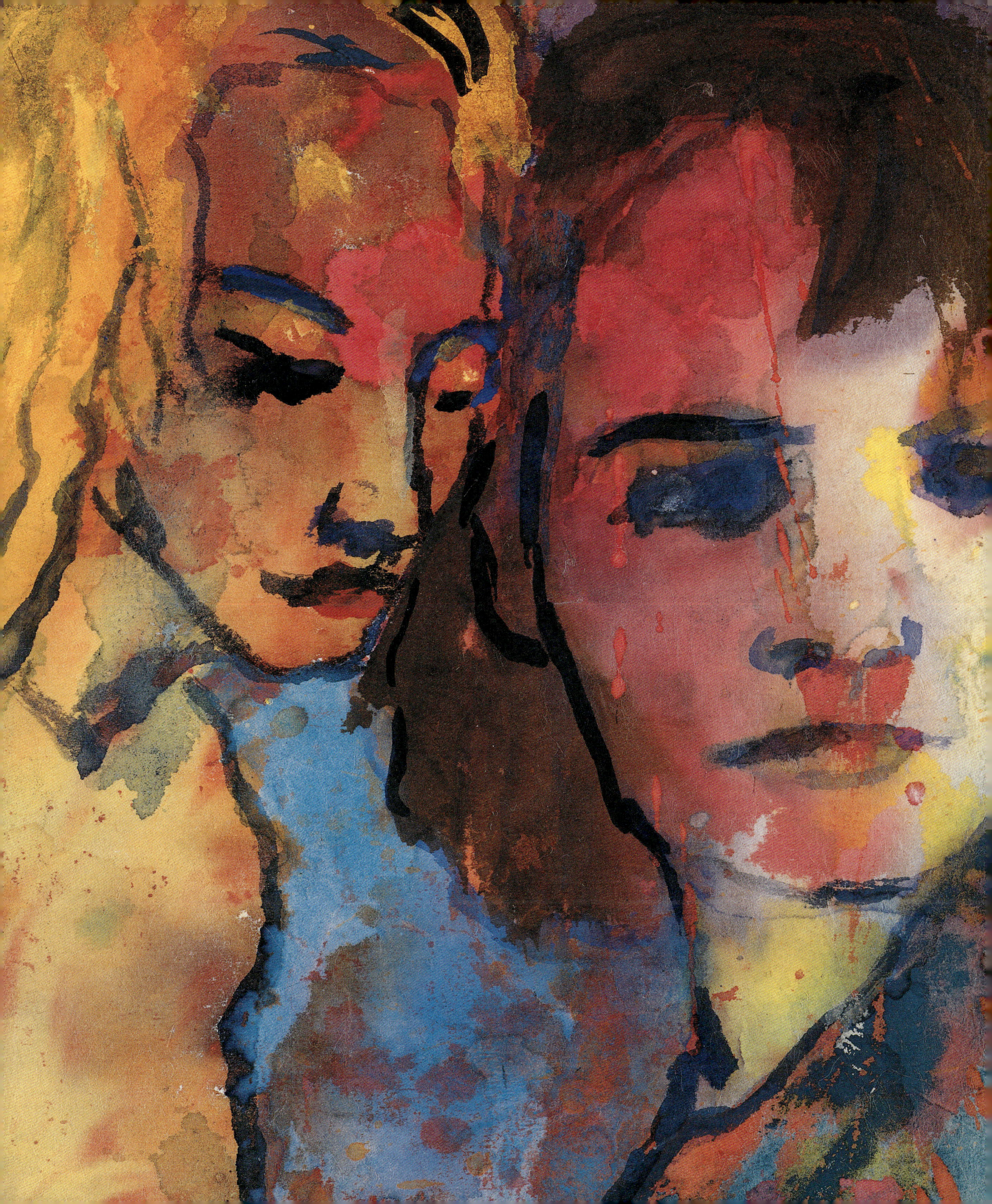

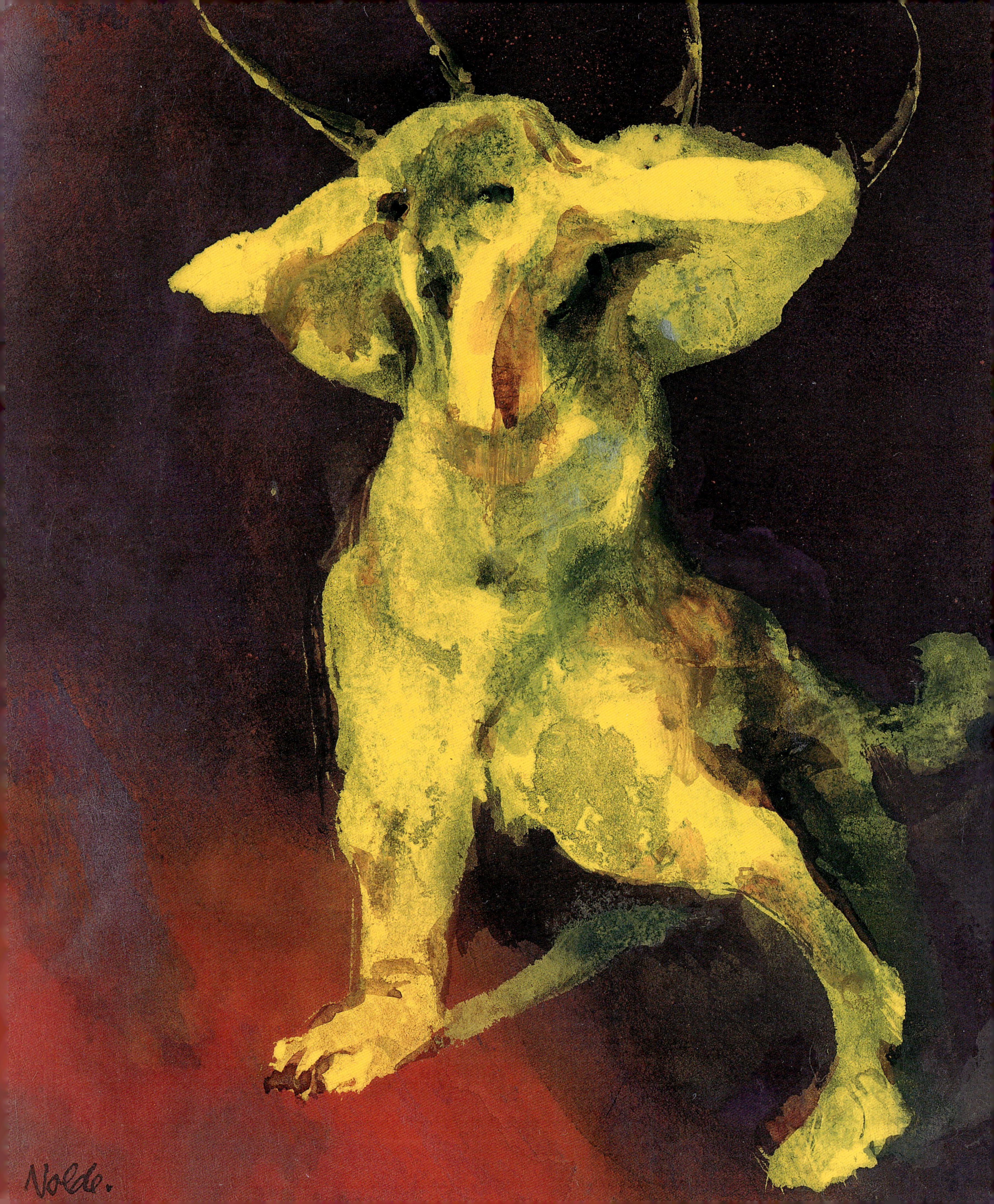
Nolde.